Wald der toten Jäger

Werner Schmitz

Wald der toten Jäger
Schreiber unter Mordverdacht

KOSMOS

Kapitel 1

Als Erstes kam ein Rudel Rotwild. Hochgemacht von den Hunden im Feindlichen, rauschte es durch das Buchenlaub heran und kreuzte den Grenzweg. In der Schlehenhecke teilte sich das Rudel wie ein Bach in felsigem Bett, wand sich durch das Gebüsch und strömte dann wieder zusammen. 50 Stücke, vielleicht auch mehr. Alttiere mit ihren Kälbern, Schmaltiere, hier und da die Spieße eines Junghirsches. Hannes Schreiber hatte noch nie so viel Rotwild in freier Wildbahn gesehen. Was für ein Anblick!

Ein Pulk rotbrauner Leiber, Träger, Häupter, dicht gedrängt wie das Hauptfeld der Tour auf einer Flachetappe. Nicht zu schießen, wenn man nicht mitten in den Pulk halten wollte. Was kein anständiger Jäger machte.

Schreiber konzentrierte sich auf das Ende des Rudels, hoffte auf einen Bummelanten oder ein Kalb, das den Anschluss verloren hatte. Niemand tat ihm den Gefallen. Angetrieben vom Tempo, das das Leittier vorgab, hasteten alle vorbei. Kein Wasserträger am Ende des Feldes, kein mit Defekt zurückgefallenes Tier. So schnell, wie es aufgetaucht war, verschwand das Rudel hinter einer Kuppe im Altholz.

Keine Minute hatte der Spuk gedauert. Jetzt war er vorbei. Stille. Sogar der Wind gab Ruhe. Hannes kraulte seinen Hund, der neben ihm auf der Hochsitzbank stand und vibrierte wie ein stummgeschaltetes Handy.

„Ist ja gut, Smokie. Vielleicht kommt noch was. Dann schieß' ich auch. Versprochen."

Der Terrier hielt den Kopf mit den Kippohren schief und dachte nach. Jedenfalls sah er so aus. Früher hätte sich Schreiber jetzt eine angesteckt. Aber er hatte das Rauchen eingestellt, als sein Sabbatjahr begann. Also kramte er die Bonbonschachtel aus dem Rucksack und steckte sich eins in den Mund. Limette-Ingwer. Musste auch gehen. Smokie stellte das Zittern ein und legte sich wieder hin.

Der Rehbock, der als Nächster kam, floh auf seine Art aus dem Treiben. Er überflog den Grenzweg, verhoffte kurz in den Schlehen und zog dann, immer wieder nach hinten sichernd, spitz auf Schreiber zu. Keine 50 Meter vor der Kanzel wuchs ein Horst junger Buchen. Sie standen hüfthoch in zimtfarbenem Laub. Der Bock verschwand darin. Für einen Augenblick lugten die weißen Gehörnspitzen noch aus dem Blattwerk. Dann tat sich der Bock nieder.

Schreiber sah ihn nie wieder. Er hatte anderes zu tun. Aus den Augenwinkeln bekam er eine Rotte Sauen mit, die im Gänsemarsch auf Mattes Frühaufs Sitz zuzog. Zwei Bachen, ein paar Überläufer, ein Dutzend Frischlinge. Er verlor die Schweine schnell aus dem Blick; kurz darauf ballerte eine Büchse. Kugelschlag hörte Schreiber keinen. Das tat er nie.

„Geht hier zu wie in Brehms Thierleben", dachte er. Mattes hatte nicht zu viel versprochen. „Wenn bei Schulte-Appelhoff Drückjagd is, lohnt et sisch, an der Grenz zu sitzen, Hannes. Da siehst du Millionen Stück Wild."

Schreiber wusste, dass der Moselaner es mit den Zahlen nicht so genau nahm. Er stöhnte über „Millionen Leit", wenn drei Kunden vor ihm an der Supermarktkasse standen. „En Million Leit" konnten aber auch 100 000 Pilger auf Wallfahrt zum Heiligen Rock in Trier sein.

Die nächste halbe Stunde passierte nichts – diesseits der Reviergrenze. Bei Schulte-Appelhoffs knallte es wie im Schießkino am Samstagmorgen. Einzelschüsse, Dubletten, schnelle Schussfolgen aus Halbautomaten. „Hunnert Stück Schalenwild wollen die abends uff der Streck liegen sehn", meinte Mattes. „Minimum. Sonst kann der Leyendecker seinen Hut holen."

Als das Geballer Schreiber auf die Nerven zu gehen begann, tauchten die beiden Hirsche auf. Ein kapitaler Bursche mit mehr Enden auf dem Kopf, als man bei seiner Geschwindigkeit zählen konnte, und sein Adjutant, ein junger Achter. Sie nahmen denselben Wechsel wie das Kahlwildrudel, nur viel schneller. Hochflüchtig überfielen sie den Grenzweg, ließen sich vom Schlehenstreifen nicht bremsen und schossen in gestrecktem Galopp an Schreibers Kanzel vorbei. Der Adjutant vorweg, dahinter der Kapitale. Er hatte den Kopf in den Nacken geworfen. Sein Geweih reichte bis an die Keulen.

Smokie war aufgesprungen, Schreiber auch, aber er ging nicht in Anschlag. Auf tiefliegendes Rotwild schoss er nicht. Er staunte noch eine Weile der Erscheinung hinterher und setzte sich dann wieder. Sein Hund sah ihn fragend an.

Hannes strich ihm über den Kopf. „Versprechen kann man sich schon mal, kleiner Hund."

Das erste Treiben bei Appelhoffs sollte um zwölf Uhr enden, hatte Mattes herausgefunden. Schreiber sah auf die Uhr. Nur noch eine Stunde bis zum Abblasen. Kurzweiliger Ansitz. Aber irgendwie frustrierend. Langsam könnte mal was kommen, das sich auch schießen ließ.

Wie aufs Stichwort tauchten die beiden Hirsche wieder auf. Als ob sie etwas Wichtiges vergessen hätten, hetzten sie den Weg zurück, auf dem sie vor ein paar Minuten gekommen waren. Wieder hochflüchtig, wieder der junge vorweg. Doch etwas war diesmal anders. Als beim Nachbarn ein Schuss brach und kurz darauf ein zweiter, ziemlich nahe bei der Grenze, wurden die Hirsche langsamer, fielen in Trab.

Schreiber stand schon. Er backte an, nahm den Adjutanten ins Visier, schwang vors Blatt und drückte ab. Nichts. Der Hirsch lief einfach weiter. Hannes repetierte. Vor den Schlehen hatte er den Achter wieder im Glas. Der Hirsch verhoffte. Stand breit. Als das Fadenkreuz knapp hinterm Blatt lag, schoss Schreiber noch einmal. Der Hirsch ruckte, aber er fiel nicht. Steifbeinig stakste er in die Schlehen und verschwand. Ein paar Schritte weiter rechts brach der Kapitale durch die Hecke. Die Bühne war leer.

Hannes nahm die Waffe runter und sicherte. Er stellte sie in die Ecke, schnaufte. Sein Hund winselte. „Smokie, den kriegen wir. Den kriegen wir bestimmt. Der geht nicht mehr weit. Der geht bestimmt nicht mehr weit."

Das durfte der Hirsch auch nicht. Keine 20 Meter hinter den Schlehen lag der Forstweg, die Reviergrenze. Falls der Hirsch es hinüber schaffte, war er verloren. Für Schreiber jedenfalls. Dann läge er abends als einer unter vielen bei Schulte-Appelhoffs auf der Strecke. Vor deren Jagdschlösschen. Auf einem Bett aus Fichtenzweigen. Im Schein der Fackeln. Beim Klang der Hörner. Hirsch tot. Jagd vorbei und Halali. Ganz großes Kino. Dass niemand sich seinetwegen einen Bruch an den Hut steckte, fiele bei der Menge an Wild nicht weiter auf.

Hannes seufzte. „Diana, lass ihn auf unserer Seite liegen."

Ein Blick auf die Uhr: noch 50 Minuten. Er streckte die Beine aus, bog den Rücken durch. Dann fiel ihm das Pirschglas ein. Für die Drückjagd brauchte Schreiber es eigentlich nicht. Er hatte es trotzdem immer im Rucksack. Nun fischte er es heraus und leuchtete den Schlehenstreifen ab. Zu sehen war nichts. Wenn, dann lag der Hirsch, sein Hirsch, tief im Gestrüpp oder dahinter.

Schreiber versuchte, sich an das Geweih zu erinnern. Waren es wirklich nur acht Enden? Oder hatte der Bursche neben seinem kapitalen Kumpel nur so klein gewirkt? Und war er wirklich jung genug? Älter als vom dritten Kopf durfte der Hirsch nicht sein. An der Grenze der Appelhoffs endete nicht nur ihr Revier, sondern auch der Rotwildbewirtschaftungsbezirk. Scheußliches Wort. Von Forstbürokraten erfunden. Auf Deutsch hieß es nichts anderes, als dass Cervus elaphus nur drinnen geduldet wurde. Draußen sollte alles Rotwild geschossen werden – bis auf Hirsche ab dem vierten Kopf. Für die brauchte man eine Genehmigung der Jagdbehörde. Falls man sie bekam, war der Hirsch längst weg.

Auf dem Hochsitz schlich die Zeit. In immer kürzeren Abständen schob Hannes den Jackenärmel zurück und sah auf die Uhr. Um zehn vor zwölf entlud er die Büchse und begann mit dem Einpacken. Die letzten Minuten stand er, Rucksack auf dem Rücken, Waffe über der Schulter, Hund unterm Arm. Um Punkt zwölf turnte er vom Hochsitz und eilte zum Anschuss.

Er fand keinen Schweiß. Guckte sich die Augen aus dem Kopf und fand keinen Schweiß. Nur etwas Schnitthaar verriet, dass der Hirsch die Kugel hatte. Von welchem Körperteil das Haar stammte, hätte ein Nachsuchenführer vielleicht sagen können. Schreiber nicht. Er war klug genug, nicht weiter auf dem Anschuss herumzutrampeln, ging stattdessen zu seinem Hund, den er ein paar Meter entfernt abgelegt hatte, und streifte ihm die Schweißhalsung über.

Smokie bewindete die Stelle, die sein Chef für den Anschuss hielt, und zog los. Direkt in die Schlehen. Schreibers Kappe blieb irgendwo hängen, Dornen zerkratzen seine Glatze. Er stolperte durchs Gestrüpp. Smokie zog ihn aus den Schlehen, durch das Geküsel dahinter. Auf den Weg zu. Plötzlich wurde die Leine schlaff. Der Hund war beim Hirsch. Er lag in der Böschung, auf der richtigen Seite der Grenze, und war tot.

Der kleine Hund packte den Hirsch bei der Drossel und beutelte ihn. Das sah ein bisschen albern aus. Hannes fand es toll.

„Ja, Smokie! Feiner Hund. Gut gemacht."

Er hatte früher einen Weimaraner geführt. Aber für Vorstehhunde gab es kaum noch Arbeit. Deshalb war er umgestiegen. Ein Parson-Russel-Terrier tat es auch. Für die Jagd und fürs Herz. Fand Schreiber.

Als Smokie sein Mütchen gekühlt hatte, legte Hannes ihn ab und sah sich seinen Hirsch genauer an. Er hatte richtig gezählt. Acht Enden an unterarmlangen, graubraunen Stangen. Hannes hatte nicht viel Erfahrung mit Rotwild, aber um zu erkennen, dass dieser Hirsch ein Jüngling war, musste man kein Rotwildpapst aus der „Wild und Hund" sein. Dünner Träger, schmales, junges Gesicht. Alles wie aus dem Lehrbuch. Der Hirsch war richtig.

Schreiber fand nur ein Einschussloch. Eine Handbreit hinterm Blatt. Genau dahin hatte er beim zweiten Schuss gehalten. Er wuchtete den Hirsch auf die andere Seite. Es gab auch nur einen Ausschuss. Auch der lag knapp hinterm Blatt. Schöner konnte man nicht schießen. Abgesehen davon, dass sein erster Schuss offensichtlich komplett danebengelegen hatte.

„Tot ist tot", dachte Hannes. Von einer Jungbuche brach er einen Zweig und schob ihn dem Hirsch in den Äser. Einen zweiten steckte er sich an die Kappe. Den dritten bekam Smokie hinter die Halsung. Bei Rehen, seinem Brotwild, hantierte Schreiber nicht mit Brüchen herum. Ein Hirsch war ihm etwas Besonderes. Es war erst sein dritter.

Dann zog er die Jacke aus, krempelte die Hemdsärmel auf und machte sich mit Messer, Zange und Säge an die rote Arbeit. Schön fand er das nicht, doch wer schoss, musste auch metzgern. Er schärfte dem armen Hirsch das Kurzwildbret ab. Die Aufbrechklinge fuhr durch die Bauchdecke wie durch Butter. Brustbein und Schlossnaht trennte er mit der Säge durch. Als er gerade das Gescheide mit beiden Händen gepackt hatte und mit einem Ruck aus dem Wildkörper ziehen wollte, fühlte er den Blick in seinem Rücken. Er ließ das Darmpaket zurückplumpsen und drehte sich um. Über ihm auf dem Weg stand, Fäuste in die Hüften gestemmt, Ferdi Leyendecker und schnauzte ihn an. „Was machen Sie da mit unserm Hirsch?"

Hannes kannte den Mann. Er hatte ihn ein paar Mal an der Reviergrenze getroffen. Schon beim ersten Mal hatte es Zoff gegeben.

Worüber, wusste er nicht mehr. Nur dass sie in diesem Leben keine Freunde mehr werden würden. Leyendecker war in Schreibers Alter. Ende 50. Pensionierter Kripo-Beamter und Jagdaufseher bei Schulte-Appelhoff. Der kleine Gott von Hummeroth nannte Mattes Frühauf den Typen. Weil Leyendecker aus dem Eifelkaff Hummeroth stammte und sich – mit der Macht der Appelhoffs im Rücken – aufführte, als gehöre ihm die ganze Südeifel. Und die halbe Mosel.

„Wieso Ihr Hirsch?"

„Weil Sie ihn auf unserer Seite geschossen haben."

Schreiber versuchte, ruhig zu bleiben. Um Zeit zu gewinnen, wischte er seine blutigen Hände im nassen Gras ab, signalisierte seinem Hund mit erhobener Hand, am Platz zu bleiben, und sagte dann vergleichsweise leise: „Dieser Hirsch ist an meinem Hochsitz vorbeigerannt. Er kam aus unserm Revier. Ich habe ihn da vorne hinter den Schlehen beschossen und mein Hund hat ihn genau hier gefunden. Alles auf unserer Seite der Grenze, Herr Leyendecker. Wie kommen Sie auf die Idee, dass das Ihr Hirsch ist?"

Der Jagdaufseher lief rot an. Er war vielleicht einen Kopf größer als ein Vorstehhund und wippte von den Absätzen auf die Spitzen seiner Schuhe. Ein Tick, den der schlaksige Schreiber schon bei einigen kleinen Männern beobachtet hatte.

„Die Story können Sie Frühauf erzählen", blaffte der Jagdaufseher, „oder in Ihrem Käseblatt drucken. Mir machen Sie nix vor. Ich hab' die Treiberwehr geführt. Ich hab' gesehen, wo der Hirsch beschossen wurde und wo er fiel." Leyendecker zeigte hinter sich ins Appelhoff-Revier.

Hannes war das zu blöd und das sagte er dem Jagdaufseher auch. Dann wandte er sich ab und packte wieder die Därme des Hirsches.

„Halt! Jagdschutz!"

Schreiber sah sich um. Der Jagdaufseher öffnete den Reißverschluss seiner Jacke und nestelte am Holster des Revolvers, den er an der Hüfte trug. Hannes fasste es nicht. Wollte dieser Idiot ihm wirklich die Wumme vor die Nase halten? Wegen eines Hirsches mehr oder weniger auf der Strecke?

Leyendecker wollte das nicht nur. Er tat es. „Geh'n Sie von dem Hirsch weg. Zwei Meter zurück."

Hannes richtete sich ganz auf. Sein Herz pocherte. Ein fiebriges Blut fuhr ihm in den Kopf. Er wusste, dass er gleich laut werden würde. In der Aufregung hatte er sich oft nicht im Griff. Dann machte er Fehler, die ihn später reuten. Das durfte er jetzt nicht. Also schluckte er seine Wut und versuchte, ruhig zu sein. Oder wenigstens so zu wirken.

Statt zurückzubrüllen, fragte er ruhig: „Sie waren doch mal bei der Kripo, oder?"

Leyendecker schwieg. Die Mündung seines Revolvers zeigte in Schreibers Richtung. Der achtete nicht darauf.

„Dann wissen Sie doch, dass Sie sich gerade strafbar machen. Was Sie hier treiben, ist Nötigung."

„Was ich hier treibe, ist Jagdschutz. Ich stelle einen gewilderten Hirsch sicher."

„Und dazu müssen Sie mich mit dem Revolver bedrohen?"

In diesem Augenblick röhrte ein Hirsch in Leyendeckers Jackentasche. Mit links kramte er ein Handy aus seiner rechten Jackentasche. In der rechten Hand hielt er weiter den Revolver. Er meldete sich mit „Hallo", hörte fünf Sekunden zu und erbleichte.

„Was? Der Chef? Ich komme sofort."

Leyendecker hatte keine Augen mehr für Schreiber und den toten Hirsch. Mit gezogener Waffe rannte er zurück in sein Revier.

Schreiber schnaufte durch. Sein Puls raste, als er Frühauf anrief. „Mattes, komm schnell mit dem Hänger. Ich hab' einen Hirsch geschossen."

„Weidmannsheil. Wie stark wor er dann?"

„Achter, Mattes. Er liegt direkt am Grenzweg. Komm schnell, der Leyendecker will ihn mir wegnehmen."

„Isch kummen, Hannes! Mein Sau leit schon uffem Hänger."

Mit fliegenden Fingern machte sich Schreiber wieder an die rote Arbeit. In der Hast schnitt er sich in den Zeigefinger. Sein Blut vermischte sich mit dem Schweiß des Hirsches. Er leckte beides ab. Jagd war ein blutiges Handwerk. Als er fertig war, am Weg stand und auf Mattes wartete, sah er sich den Schnitt genauer an. Nicht tief, aber er blutete immer noch. Er leckte noch mal. Dann fiel ihm die Hypothese vom verletzten Jäger ein. Vor 100 Jahren sollte Aids so übertragen worden sein. Von einem erlegten Schimpansen auf seinen verletzten Jäger.

Schreiber schüttelte den Kopf. „Quatsch, Hannes. Ein Hirsch ist kein Affe und die Eifel ist nicht Kamerun."

Drei Minuten später war Frühauf mit dem Anhänger da. Seine Wachsjacke spannte über dem Bauch, als er behände aus dem Auto sprang. Die rotgeäderten Backen glühten. Er ließ es sich nicht nehmen, den Hirsch zu bewundern. „Schlank un rank. Wenn de misch fragst, vom zweite Kopp. Aus dem wär eventuell wat geworden."

Hannes verließ die Geduld. „Besprechen kannst du die Trophäe in der Wildkammer, Mattes. Komm, pack an! Der Leyendecker kann jeden Moment wieder hier sein."

Sie fassten den Hirsch bei den Hörnern und wuchteten ihn auf den Anhänger neben Mattes' Überläufer.

„Klappe zu, Affe tot", sagte Schreiber und lächelte. Zum ersten Mal, seit er den Hirsch geschossen hatte. Die beiden sprangen in Mattes' Daihatsu und schlängelten durch den Weinberg hinunter ins Dorf.

Kapitel 2

Das Eichhörnchen keckerte im Walnussbaum, turnte von Ast zu Ast auf der Suche nach den letzten Nüssen. Smokie tanzte darunter auf den Hinterbeinen wie ein Zirkushund und kläffte wütend. Schließlich verlor er das Gleichgewicht und fiel auf den Rücken. Missmutig kehrte er zur Hütte zurück. Beschnüffelte den Eimer, in dem das Haupt des Hirsches wässerte. Schreiber ließ ihn gewähren. Er lümmelte in einem Gartenstuhl auf dem Holzdeck vor seiner Jagdhütte. Die Beine weit ausgestreckt, schaute er in den rostbraunen Hunsrück, auf dem die Abendsonne lag. Die Mosel konnte man von der Hütte aus nicht sehen. Dafür hatte sie sich zu tief in den Schiefer geschnitten. Nur die Wingerte am anderen Steilufer waren zu erkennen. Das Laub der Rebstöcke leuchtete. Es war Ende Oktober. Die Lese war gelaufen. Der Most blubberte in den Kellern der Winzer.

Hannes griff sein Glas und nahm einen Schluck. Zur Feier des Tages hatte er einen Riesling von Kirsten aufgemacht. Alte Reben. Er verstand sich nicht auf die Weinlyrik aus den Sonntagsblättern, diese Hymnen von fruchtiger Nase und langem Abgang. Das brauchte man auch nicht, um zu merken, dass dieser Wein Klasse hatte.

Die Kraniche hörte er, bevor er sie sah. Trompetend kamen sie näher, folgten dem Flusslauf, stromaufwärts nach Südwesten. Hinter dem Heidberg tauchten sie am glasblauen Himmel auf. Ein langer Keil mit mehreren Zacken, wie eine riesige Rune. An einem anderen Tag wäre Schreiber beim Anblick der Zugvögel melancholisch geworden, hätte über Abschied und Alter sinniert. Von da war es nicht weit zu Trauer und Tod. Heute nicht. Heute trank er lieber noch einen Schluck Wein, freute sich über das Schauspiel am Himmel und seinen Hirsch. Und auf die Zeit, die vor ihm lag.

Schreiber wollte in der Hütte hausen, solange es ihm Spaß machte. Nicht nur für ein verlängertes Wochenende oder einen Kurzurlaub. Er hatte plötzlich Zeit, viel Zeit. Sabbatjahr nannten sie das in Hamburg. Zwölf Monate unbezahlter Urlaub. Weil es dem Magazin, für das Hannes arbeitete, schlecht ging, hatte Stefan Bartelmus sofort zugestimmt. „Dann haben wir dich alten, teuren Sack wenigstens für ein Jahr von der Payroll."

Bartelmus war sein Chefredakteur. Schreiber kannte ihn zu lange zu gut, um das Lachen, das Stefans Spruch folgte, ernst zu nehmen. Dazu waren die Zahlen zu schlecht. Noch schlechter als die der Konkurrenz. Auflagenschwund, Anzeigenflaute, dünne Hefte. Der Verlag war froh um jeden Journalisten, der ging. Und sei es nur für ein Jahr.

Hannes sollte das recht sein. Nach fast 20 Jahren beim Magazin fühlte er sich öde und leer. Nach Hunderten gedruckter Geschichten, die ihm nichts bedeuteten, und manchen nicht gedruckten, an denen sein Herz hing. Er wusste nicht, ob er nach diesem Jahr noch mal antreten würde. Vielleicht brauchte er den ganzen Quatsch nicht mehr. Jetzt, wo er in Mattes Frühaufs Jagdrevier offiziell eingestiegen war. Er würde die Jagdhütte renovieren und ein paar Hochsitze hatten es auch nötig.

Fröstelnd zog er den Reißverschluss seiner Fleecejacke hoch. Es war kühl geworden. Das Licht schwand. Auf dem Hunsrück glühten die Warnlichter der Windräder auf. Auf Monzels Weide rief eine Kuh nach ihrem Kalb. Der Traktor des Bauern tuckerte zu Tal. Danach war nur noch Ruhe.

„Komm, Smokie. Wir gehen rein. Du hast sicher auch Hunger." Schreiber fütterte den Hund und briet sich ein paar Scheiben Hirschleber. In der zweiten Pfanne bräunte er Apfelspalten von der Streuobstwiese vor der Hütte. Kirstens Alte Reben hielten sich tapfer gegen das kräftige Fleisch.

„Ein schöner Jagdtag geht zu Ende." Wie oft hatte er den Satz beim Schüsseltreiben gehört. Selbst wenn die Jagd überhaupt nicht schön gewesen war. Was sollte der Jagdherr auch anderes sagen? Scheißwetter, mickrige Strecke, schlechte Schützen? An diesem Tag stimmte der Spruch.

Nach dem Essen legte er sich ins Bett und las. „H wie Habicht." Ein sperriges Buch einer jungen Engländerin über den Tod ihres Vaters und den Beizvogel, der ihr über den Verlust hinweghalf. Hannes war müde. Dreimal las er dieselbe Seite. Immer neue Kranichkeile überflogen die Hütte. Er lauschte ihren kollernden Schreien. Das Lied von den Wildgänsen fiel ihm ein. Unstete Fahrt, habt Acht, habt Acht. Die Welt ist voller Morden. Er stand noch einmal auf und ließ Smokie zum Pinkeln raus. Die Milchstraße überwölbte den Himmel. Der Mond hing schief über dem Hunsrück.

Hannes verriegelte die Hüttentür und legte sich endgültig hin. Meister Leyendecker hatte er aus seinen Gedanken gestrichen. Den Giftzwerg würde er nicht mal ignorieren.

Kapitel 3

Der Hund weckte ihn. Smokie tippelte zur Hüttentür und bellte. Nicht lange, aber es reichte, um Schreiber aus dem Schlaf zu reißen. Er drehte sich im Schlafsack und drückte aufs Smartphone. 03:28. Draußen war es still.

„Komm, Smokie, Matte!"

Smokie kam nicht. Er blieb bei der Tür stehen. Auf dem Holzdeck vor der Hütte knarrte ein Brett. Smokie gab noch mal Laut.

Hannes war hellwach. Er lauschte. Es hatte gedauert, bis er sich an die Nachtgeräusche an der Hütte gewöhnt hatte. Das Kuwitt der Käuzin. Siebenschläfer, die unterm Dach rumorten. Das Quieken einer gequälten Kreatur in den Fängen des Uhus. Inzwischen waren sie ihm fast so vertraut wie das Jaulen des Martinshorns in Hamburger Nächten.

Warum also verrücktspielen? Die Hütte war aus Holz. Holz knarrte manchmal. Schreiber fiel ein Schnack aus seinem Jugendjahren bei der Stadtverwaltung ein. Was ist der Unterschied zwischen einem Beamten und einem Stück Holz? Holz arbeitet. Er atmete tief durch.

„Smokie, Matte!"

Der Hund rührte sich nicht weg von der Tür.

Was, wenn da wirklich einer war? Rein konnte der nicht. Die Tür war von innen verriegelt. Oder hatte er es diesmal vergessen? Hannes überlegte.

Licht machen? Besser nicht. Dann gab er ein gut beleuchtetes Ziel ab. Die Waffe aus dem Schrank holen und laden? Der Tresor stand am anderen Ende der Hütte. „Du spinnst, Hannes." Am besten abwarten, bis der Spuk vorbei war.

Das war leichter gesagt als getan. Schreiber versuchte sich zu entspannen. Es wäre ihm vielleicht gelungen, wenn der Hund sich ins Körbchen neben seinem Bett gekuschelt hätte. Hannes liebte es, wenn Herr und Hund sich zur Ruhe begaben. Während Smokie sich einrollte, kroch er in seinen Schlafsack und zog den Reißverschluss bis an die Ohren zu. Wie eine Raupe im Kokon fühlte er sich darin. Warm und geborgen.

Smokie stand immer noch an der Tür.

Schreiber wurde es zu blöd. Er tastete nach der Lampe und machte Licht. Einen Augenblick später explodierte die Nacht.

Stampfen auf dem Holzdeck. Viele Füße. Knirschen an der Tür. Berstendes Holz. Gleißendes Licht. Dunkle Gestalten, die in die Hütte drangen. Helme auf dem Kopf.

Hannes versuchte aufzuspringen. Seine Beine steckten im Schlafsack. Er kippte vornüber und fiel aufs Gesicht. Seine Nase knackte. Ein Knie in seinem Nacken. Jemand riss seine Arme auf den Rücken, fesselte seine Hände.

„Wo ist die Waffe? Guckt mal, wo seine Waffe ist."

Schreiber wollte etwas sagen, aber er musste schlucken. Blut. Sein Mund war voll Blut. Er stöhnte.

„Hier steht ein Tresor."

„Wo ist der Schlüssel? Sag uns, wo der Schlüssel ist?"

„Zahlenschloss", brüllte einer.

„Sag uns die Kombination. Sag uns sofort die Kombination."

Hannes begriff, dass er gemeint war. Die Zahlen fielen ihm nicht ein. Er lag mit dem Gesicht im Blut, ein Knie drückte seinen Hals gegen den Boden. Er bekam kaum Luft und sollte die Zahlen ausspucken, Zahlen, die er ohnehin oft vergaß. Er hatte sie in seinem Handy gespeichert. Unter Hartmann. So hieß die Tresorfirma.

Er versuchte sich zu sammeln, Luft zu bekommen. Die Panik zu bekämpfen.

In der Küche knurrte Smokie. Jemand fluchte. „Verdammte Scheiße, das Mistvieh beißt. Rufen Sie Ihren Scheißköter zurück!"

Der Druck des Knies in seinem Nacken ließ nach. Sein „Smokie zurück" konnte man fast verstehen. Der Terrier kam und leckte Schreibers blutige Nase.

Hände tasteten Hannes ab, griffen überall hin. Auch in die Schlafanzughose.

„Stehen Sie auf!"

„Können vor Lachen", gurgelte Schreiber.

Hände packten ihn unter den Achseln, wuchteten ihn mit dem Hintern aufs Bett. Seine gefesselten Handgelenke brannten. Er sah sich um. Die Hütte stand voll nachtschwarzer Gestalten. Die Gesichter bis auf Sehschlitze vermummt, Helme auf dem Kopf, schusssichere Westen, darauf in Großbuchstaben POLIZEI.

So lief das also ab, wenn das SEK zugriff. Hannes hatte ein paar Mal über die Spezialeinsatzkommandos der Polizei geschrieben. Nicht immer freundlich. Selbst von denen festgenommen zu werden, war ein anderes Ballspiel als darüber zu räsonieren. Er saß auf der Bettkante, überwältigt, hilflos, jämmerlich. Aus seiner Nase troff Blut.

Jemand hielt ihm ein Tempo hin. Schreiber wollte danach greifen. Mehr als ein Rucken der gefesselten Arme kam nicht dabei heraus.

„Sani", brüllte der Polizist über ihm. Eine Frau mit einem Verbandstäschchen drängte sich nach vorn. Sie wischte Hannes das Blut aus dem Gesicht, steckte ihm Mullpfropfen in die Nasenlöcher.

„Kriegen Sie durch den Mund Luft?"

Er nickte. Mit Daumen und Zeigefinger griff die Polizistin an seine Nase und wackelte leicht. Es knirschte. Schreiber schrie.

„Wahrscheinlich gebrochen."

Es war kalt in der Hütte. Der Ofen war längst ausgegangen. Hannes trug einen kurzen Schlafanzug. Er fror.

„Können Sie mir die Decke da umlegen?"

„Erst sagen Sie uns die Kombination vom Waffenschrank."

Schreiber dachte nach. Für jeden Mist brauchte man eine PIN. Wer sollte die alle behalten? Dann fiel es ihm wieder ein. Er hatte seine Länge genommen. Rückwärts und vorwärts. „Drei – neun – eins – eins – neun – drei."

Jemand tippte die Zahlen ins Display. Die Tür schwang auf.

„Hier steht nur eine Büchse. Ist das alles?"

„Die Flinte ist beim Büchsenmacher."

Hannes hörte, wie das Schloss seiner Sauer 90 geöffnet wurde.

„Nicht geladen. Wo ist die Munition?"

„In dem oberen Fach. Der Schlüssel liegt unten im Tresor."

Der Typ fand, was er suchte. Für einen Moment kehrte Ruhe ein. Die Zeit schien ein paar Sekunden stillzustehen. Schreiber sammelte sich.

„ Was wollen Sie von mir?"

Der Bursche, der ihm das Knie in den Nacken gedrückt hatte, zog seine Maske unters Kinn. „Das können Sie die Kollegen von der Mordkommission fragen. Die warten in Trier auf Sie."

„Wie bitte?"

Statt zu antworten, schaute sich der Bursche in der Schlafkammer um.

„Sind das Ihre Kleider da über dem Stuhl?"

Schreiber nickte. Der Beamte durchsuchte die Sachen. Dann knipste er den Kabelbinder an Schreibers Händen durch und stellte sich in die Tür.

„Anziehen, bitte! Sie sind vorläufig festgenommen."

Hannes massierte seine Handgelenke und stieg in die Hosen. Als er das Handy in die Jackentasche stecken wollte, griff der Bursche seinen Arm.

„Das brauchen wir."

„Und was ist mit meinem Hund?"

„Den bringt die Feuerwehr ins Tierheim."

Schreiber merkte, wie die Wut in ihm aufstieg. Sie hatten ihn überrumpelt. Damit war jetzt Schluss. Er schnauzte zurück. „Sagen Sie mal, spinnen Sie? Ich gehe mit Ihnen ins Präsidium. Okay. Ich höre mir an, was die mir vorwerfen. Okay. Dann mache ich eine Aussage. Oder auch nicht. Und danach gehe ich zurück in meine Hütte. Verstanden?"

Der Beamte lächelte. „Ich wäre mir da nicht so sicher. Hände nach vorn." Er löste ein Paar Handschellen vom Gürtel und legt sie Hannes an. „Sie gehen vor."

Schreiber tappte aus der Schlafkammer. In der Küche stand ein halbes Dutzend Vermummte. Er schüttelte den Kopf und trat vor die Hütte. Nebel war aufgezogen, die Luft kalt und klamm. Auf dem Weg wartete ein Polizeibus. Zwei Leute griffen seine Arme und führten ihn hin. Smokie flitzte aus der Hütte und wuselte zwischen den Beinen der Männer herum. Ein Bein trat nach dem Hund. Smokie wich aus und schoss wieder vor. Er fletschte die Zähne und knurrte. Schreiber blieb stehen.

„Kann der wirklich nicht mit?"

„Nein. Wo haben Sie die Leine?"

„Hängt an der Garderobe." Smokie versuchte, der Schlinge mit dem Kopf auszuweichen, schaffte es aber nicht. Als Hannes im Wagen saß, stand sein kleiner, weißbunter Hund vor der Hütte und zitterte.

„Und was wird mit meiner Hütte? Sie haben die Tür ruiniert."

„Haben Sie jemand, der sich kümmert?"

Schreiber gab ihm Mattes Frühaufs Nummer und warf noch einen Blick zurück. Aus dem Eimer vor der Hütte ragte das Geweih des Hirsches. Ehe er etwas sagen konnte, schoben sie ihn in den Wagen und fuhren los.

Kapitel 4

„Ich bin Hauptkommissar Lex von der Kriminaldirektion Trier. Guten Morgen, Herr Schreiber."

„Ich hatte schon bessere."

Der Mann am anderen Ende des Tisches sah interessiert auf. Er trug eine große, schwarze Hornbrille und erinnerte Schreiber an den Mautminister von der CSU. Er war mittelalt, mittelgroß, mittelblond. Sein dünnes Haar war auf dem Rückzug. Frische Bartstoppeln verschatteten ein weiches Gesicht.

„Wir haben Sie holen lassen, weil wir uns gern mit Ihnen über den gestrigen Tag unterhalten wollen. Möchten Sie etwas trinken?"

Hannes lechzte nach einem Kaffee, aber er sagte: „Nein, danke."

Der Kripo-Mann lächelte fein. „Wie Sie meinen."

Er kramte in dem Blätterstapel, der sich vor ihm auf dem Tisch türmte. „Gestern Mittag ist bei Ihrem Jagdrevier ein Mann erschossen auf einem Hochsitz gefunden worden. Sie wurden in unmittelbarer Nähe des Fundorts der Leiche gesehen und sollen auch geschossen haben. Ist das richtig?"

Schreiber schwieg.

„Wollen Sie dazu keine Aussage machen? Das ist natürlich Ihr gutes Recht. Ob es allerdings hilfreich für Sie ist, steht auf einem anderen Blatt."

Hannes hatte in seinem Reporterleben eine Menge Ermittlungsakten gelesen und wusste, wie viele Leute sich schon in der ersten Vernehmung um Kopf und Kragen geredet hatten. Das hatte er nicht vor.

„Nennen Sie mir doch erst mal den Tatvorwurf, Herr Lex. Das müssen Sie eh."

Der Kripo-Mann presste seine ohnehin schmalen Lippen zusammen, als wolle er sich am Reden hindern. Er nahm seine Brille ab und rieb sich die Augen.

„Ich hab' mir gedacht, dass es mit Ihnen nicht einfach wird", sagte er, blätterte in seinen Unterlagen und zog eine Seite heraus. Er setzte die Brille wieder auf und las. „Schreiber, Hans-Jürgen. Geboren 1958. Gelernter Kommunalbeamter. 1980 im Rahmen des Radikalenerlasses aus dem Dienst entfernt. Ein paar Jahre arbeitslos. Dann Journalist bei kleinen Blättern. Seit 18 Jahren Reporter beim Magazin in Hamburg und Berlin. Ein bewegtes Berufsleben."

„Sie sind gut informiert."

Lex lächelte. „Wir scannen die Leute, bevor wir sie zu uns bitten."

Schreiber schnaubte durch die kaputte Nase. Ein Mullpfropfen fiel heraus. „Zu uns bitten ist putzig formuliert. Bitten Sie alle Leute so freundlich zu sich wie mich?"

„Nein. Das machen wir vor allem mit bewaffneten Mordverdächtigen."

Das saß. Hannes' Magen krampfte. Er hatte Mühe, seine Hände ruhig zu halten.

„Wen soll ich Ihrer Meinung nach ermordet haben?" Es sollte leichthin klingen, tat es aber nicht.

Wieder dieses kleine Lächeln, das die Mundwinkel kaum erreichte. „Richard Schulte-Appelhoff, den Chef der gleichnamigen Unternehmerfamilie. Ihren Reviernachbarn."

Leyendeckers Telefonat. „Was? Der Chef?" Darum war der Giftzwerg weggerannt. „Da hat Ihnen Ihr Ex-Kollege einen schönen Scheiß erzählt", sagte Schreiber.

Lex zog seine Brille auf die Nasenspitze und lugte über das Gestell. „Sie sind auch nicht schlecht informiert."

„Ich war in der Schule schlecht in Mathe. Aber eins und eins zusammenzählen kann ich noch. Das macht zwei."

„Kluger Kopf. Wenn ein Zeuge Scheiß erzählt, wie Sie sich ausdrücken, dann stellen Sie es doch richtig. Ich höre Ihnen gern zu."

Der Reporter hatte die Trierer Kriminaldirektion am Bahnhof in der Absicht betreten, eine Aussage zu machen, die Vorwürfe auszuräumen und wieder zu gehen. Er hatte sich verkalkuliert. Lex und Leute saßen auf einer illustren Leiche. Cadaveri eccelenti nannten die Italiener solch prominente Opfer. Schreiber war über den Begriff bei einer Mafia-Geschichte gestolpert. Er war ihm geblieben. Cadaveri eccelenti brachten die Ermittler ins Rotieren, nicht nur in Palermo. Auch in Trier. Sie brauchten dringend einen Täter. Schreiber wollte das nicht sein. Unbewusst schüttelte er den Kopf. Sich auf eine Aussage einzulassen, war viel zu riskant. Dieser Kommissar Lex war nicht dumm. Es war sicher nicht sein erster großer Fall, sonst hätten sie ihm die Causa Schulte-Appelhoff nicht übertragen.

„Sie haben bestimmt eine Liste mit den Trierer Strafverteidigern", sagte Hannes. „Ich würde mir gern einen aussuchen."

Der Kommissar wühlte wieder in seinem Stapel. „Damit habe ich gerechnet." Er reichte ein Blatt mit Namen und Telefonnummern über den Tisch. Schreiber kannte keinen.

„Können Sie mir einen empfehlen?"

Der Kommissar lächelte nicht. „Das dürfen wir natürlich nicht. Sonst macht die Konkurrenz Ärger. Aber Trierer Anwälte sind generell gut."

Hannes überflog die Liste. Er tippte auf eine Kanzlei mit fünf Namen. Bloß keine kleine Klitsche. „Kann ich die jetzt anrufen?"

Lex sah auf die Uhr. „20 vor sieben. Da erreichen Sie noch niemanden. Am besten Sie versuchen es nach neun. Aus dem Polizeigewahrsam."

„Sie haben keinen Haftbefehl."

„Den brauchen wir auch nicht. Noch nicht. Bis morgen Abend um zwölf können wir Sie auch ohne festhallten. Das wissen Sie doch,

Herr Schreiber. Bis dahin bleibt eine Menge Zeit. Für uns zum Ermitteln. Und für Sie zum Nachdenken. Ich wünsche Ihnen noch einen schönen Tag."

Nachdem ein Polizeiarzt seine Nase untersucht, einen einfachen Bruch diagnostiziert und Haftfähigkeit bescheinigt hatte, fuhren sie Schreiber im Streifenwagen durch die Stadt. Der Berufsverkehr hatte eingesetzt. Sie schlichen von Ampel zu Ampel zu einem einstöckigen Gebäude bei den Kaiserthermen. Hannes hatte keinen Blick für die römische Ruine. Er starrte auf die blau-weiße Leuchtreklame der Polizei an der Waschbetonfassade, sah den Antennenwald auf dem Flachdach und die erleuchteten Bürofenster. Auf einer Fensterbank stand ein zu groß geratener, knallroter Gartenzwerg. Unverkennbar Karl Marx, Triers berühmtester Sohn. Ein Künstler hatte der Stadt hunderte Marxmännchen aufgeschwatzt. Die Plastikfiguren standen eine Weile bei der Porta Nigra herum und landeten irgendwann – gekauft oder geklaut – in Vorgärten, Wohnzimmern und Büros. Politisch hatte das nichts zu bedeuten. Marx gehörte zur Folklore der Moselstadt wie Kaiser Konstantin oder Jesus' Heiliger Unterrock, den der Bischof im Dom zur Schau stellte. Marx zog Touristen an, vor allem aus China.

Sie führten Schreiber durch eine Schleuse ins Innere der Wache, vorbei an Büros, deren Türen offenstanden. Uniformierte hinter Computerbildschirmen schauten neugierig auf. An einer Tür wartete ein junger Mann in himmelblauem Hemd und dunkelblauer Hose. Die Uniform stand ihm gut. Er hatte dichtes, schwarzes Haar, ein offenes Gesicht und lächelte Schreiber an wie ein Hotelier einen neuen Gast. Die Pistole, die er an der Hüfte trug, schnallte er ab und brachte sie in den Vorraum.

„Die Biester machen nur Ärger", sagte er. „Bevor Sie in Ihre Zelle kommen, müssen wir leider noch ein paar unangenehme Dinge erledigen. Stellen Sie sich bitte an die Wand und stützen die Hände in Kopfhöhe ab. Beine breit, bitte."

„Das SEK hat mich schon gefilzt."

„Das ist Stunden her. Sie könnten inzwischen irgendwas eingesteckt haben."

Hände tasteten Hannes von oben bis unten ab. Sie fanden nichts.

„Prima. Jetzt ziehen Sie sich bitte bis auf die Unterhosen aus, Herr Schreiber."

„Wieso?"

„Ganz einfach. Wir möchten nicht, dass Sie sich selbst gefährden."

Schreiber schüttelte den Kopf und tat, wie ihm geheißen. In Unterhosen stand er vor dem Beamten.

„Bitte auch die Uhr und den Ring."

„Warum?"

„Das ist hier Vorschrift."

„Na dann." Hannes wusste, dass Widerstand sinnlos war. Er würgte den Ring mit dem grünen Turmalin vom Finger und legte ihn samt der Uhr in das Blechkästchen, das der Polizist ihm hinhielt.

„Danke. Ziehen Sie bitte die Unterhose bis auf die Knie runter."

Schreiber schnaubte. „Was glauben Sie denn, was ich in meinem Slip aufbewahre?"

„Glauben tu' ich gar nix. Aber was denken Sie, was wir schon alles in Unterhosen gefunden haben? Drogen, Messer, Feuerzeuge."

Hannes zog blank.

„Bitte umdrehen."

Er streckte dem Beamten seinen Arsch entgegen. Am liebsten hätte er dem Kerl gesagt, was er ihn bei dieser Gelegenheit könne. Er verkniff sich die derbe Bemerkung. Es war nicht gut, den Mann gegen sich aufzubringen.

„Danke. Das reicht. Jetzt können Sie auch Ihr T-Shirt wieder anziehen und meinetwegen auch die Hose. Nur den Gürtel hätte ich gern."

Hannes stieg in die Fjällräven-Hose und zog den Gürtel raus. Er hatte in letzter Zeit ein paar Kilos abgespeckt. Der Hosenbund spannte nicht mehr, er rutschte.

Der Beamte hängte Schreibers Kleidung in einen der Eisenspinde an der Flurwand, holte drei flache Plastiktüten aus dem Regal, riss die Verpackungen auf.

„Das sind Einmaldecken. Eigentlich steht Ihnen nur eine zu. Aber wir nehmen das nicht so genau." Er gab Hannes den dünnen Stapel und führte ihn vor eine Eisentür.

„Zimmer Nummer sieben. Voila."

Schreiber starrte in die Zelle. Als Erstes sah er die Schlafstatt. Bett konnte man den braungefliesten Mauerblock, der die ganze Stirnseite des Raumes einnahm, nicht nennen. Das war alles an Mobiliar, wenn man von dem Edelstahl-Klo gleich neben der Tür absah. Der Fußboden war ebenso braun gefliest wie das Bett, die Wände lindgrün gestrichen. Aus einem Schacht in der Zellendecke fiel trübes Licht.

„Diese Taste hier ist der Notruf." Der Hotelier zeigte auf eine Stahlplatte an der Wand hinter dem WC. „Wenn Sie Hilfe brauchen, bitte drücken. Möchten Sie noch einen Schluck trinken?"

Schreiber zog einen Mundwinkel hoch. „Einen Cappuccino, bitte."

„Ich bringe Ihnen nachher einen Becher Wasser." Die Eisentür fiel hinter ihm zu.

Hannes stand unschlüssig in der Mitte der Zelle. Schließlich pinkelte er im Stehen, drückte ab und legte sich auf den Mauerblock. Zwei Decken als Matratze, mit der dritten deckte er sich zu. Die Schlafstelle war nicht lang genug für ihn. Wenn er sich ausstreckte, klemmte er zwischen den Wänden. Er verschränkte die Hände hinter dem Kopf und starrte an die Decke.

Schreiber steckte in der Grütze, tiefer als je zuvor. Nichts hatte geholfen. Sein Presseausweis war dem SEK-Mann, dem er ihn auf der

Fahrt gezeigt hatte, ein Achselzucken wert gewesen. Die Karte des Magazins hatte Kommissar Lex mitten auf dem Tisch liegen lassen. Sie schienen sich ihrer Sache sicher zu sein. Was hatte Meister Leyendecker seinen Ex-Kollegen eingesungen? Schreiber sei über die Grenze geschlichen und habe dort den Hirsch geschossen? Und den Chef des Appelhoff-Clans gleich mit? Was für ein Quatsch!

Er kratzte sich am Kopf. Was war mit seiner ersten Kugel? Auf dem Wildkörper war sie nicht eingeschlagen. Er versuchte sich zu erinnern, wo er den Hirsch zum ersten Mal beschossen hatte. 20 Schritt vor den Schlehen? Er wusste es nicht genau. Vor Ort hätte er es vielleicht rekonstruieren können. Aber er hing hier fest.

Wo mochte Schulte-Appelhoff bei der Drückjagd gesessen haben? Direkt hinter der Grenze? Hannes hatte auf der anderen Seite keinen Jäger bemerkt. Sie trugen inzwischen alle Orange. Übersehen konnte man darin keinen. Eigentlich.

Und wenn es ein Querschläger war? Dieser Unglücksrabe aus Niedersachsen fiel ihm ein. Der Mann hatte seinen besten Freund auf der Drückjagd erschossen. Seine Kugel verfehlte eine Sau, wurde abgelenkt und landete im Herzen des Treibers. Schreiber hatte über den Fall berichtet. Das Verfahren wurde nach jahrelangem Gezerre gegen Zahlung einer Geldbuße eingestellt. Der Schütze war trotzdem am Boden. Statt zur Jagd ging er zum Psychiater. Dabei hatten sie den Mann nicht mal eingesperrt.

Sein Rücken schmerzte. Hannes drehte sich auf die Seite und starrte in die Zelle. Das stählerne WC schimmerte matt. Eine Rolle Klopapier stand auf dem Rand. Damit konnte sich niemand erhängen. Das hatte er auch nicht vor. Er durfte sich nicht mal hängen lassen. Sie wollten ihn weichkochen, in einer Zelle, in der sonst Besoffene ihren Rausch auskotzten und Drogensüchtige randalierten. Dass er hier wahrscheinlich noch bis zum nächsten Abend ausharren musste, versetzte Schreiber in Panik.

Er stand auf und tigerte durch die Zelle. Vier Schritte hin, vier Schritte zurück. Immer wieder. Wie ein Eisbär im Zoo. Hospitalismus? So weit wollte er es nicht kommen lassen.

Hannes hockte sich auf den Mauerblock, den sie hier Bett nannten. Er versuchte, aufrecht zu sitzen, aber sein Rücken krümmte sich wie unter einer Last. Seine Nase stach. Er befühlte sie mit den Fingern. Sie war zugeschwollen. Luft ging nicht hindurch. Er hatte die ganze Zeit durch den Mund geatmet. Seine Zunge war trocken und pelzig. Schreiber kämpfte gegen die Panik – und verlor. Er schluchzte. Tränen stiegen ihm in die Augen. Er ließ ihnen freien Lauf. Das heulende Elend.

Hannes legte sich hin und fiel in flachen Schlaf. Träumte von einem Unfall. Er fuhr den Subaru. Vor ihm stockte plötzlich der Verkehr. Er trat auf die Bremse. Sein Wagen beschleunigte, raste auf das Heck eines Lasters zu. Er umklammerte das Lenkrad. Crash.

Schreiber sprang auf. Er wusste nicht, wo er war. Schaute sich um. Sah nur das Klo und die Tür. Dann fiel ihm alles wieder ein. Der Hirsch, das SEK, die Zelle. Er schüttelte sich wie ein nasser Hund. Der Alb ließ sich nicht abschütteln. Er musste raus aus diesem Verlies. So schnell wie möglich. Er stand auf und schlurfte zur Tür. Die rutschende Hose hielt er fest. Er drückte den Notruf und wartete.

Der Kerkermeister ließ sich Zeit. Wie viel, wusste Hannes nicht. Er schaute zur Uhr und sah einen Streifen weißer Haut. Ein gutes Zeitgefühl hatte er nie gehabt. Dafür war er zu ungeduldig. Irgendwann drehte sich der Schlüssel im Schloss und die Tür ging auf. Der Uniformierte bot ihm einen Pappbecher mit Wasser an. Schreiber dankte und trank ihn in einem Zug aus.

„Ich möchte einen Rechtsanwalt anrufen", sagte er. „Hauptkommissar Lex sagte, das könnte ich von hier."

„Das brauchen Sie nicht. Im Besprechungszimmer wartet einer auf Sie. Ich bringe Sie hin."

Hannes trottete hinterher. In einem Raum mit einem Tisch und ein paar Stühlen saß ein Mann in grüner Tweed-Jacke, darunter war er weiß behemdet und beschlipst. Er stand auf und hielt dem Reporter die Hand hin. „Bärweiler. Wundern Sie sich nicht. Mathias Frühauf hat mich alarmiert. Ich hab' vor ein paar Jahren mal seinem Sohn aus der Patsche geholfen."

Der Reporter sah sich den Mann genauer an. Er war wahrscheinlich Anfang 50 und hatte den Kopf voller Haare. Dicht und grau sprossen sie auf seinem Schädel. Die Augenbrauen grau und struppig wie zu lange benutzte Zahnbürsten. Selbst in den Ohren wucherten kleine Haarbüschel. Der Anwalt setzte sich wieder und deutete auf den Stuhl neben sich.

„Ich war schon bei der Kripo. Lex hat nicht viel gesagt. Das tut er nie. Aber im Groben bin ich informiert. Auch dass Sie die Aussage verweigert haben. Gut so."

Schreiber setzte sich. „Hat er Ihnen verraten, was sie weiter vorhaben? Außer mich in diesem Loch verrotten zu lassen, meine ich."

„Hat er. Heute Mittag findet die Obduktion statt. In der Pathologie der Barmherzigen Brüder. Die Gerichtsmediziner aus Mainz sind schon unterwegs. Sie hoffen, das Geschoss im Körper zu finden. Der Einschuss liegt in der Herzgegend. Es gibt wohl keinen Ausschuss."

„Und dann?"

„Dann schicken sie das Projektil zusammen mit Ihrer .30-06 per Kurier zum LKA. Die können Geschoss und Waffe normalerweise zuordnen. Danach wissen wir, ob die Kugel aus Ihrer Büchse stammt."

„Wenn nicht?"

„Werden Sie entlassen."

„Und wenn doch?"

Der Rechtsanwalt sah irritiert auf. „Halten Sie das für möglich?"

Hannes zögerte einen Moment. Sollte er diesem Mann, den er nicht kannte, seinen Fehlschuss beichten? Er entschied sich für ein Mittelding. „Ich nehme an, Sie gehen auch zur Jagd", sagte er.

Bärweiler nickte. „Daher kennt mich Herr Frühauf."

„Dann wissen Sie ja, dass auf der Drückjagd nicht jeder Schuss da sitzt, wo er sitzen sollte. Manche gehen auch ganz daneben."

„Kann jedem passieren. Alles halb so schlimm, solange Kugelfang da ist."

„Und das Geschoss nicht abprallt. Querschläger sind unberechenbar."

Der Wortwechsel hörte sich an wie eine Fachsimpelei zwischen Jägern. Dabei war er todernst.

„Wie auch immer. Wir müssen das Gutachten des LKAs abwarten. Wenn es sehr gut läuft, könnte das morgen im Laufe des Tages vorliegen." Der Anwalt nahm seine Robe von der Aktentasche, hängte sie über einen Stuhl und legte Schreiber eine Vollmacht vor. „Entschuldigen Sie meine Verkleidung. Ich habe im Anschluss einen Gerichtstermin."

„Wenn's denn der Wahrheitsfindung dient", sagte Schreiber und unterschrieb den Wisch.

Der Anwalt grinste. „Kann ich noch was für Sie tun?"

„Ja. Sagen Sie Mattes Frühauf, er soll meinen Hund aus dem Tierheim holen. Es reicht, wenn einer von uns im Knast sitzt."

„Keine Frau zu benachrichtigen?"

Schreiber schüttelte den Kopf. „Das Gesicht waschen würde ich mir gern."

Sein Verteidiger legte ihm die Hand auf die Schulter. „Das kriegen wir hin", sagte er. Hannes wurde warm ums Herz.

Kapitel 5

Schreiber hatte das Licht löschen lassen. Er fand dennoch keinen Schlaf. Seine Gedanken jagten wie Fledermäuse. Sie kreisten um ein Thema: Obduktion. Im Job hatte er einige Protokolle der Gerichtsmediziner studiert. Eine unappetitliche Lektüre. Abgelöste Kopfschwarte, der Begriff war ihm geblieben.

Ob die Leichenschneider die tödliche Kugel gefunden hatten? Normalerweise durchschlug das Projektil einer .30-06 sogar dicke Sauen. Kalibergroßer Einschuss, faustgroßer Ausschuss, der Geschossrest irgendwo im Boden dahinter. Bei einem Querschläger konnte das anders sein. Der verlor unterwegs Energie. Wo konnte das Geschoss stecken? War es nur das Fragment einer Kugel, zu klein für Spuren?

Unter anderen Umständen hätte Hannes ein Buch genommen und darin gelesen, bis es ihm aus den Händen fiel. Hier hatten sie nicht mal eine der blauen Bibeln, in denen er in Hotelnächten oft schmökerte. „Bleibe bei uns, denn es will Abend werden, und der Tag hat sich geneiget." Die Nacht war nie der Freund der Menschen gewesen. In der Dunkelheit lauerten Dämonen. Echte und eingebildete. Tiger und Teufel.

Er versuchte, an Dinge zu denken, die er gern hatte, Dinge, die ihm durchs Leben halfen. Musik. In seinem Elternhaus hatten sie oft gesungen. Volkslieder, Schlager, Operettenmelodien. Irgendwann konnte der junge Hannes den Kram nicht mehr hören. Bob Dylan wurde sein Held. Viele seiner Songtexte kannte er auswendig, mindestens einen für jede Lebenslage. „All Along The Watchtower" war wie geschaffen für den Knast. „There must be some way out of here", said the joker to the thief. „There's too much confusion, I can't get no relief." Schreiber summte die Melodie und sang dann laut. Wer wollte ihm das Singen verbieten? Weil es ihm gut tat, legte er nach. Hurricane, die Geschichte des Boxers Rubin Carter, dem sie einen Mord angehängt hatten. Ein ellenlanger Song. Hannes verhaspelte sich ein paar Mal, aber das war nicht so wichtig. Hauptsache, er sang. Er lag immer noch in der Zelle, die Nacht war noch lang, und Boxweltmeister h. c. würde er im Gegensatz zu Rubin Carter nicht mehr werden. Aber es war ihm nicht mehr so mulmig zu Mute. Er war wieder bei sich selbst. Schreiber kuschelte sich, so gut es ging, in seine Einmaldecke und schlief tatsächlich ein.

Das Essen im Trierer Polizeigewahrsam war nicht mal schlecht. Es kam aus der Polizeikantine. Zum Frühstück gab es Brötchen mit Marmelade und Käse und einen Becher Kaffee. Er hatte Mühe, die Brötchen mit dem Plastikmesser durchzusäbeln. Mittags aß er Hähnchenschenkel mit Reis, legte sich danach ein bisschen hin und döste. Vielleicht wäre er sogar eingeschlafen, wenn nicht kurz darauf der Wachtmeister die Tür aufgeschlossen hätte. Hinter dem Beamten stand Bärweiler und grinste spitzbübisch.

„Tut mir leid, dass ich Ihren wohlverdienten Mittagsschlaf störe. Ich war gerade bei der Kripo. Sie sind aus dem Polizeigewahrsam entlassen."

Hannes sprang auf die Füße. Seine Hose rutschte. Er zog sie hoch und gab Bärweiler die Hand.

„Die Details erzähle ich Ihnen unterwegs", sagte der.

Schreiber zog sich an und verließ mit dem Anwalt die Polizeiinspektion. Das „Auf Wiedersehen" seines Kerkermeisters ignorierte er. In Bärweilers Limousine glitten sie schweigend aus der Stadt. Am Verteilerkreis bog der Anwalt auf die Autobahn ab. „Ich bringe Sie zu Ihrer Hütte."

„Danke. Aber wollten Sie mir nicht erzählen, warum ich wieder draußen bin?"

„Sie haben nicht gefragt."

„Ich hab' die Freiheit genossen."

„Die Gerichtsmediziner haben das Geschoss gefunden. Es klemmte in der Wirbelsäule. Sie haben es zum LKA geschickt. Deren Ballistik-Experte hat sich das Projektil angeguckt und getobt. Die Medizinmänner hatten das Geschossheck mit der Zange gepackt und aus dem Knochen gerissen. Alle Spuren von der Laufmündung sind vernichtet. Die Kugel kann weder Ihrer Waffe zugeordnet werden noch irgendeiner anderen. Ende der Durchsage."

„Sie könnte also aus meiner Waffe stammen?"

„Ja. Oder von jedem anderen Schützen, der ein 30er-Kaliber führt."

„Die Munition hilft auch nicht weiter?"

„Das LKA sagt nein."

„Und was macht die Mordkommission jetzt?"

Bärweiler zog die Schultern hoch. Er konzentrierte sich auf die Auffahrt zur A 1. Als er sich in den Verkehr eingefädelt hatte, warf er Schreiber einen Seitenblick zu. „Ich denke, sie werden die Schützen überprüfen, die in Appelhoffs Nähe saßen. Lex hat mächtig Druck. Die Medien sind voll eingestiegen. Tragischer Tod eines Wirtschaftskapitäns. Tatverdächtiger festgenommen. Manche spekulieren vom Mord an der Mosel. Gehen Sie denen besser aus dem Weg. Aber wem sag' ich das."

An die Meute hatte Hannes noch gar nicht gedacht. Dabei gehörte er mehr oder weniger dazu. Bei vielen großen Mordgeschichten war er fürs Magazin vor Ort gewesen, hatte Witwen geschüttelt, bis das Fotoalbum rausfiel, mit Fotografen im Auto gehockt und auf Gelegenheiten zum Abschuss gelauert. Als Reporter konnte er sich die Jobs nicht aussuchen. Wenn Bartelmus anrief, ließ er alles stehen und liegen und fuhr los, nach Teterow, Telgte oder Trier.

„Meine Hütte werden die so schnell nicht finden."

„Wenn sie keinen Tipp kriegen."

„Lex?"

„Nee. Dazu ist der zu korrekt. Ich tippe auf Leyendecker."

„Mit dem hab' ich eh noch 'ne Rechnung offen."

Der Anwalt sah ihn von der Seite an. „Was haben Sie vor?"

„Rauskriegen, von wem die Kugel stammt. Möglicherweise einen totgeschossen zu haben, ist kein gutes Gefühl."

Sie hatten die Autobahn verlassen und kurvten durch die Weinberge. Bärweilers Limousine hatte Mühe in den Spitzkehren.

„Lassen Sie mich da vorne raus. Ich muss meinen Kopf ein bisschen lüften."

Bevor Hannes ausstieg, drückte ihm der Anwalt das Handy in die Hand. „Ich habe Lex überredet, es rauszurücken. Laptop und Büchse dauern noch ein paar Tage."

„Danke. Wann bekommen Sie Akteneinsicht?"

„Nicht vor Abschluss der Ermittlungen. Warum fragen Sie?"

„Ich brauche die Teilnehmerliste der Jagd und die Standverteilung."

„Fragen Sie doch mal Ihren Freund Leyendecker", sagte Bärweiler.

„Der weiß das doch."

„Toller Tipp. Wir bleiben in Kontakt."

Als sie die Karten getauscht hatten, wendete der Anwalt und fuhr zurück gen Trier. Schreiber marschierte über die Hochfläche. Vorbei an Monzels Kühen, die auf der Wiese lagen und ihr Mittagessen zum zweiten Mal durchkauten. Nur ein paar Kälber hüpften herum. Am Marienstein blieb er stehen und sah übers Land. Er atmete tief durch. Schön hier oben.

Hannes bog in den Weg zur Hütte ein. Die Polizeifahrzeuge hatten tiefe Spuren hinterlassen, glaubte Schreiber, bis er die Ü-Wagen auf der Streuobstwiese sah. Vier oder fünf weiße Ungetüme mit Satellitenschüsseln auf dem Dach. Er schlich näher und lugte um den

Weidenbusch. Vor der Hütte gab Mattes Frühauf ein TV-Interview. Bauer Monzel und Siggi, den sie den Sammler nannten, standen dabei und hörten zu. Um Smokie kümmerte sich niemand.

Schreiber zwitscherte durch die Schneidezähne. Sein Hund zog die Ohren hoch und startete durch. Er tanzte ihm um die Beine und sprang an ihm hoch. Hannes ging zwei, drei Schritte zurück und versuchte, ihn zu beruhigen. Smokie drehte weiter am Rad. Als er vor Freude auch noch bellte, kam Bewegung in die Meute. Die Schrille von RTL, der Hannes schon öfter begegnet war, erkannte ihn als Erste. „Da ist Schreiber", kreischte sie und stöckelte durch den Schlamm. Im Nu war er umzingelt. Zottelige Mikrophone lauschten über seinem Kopf. Kameraaugen starrten ihn an. Fragen prasselten auf ihn nieder. „Haben Sie Schulte-Appelhoff erschossen? Warum sind Sie nicht in Haft? Was ist mit Ihrer Nase passiert? Heißen Sie nun Hannes oder Hans-Jürgen?"

Schreiber schwieg ein paar Sekunden. Er hatte nicht vor, Presseerklärungen abzugeben, und stellte deshalb eine Gegenfrage: „Wie hat Schalke gestern gespielt?"

Schweigen. Die werten Kolleginnen und Kollegen starrten ihn an, als habe er sie um Kinderpornos gebeten. Hannes legte nach.

„Bitte verlassen Sie sofort das Grundstück. Sie befinden sich auf Privatland, das ich gepachtet habe. Ich gebe Ihnen fünf Minuten Zeit, dann sind Sie und Ihre Ü-Wagen hier verschwunden."

Die Schrille kam ihm auf die kumpelige Tour. „Schreiber, du kennst doch das Geschäft. Sag ein paar Sätze und du bist uns los."

Er erinnerte sich nicht, dass er sich mit der RTL-Frau geduzt hatte, fand es aber praktisch. „Du Arschlosch klingt nicht so schlimm wie Sie Arschloch", hatte sein Vater immer gesagt.

„Von mir kriegt ihr keine Quote. Wenn ihr was wissen wollt, fragt Lex von der Kripo oder Rechtsanwalt Bärweiler aus Trier. Der vertritt mich."

Unschlüssig verharrte der Pulk. Hannes löste sich aus der Traube und ging zur Hütte. „Tag, ihr Fernsehstars", begrüßte er Mattes und Co. Die Männer guckten verdruckst.

„Isch hann nur Gutes über disch erzillt, Hannes. Ehrlisch."

„Schon gut, Mattes. Man weiß nur nie, was die Fernseh-Fuzzys daraus machen." Schreiber musste sich die Einheimischen warmhalten. Wenn die ihn nicht mochten, konnte es eng werden auf dem Berg. Seine Hütte lag meilenweit entfernt von der nächsten menschlichen Behausung. Da brauchte nicht mal das SEK die Tür aufbrechen. Irgendeine Dumpfbacke mit einer Schachtel Streichhölzer und einem Benzinkanister wäre viel gefährlicher.

„Isch hann die Tür geflickt", sagte Mattes. „Provisorisch."

Hannes betrachtete die Konstruktion. Ein Kantholz hing an zwei Scharnieren quer vor der Tür. Die Scharniere waren so geschickt platziert, dass sie von dem Balken verdeckt wurden. Man konnte sie nicht aufschrauben. Gesichert wurde das Ganze mit einem Zahlenschloss. Schreiber bedankte sich artig. Hinter ihm rückte die Meute ab. Er hätte nicht gedacht, dass sie sich so leicht abschütteln ließen. Wirklich tough waren die Kollegen nicht.

Kapitel 6

Sie starrte auf den Bildschirm. Das war ihre Geschichte. Wenn nicht diese, welche dann? Sie war Jägerin. Sie kannte einen aus der Familie. Norman Schulte-Appelhoff hatte mit ihr die Jägerprüfung gemacht. Netter Typ. Vielleicht ein bisschen zu dünn für ihren Geschmack. Norman studierte Informatik in Trier. Seine Kommilitonen nannten ihn NSA. Sie hatte Normans Nummer. Sie konnte ihn anrufen. Der Tote musste sein Großonkel gewesen sein. Norman wusste sicher mehr über den Sippenältesten als das bisschen, das man im Internet fand. Die Appelhoffs scheuten die Presse. Aus ihrem Family Office in Luxemburg drang wenig an die Öffentlichkeit. Gerade mal ihre Beteiligungen waren bekannt. Alles Toptitel an der Börse.

Und dieser Journalist, den sie festgenommen hatten. Reporter beim Magazin. Gut, das Blatt war ziemlich old school. Ihr Großvater schwärmte von deren Willy-Brandt-Berichten und Oma hatte die Ausgabe mit den Testimonials der Promi-Frauen sogar aufgehoben: „Wir haben abgetrieben." Das war damals noch strafbar gewesen.

Schlecht war das Magazin immer noch nicht. Sie druckten eigene Geschichten, gut recherchierte, lange Stücke. Nicht immer nur DPA wie die Mosel-Zeitung, bei der sie als Freie arbeitete. Einen Tag pro Woche, manchmal auch zwei, saß sie in der Lokalredaktion, von zehn bis sechs, oft auch länger. Für 60 Euro pro Tag schrieb sie Meldungen, keine länger als 15 Zeilen. Gelegentlich ließ man sie an einen Artikel. Der wurde mit 25 Cent pro Zeile bezahlt. Und dafür hatte sie Medienwissenschaften studiert. Hier in Trier, diesem Kaff am Rande der Republik. Sie wollte weg. Am liebsten nach Berlin, wo man heutzutage sein musste, nach Hamburg oder München, wo die großen Blätter saßen, oder wenigstens nach Köln.

Bei der Mosel-Zeitung arbeitete jemand anderes an der Appelhoff-Story, einer der Redakteure, die dem Chef aus der Hand fraßen. Sie hatte keine Chance, an die Geschichte zu kommen. Andererseits war sie Freie, ohne Vertrag und ohne Rechte, aber auch ohne Pflichten. Niemand konnte ihr verbieten, auf eigene Faust zu recherchieren und die Geschichte einem großen Blatt anzubieten. Die Seite Zwei in der Bayerischen Zeitung, das wär's. Der Tod in Trier. Von Mirja Thelen.

Sie trafen sich noch am selben Abend in einem Laden am Hauptmarkt. Am Telefon hatte NSA kurz gezögert, dann aber zugesagt. „Weil du's bist, Mirja." Norman trug einen schwarzen Anzug, in dem Pep Guardiola alle Nähte gleichzeitig gesprengt hätte. Dass zwischen Haut und Jacke noch ein weißes Hemd passte, wunderte Mirja.

„Die Sache mit deinem Großonkel tut mir leid", sagte sie. Der junge Schulte-Appelhoff setzte sich neben sie und lächelte. „Das ist lieb gemeint, Mirja." Er bestellte eine Latte macchiato und schlug die Beine übereinander. Seine Hose hielt.

Sie wunderte sich über seine merkwürdige Antwort, ging aber nicht sofort darauf ein. „Warst du auch auf dieser Jagd?"

Norman nickte. Eine Strähne seiner wuscheligen, dunklen Haare fiel ihm ins Gesicht. Er strich sie zurück an ihren Platz. „Ich saß am anderen Ende des Treibens, wo Onkel Richard immer die Jungjäger anstellen lässt. Auf dem Rückwechsel, nennt er das. Nur wechselte mal wieder keine Sau zurück. Alle flüchteten vor den Treibern nach vorn, wo Onkel Richard saß."

„Und du Armer hast gar nichts geschossen?"

Norman merkte nicht, dass sie ihn hochnahm. „Doch", sagte er, „ein Achterchen."

Seit der Jägerprüfung hatte Mirja noch kein Rotwild gesehen, geschweige denn geschossen. Über ein Achterchen hätte sie sich ein Bein abgefreut. Das behielt sie für sich und wünschte Norman Weidmannsheil.

„Weidmannsdank."

„Dabei dachte ich, ihr hättet starke Hirsche satt."

„Haben wir auch. Aber Onkel Richard bestimmt, wer welchen schießen darf. Believe it or not: Das geht nach Firmenanteilen. Je höher der Anteil, desto höher die Endenzahl des Hirsches. Und weil Onkel Richard den größten Anteil hat, schießt er auch die dicksten Hirsche."

„Schoss", sagte Mirja.

Norman sah sie irritiert an. Dann begriff er. „Es fällt schwer, unsere Familie ohne Onkel Richard zu denken. Er war das absolute Oberhaupt. Als Kids nannten wir ihn den Bestimmi. Sein Wort war Gesetz."

„Und alle anderen haben das geschluckt?"

„Mehr oder weniger."

Mirja hatte sich bis dahin keine Notizen gemacht, um NSA nicht zu verschrecken. Nun kramte sie in ihrer Handtasche nach dem Spiral-Block. „Wer weniger?", fragte sie und sah Norman mit Rehaugen an. Bei vielen Männern wirkte der Blick.

Bei Norman Schulte-Appelhoff nicht. „Familiengeheimnisse wollte ich nicht ausplaudern. Mirja. Das ist bei uns verpönt."

Sie versuchte, ihn im Journalistenjargon rumzukriegen, versprach, seine Infos off the record zu behandeln. Es nutzte nichts.

„Okay", dehnte sie. „Verstehe. Aber irgendein Häppchen könntest du mir vielleicht doch hinwerfen. Aus alter Freundschaft."

NSA lächelte amüsiert. Das tat er öfter. Mirja kannte diesen Gesichtsausdruck aus dem Jungjägerkurs. Norman sah ein wenig selbstgeschnitzt aus, wenn er lächelte. Mirja fand es süß.

„Also gut. Onkel Richards Spitzname in der Familie ist Appellhof. Mit zwei L und einem F. Wegen seines Kasernenhoftons."

Sie fand das mäßig witzig, schrieb es aber brav auf und schmachtete Norman noch mal an.

„Du guckst wie die Schlange Kaa aus dem Dschungelbuch. ‚Vertraue mir'", leierte er.

„Und? Wirkt meine Hypnose, kleiner Mogli?" Wie selbstverständlich legte sie eine Hand auf seinen Oberschenkel. Norman wurde tatsächlich ein bisschen rot.

„Onkel Richard hatte eine Freundin an der Mosel", sagte er schließlich. „Bei der hat er gewohnt, wenn er auf Jagd war. Nicht im Schlösschen, wo ihn seine Frau vermutete."

Sie strahlte ihn an. Ihre Hand ließ sie, wo sie war. „Danke, Norman. Wenn du mir jetzt noch sagst, wo ich die Dame finde, küsse ich dich."

„In der Nähe von Dehlem. Er hat ihr einen Reiterhof gekauft. Sie züchtet Pferde."

Mirja schmatzte ihm auf die Backe.

Kapitel 7

Es wurde früh dunkel, seit sie die Zeit umgestellt hatten. Besonders an so einem trüben Tag. Es hatte keinen Sinn mehr, rauszugehen und sich den Tatort genauer anzusehen. Den Tatort. Jetzt dachte er schon genauso wie die Bullen. Schreiber fasste sich an die Nase. Sie schmerzte nicht mehr, war auch nicht mehr so stark geschwollen. Erst im Spiegel bemerkte er die Blutergüsse über den Wangenknocken. Eulenhaft sah er aus. Schreiber griente sich an. „Du hast doch immer davon geträumt, ein weiser, alter Uhu zu werden", sagte er dem Hannes an der Wand.

Zum Abendessen schmierte er sich Butterbrote und trank eine Flasche Bitburger. Es schmeckte ähnlich herb wie Fiege Pils aus seiner Heimatstadt. Mit dem Smartphone googelte er die Schulte-Appelhoffs. Er fand nur das unergiebige Zeug, das er schon kannte, und eine Menge Meldungen über den Jagdunfall. Dann nahm er sich Ferdi Leyendecker vor. Der Giftzwerg zeichnete verantwortlich für die Homepage Heimatverein-Hummeroth.de. In deren Impressum fand Schreiber Leyendeckers Handynummer und E-Mail-Adresse. Er rief Max an. Max half ihm bei Computerproblemen aller Art. Hannes war ein digitaler Analphabet. Max nannte ihn DAU. Dümmster anzunehmender User. Schreiber gab Max die Daten durch. Max kannte Leute, die Leute kannten. „Wann brauchst du das?", fragte er.

„Vorgestern." Bei Leyendecker hatte Schreiber keine Skrupel. Der Kerl hätte ihm gern einen Mord angehängt.

Er legte noch eine Patience, trank einen Trester und kuschelte sich dann in seinen Schlafsack. Im Körbchen wimmerte Smokie im Schlaf. Wahrscheinlich träumte er vom Tierheim. Schreiber schlief traumlos bis zum Morgenlicht. Als er den Ofen anfeuerte, schrillte sein Handy. Er sah aufs Display. Bartelmus. Schreiber meldete sich.

„Hier ist Stefan", brüllte Stefan. „Ich dachte, du wärst im Knast." Schreiber atmete tief durch. „Woher weißt du davon, Stefan?"

„Aus dem BLATT. Du bist heute deren Aufmacher, Hannes. Wirtschaftsführer auf der Jagd erschossen. Magazin-Reporter unter Mordverdacht. Dein Bild haben sie bei uns aus einem Editorial geklaut. Ich hab' die Rechtsabteilung informiert. Das kommt sie teuer."

Was sollte Schreiber darauf sagen? Nichts.

„Bist du noch dran?", fragte Bartelmus.

„Ja."

„Und? Warst du das etwa?"

„Ich weiß es nicht, Stefan." Schreiber briefte seinen Chefredakteur in groben Zügen.

„Tolle Geschichte, Hannes. Wann kannst du liefern?"

„Was liefern?"

„Den Text. Wir wollen das Heft damit aufmachen."

Schreiber fuhr der Schreck ins Gedärm. Er hatte in den Magazin-Jahren eine Menge Nerven gelassen und ertrug den Stress bei Crash-Einsätzen kaum noch. Deshalb sein Sabbatjahr, an das er Bartelmus jetzt erinnerte.

„Kein Problem, Hannes. Wir bezahlen dich freelance."

„Darum geht's nicht, Stefan. Was soll das denn für eine Geschichte sein? Nichts Genaues weiß man nicht? Und 14 Tage später rudern wir zurück, weil es doch meine Kugel war, die den alten Schulte-Appelhoff dahingerafft hat? Ich kann mir die Häme der Konkurrenz gut vorstellen."

Bartelmus war sprachlos. Schreiber genoss den seltenen Moment. Er verging schnell.

„Was schlägst du vor, Hannes?"

„Ich versuche herauszukriegen, von wem die Kugel stammt. Parallel zur Polizei. Wenn wir wissen, wer's war, schreib' ich die Geschichte. Auch wenn ich's selbst war. Gerade dann."

„Okay", sagte Stefan und legte auf. Er hatte auf eine schnelle Geschichte fürs nächste Heft gehofft und hatte sie nicht bekommen. Schreiber wusste, dass Bartelmus ihn unmittelbar nach dem Anruf ausbuchen würde. Stefan lebte ganz im Augenblick, eine Fähigkeit, die aus dem einstigen Provinzpolizeireporter einen Magazin-Chef hatte werden lassen.

Ein böiger Wind blies durch die Buchen. Schreiber klemmte seinen Hund unter den Arm und bestieg den Hochsitz, auf dem er bei der Jagd gesessen hatte. Er versuchte sich zu erinnern, wo er den ersten Schuss auf den Hirsch abgegeben hatte, sah im Geist die beiden Geweihten hochflüchtig zurückkommen. Am Ilex-Busch waren sie langsamer geworden. Kurz danach hatte er geschossen. Schreiber nahm das Glas hoch und peilte in die Verlängerung der Schussbahn. Hinter den Schlehen und dem Grenzweg stieg das Gelände leicht an.

„Kugelfang war also da", sagte Schreiber. Smokie legte den Kopf schief. Der Reporter machte weiter, sah silbrige Buchenstämme aus rotbraunem Laub ragen. Dazwischen ein paar Büsche Ilex. Sonst nichts. Auch kein Hochsitz, auf dem Schulte-Appelhoff gesessen haben konnte. Er stieg die Leiter herunter und schritt die wahrscheinliche Flugbahn ab. Über die Grenze, durch die Buchen. Das Laub am Boden war zerwühlt, als ob Sauen frisch gebrochen hätten. Smokie schnüffelte uninspiriert. Wahrscheinlich waren die Sauen doch eher Bullen gewesen.

Schreiber machte sich auf die Suche nach Schulte-Appelhoffs Stand. Dass sie den Clan-Chef auf einen Sitzstock gesetzt hatten, glaubte er nicht. Vermutlich gab es irgendwo in der Nähe einen Drückjagdbock. Smokie beroch immer noch das aufgewühlte Laub. Es zog sich als breiter Streifen durch das Altholz. Schreiber folgte ihm über die flache Kuppe. Dahinter fiel das Gelände wieder leicht ab. Hinter einem Zaun wuchsen brusthohe Jungbuchen. Am Ende der Schonung stand der Drückjagdbock, den er suchte. Ein knapp zwei Meter hohes Gestell aus imprägnierten Kanthölzern, quadratisch, praktisch, gut. Schreiber sah ihn sich genauer an. Nichts deutete darauf hin, dass hier vor drei Tagen ein Mensch gestorben war. Seinen eignen Sitz konnte er nicht sehen. Natürlich nicht. Er lag rechts versetzt hinter der Kuppe. 300 Schritt entfernt, schätzte er. Wie seine Kugel sich von dort hierher verirrt haben sollte, war ihm schleierhaft. Ein Schnack aus der Heimat fiel ihm ein. Der Teufel is 'n Eichhörnchen, sagte man im Ruhrpott, um vor unwahrscheinlichen Gefahren zu warnen.

Auf dem Rückweg zur Grenze hörte Schreiber einen Motor brummen. Er pfiff Smokie zu sich und wartete hinter einem Ilexbusch. Von rechts näherte sich auf dem Grenzweg ein klappriger Golf, der vielleicht einmal dunkelblau gewesen war. Er rollte langsam über den Split. Drinnen saßen zwei junge Leute, Mann und Frau, meinte er zu erkennen. Sie hielten Ausschau nach irgendwas oder irgendwem. Schreiber drückte sich in die immergrünen Stacheln. Der Wagen glitt vorbei. Trierer Kennzeichen. Schreiber tippte es in sein Handy und rief einen alten Kumpel beim Bochumer Straßenverkehrsamt an.

„Urmel, ich brauch 'n Halter." Er wusste, was kam. Urmel brachte den Spruch seit 30 Jahren.

„Brust oder Hüfte?"

Schreiber lachte pflichtschuldig und nannte die Autonummer.

Urmel brauchte nicht lange. „Maximilian Meinold, wie man's spricht, Klüssert, Am alten Wingert 3."

„Danke."

„Ich trink' Fiege."

Schreiber marschierte zum Auto zurück und machte sich auf den Weg nach Klüssert. Das Dorf klemmte zwischen Moseldeich und

Steilhängen. Es zog sich lang hin. Hübsch war Klüssert nicht. In den Kellergeister-Jahren, als an der Mosel süße Massenweine fabriziert wurden, hatten viele Winzer ihre alten Häuser durch moderne Bauten ersetzt. Glasbausteine, verschnörkelte Aluminiumgitter, Balkone mit Balustraden aus mundgebissener Eiche. Nur hin und wieder sah Schreiber ein altes Winzerhaus mit rotem Sandstein um Fenster und Türen. Eines davon stand Am alten Wingert. Es trug die Nummer drei und war reichlich heruntergekommen. Schreiber fuhr daran vorbei, parkte den Subaru bei der Kirche und ging zurück. Er beobachtete den Bau aus einiger Entfernung. Anscheinend war niemand zu Hause. Er wechselte die Straßenseite und las im Vorbeigehen die Namen auf der Klingel. Max Meinold – Sophie Herres. Er ging weiter. In den kleinen Fenstern pappten ein paar Aufkleber. Happy Veggie. Milch ist Folter. Fleisch ist Mord. Jäger = Lustmörder. Schreiber verdrehte die Augen. Die hatten ihm gerade noch gefehlt.

Kapitel 8

Mirja versuchte, die Frau im Netz zu finden. Reiterhof, Pferdezucht, Dehlem, mehr Suchbegriffe hatte sie nicht. Vor allem keinen Namen. Den hatte Norman nicht genannt. Wahrscheinlich kannte er ihn selbst nicht. Google meldete Fehlanzeige. Sie schnappte ihre Tasche, warf sich in den Parka und wollte gerade los nach Dehlem, als ihr die Reitklamotten einfielen. Als Girlie war sie geritten. Alle Mädchen aus ihrer Klasse machten das, jedenfalls alle, deren Eltern es sich leisten konnten. Lange hielt sie es nicht aus auf dem Ponyhof. Pferdescheiße schaufeln war auf die Dauer nicht ihr Ding. Und Jungs gab es dort auch keine. Aber die Reitklamotten hatte sie aufbewahrt, in einem der noch nicht ausgepackten Umzugskartons, die sich im Schlafzimmer türmten. Mirja machte sich auf die Suche. Zwischen Abi-Ballkleid und Halloween-Kostüm wurde sie fündig. Sie schälte sich aus der Jeans und zog die zimtfarbene Reithose mit den kaffeebraunen Lederflecken an. Zum Glück war sie nicht fett geworden wie manche Maiden, die sie kürzlich beim Klassentreffen wiedergesehen hatte. Die Hose passte nach zehn Jahren immer noch. Mirja stieg in die Reitstiefel, stellte sich vor den Spiegel, drehte sich und fand nichts auszusetzen an ihrer Figur. Ihre Beine wirkten sogar noch ein bisschen länger in diesem Outfit.

„Eisbrecher" hatte der Reporter, den sie im Praktikum beim Express begleitete, seine Verkleidungen genannt. Der Typ ging im Karneval mit roter Schaumstoffnase auf Recherche. Mirja fand das albern, aber es wirkte. Menschen redeten offensichtlich lieber mit Ihresgleichen. Warum nicht auch Schulte-Appelhoffs geliebte Amazone?

In Dehlem parkte sie ihren Fiat 500 nahe am Fluss, irrte durch den Ort und sprach jeden an, der nicht wie ein Tourist aussah. Niemand kannte eine Pferdezüchterin im Dorf – bis auf einen alten Mann, der auf einer Bank saß und sie schon eine Weile beobachtete.

„Dat kann nur den Hof bei der Mühl sinn."

„Und wie komme ich da hin?"

„Da hinnen langst. Rischtung Trotthem." Der Alte zeigte mit dem Finger die Mosel entlang. „Un dann uff de Bersch."

Sie bedankte sich, holte das Auto und fuhr los. Auf der Höhe hielt sie einen Moment an und genoss den Blick auf die Moselschleife. Sie ließ die Scheibe runter und verrenkte den Hals, um möglichst viel Fluss zu sehen.

Direkt neben ihr stoppte ein SUV. Hinterm Steuer saß ein Mann in ihrem Alter. „Schöner Blick, oder?"

Mirja nickte.

„In Urlaub hier?"

„Nein." Sie hatte keine Lust, mit diesem Typ ein Gespräch anzufangen. Er war ihr suspekt. Vielleicht konnte er aber auch helfen. „Ich suche eine Pferdezüchterin, die irgendwo hier oben ihren Reiterhof haben soll."

„Birgit Thul", sagte der Typ. „Wenn Sie wollen, fahr' ich voraus. Ist schwer zu finden, der Hof."

Mirja zögerte einen Moment. „Na gut. Sie fahren vor."

Sie verließen die Hauptstraße nach ein paar hundert Metern, umkurvten Waldhügel und landeten auf einer offenen Hochfläche. Zottelige Pferdchen grasten zwischen Weidezäunen. Weiter hinten lag langgestreckt ein alter Hof mit neuen Stallungen. Mirjas Lotse stoppte und bedeutete ihr, längsseits zu kommen. Nebeneinander wirkten sein SUV und ihr Cinquecento wie Mutter und Kind.

„Das da vorn ist der Hof von Frau Thul."

„Danke."

„Da nich' für, sagt der Hamburger." Der Typ wendete seinen Wagen und verschwand in die Richtung, aus der sie gekommen waren.

Mirja schüttelte ihr braunes Wallehaar. Hilfsbereitschaft ohne Hintergedanken? Merkwürdig, dass man das merkwürdig fand.

Sie parkte den Fiat in einer Lücke zwischen zwei Pferdeanhängern und ging über den Hof. Das Haus machte nichts her. Ein zweistöckiger, beige gestrichener Kasten unter einem grauen Wellplattendach. Auf der Suche nach der Tür umrundete sie das Haus. Eine Frau in speckigen Jeans und Gummistiefeln kam ihr entgegen. Sie war wohl um die 50. Mit ein bisschen Makeup und einem Lächeln wäre sie vielleicht für 40 durchgegangen. Doch die Frau hatte sich nicht geschminkt. Ihr kleines Gesicht war bleich. Ein grauer Streifen scheitelte ihr rotes Haar. Die Geliebte eines reichen Unternehmers hatte sich Mirja anders vorgestellt. Deshalb fragte sie nach. „Sind Sie Birgit Thul?"

Die Frau nickte.

„Ich bin auf der Suche nach einem Pensionsplatz für mein Pferd."

Die Frau musterte sie von oben bis unten. „Wie kommen Sie auf mich?"

„Sie sind mir empfohlen worden."

„Von wem?"

„Von einem Bekannten."

„Darf ich erfahren, wie der heißt?"

Mirja zögerte einen Moment. Dann entschied sie sich für die Wahrheit. „Norman Schulte-Appelhoff."

Die Frau hob die Augenbrauen. Ihre Stirn faltete sich wie das Rollo an Mirjas Küchenfenster. „Wir haben im Augenblick leider keine Box frei." Sie drehte sich um und stiefelte Richtung Remise.

„Ich brauch' auch keine Box", rief Mirja ihr nach.

Die Thul blieb stehen und drehte sich langsam um. „Was brauchen Sie denn?"

„Ein Gespräch mit Ihnen, Frau Thul. Ich bin freie Journalistin und arbeite an einem Artikel über den Tod von Richard Schulte-Appelhoff."

„Und warum kommen Sie dann zu mir?"

„Ich hab' gehört, dass Sie zusammen waren."

Birgit Thul antwortete nicht. Sie stand einfach da und schwieg. Nur ihre Schultern zuckten ein wenig.

Mirja wusste nicht, was tun. An der Uni hatte sie niemand auf solche Situationen vorbereitet. Ihre Profs rümpften die Nase über die Witwenschüttler vom Boulevard. „Ist jemand von Ihnen erblich vorbelastet?", hatte Medien-Müller in seiner ersten Vorlesung gefragt. Ein Mädchen meldete sich. „Mein Vater ist Reporter beim Magazin." Darauf Müller: „Und Sie meinen, Sie können das hier schaffen?" Allgemeines Gelächter. Mirja hatte mitgekichert.

„Schönen Hof haben Sie hier", sagte sie schließlich. „Sind das Isländer draußen auf der Koppel?"

Die Frau nickte.

„Coole Rasse. Als Mädchen habe ich eine Weile Isländer geritten."

„So?"

„Ja, aber nicht lange."

„Und jetzt?"

„Ich hab' eine Reitbeteiligung an einer Hannoveraner-Stute. Aber ich komm' zu selten raus."

„Wo steht das Pferd?"

Mirja fiel nichts mehr ein. Es hatte keinen Sinn, weiter herumzueiern. „Können wir uns nicht zusammensetzen und miteinander reden, Frau Thul? Es liegt doch in Ihrem Interesse, dass vernünftig über den Fall geschrieben wird."

Die Thul musterte sie lange. „Kommen Sie mit", sagte sie und ging zu einer Remise, unter der Strohballen lagerten. Sie setzte sich auf einen der Quader. Ihre Schultern fielen nach vorn. Mirja hockte sich ihr gegenüber, holte den Block aus der Handtasche und wartete.

„Richard hat den Hof vor zehn Jahren gekauft. Seitdem lebe ich hier. Aber nicht auf seine Kosten. Der Hof trägt sich selbst. Durch die

Zucht und die Pensionspferde." Die Frau drückte den Rücken durch. Ihre braun-grünen Augen glänzten müde. „Ich habe die neuen Ställe und die Reithalle von meinem eigenen Geld bezahlt."

Mirja nickte. „Aber das Grundstück gehörte ihm?"

Birgit Thul sah sie an und verzog die Mundwinkel. Ihre rauen Finger mit den viel zu kurzen Nägeln strichen über die Jeans. „Richard wollte sein Testament ändern. Ich sollte den Hof hier erben und zwei Häuser in Trier."

„Ist er noch dazu gekommen?"

Die Frau zuckte mit den Schultern.

Mirja setzte nach. „Wusste jemand aus der Familie von seinem Plan?"

Die Thul hob den Kopf. „Was wollen Sie damit sagen?"

Mirja ruderte zurück. „Nichts. War nur 'ne Frage."

„Ich weiß nicht, ob seine Frau überhaupt weiß, dass es mich gibt. Wahrscheinlich ahnt sie was und hält trotzdem den Mund. Sie lebt in Düsseldorf. Oberkassel, falls Ihnen das was sagt. Schönes Haus, direkt am Rhein. Ihre Kinder sind erwachsen."

Eines der Pferde auf dem Paddock wieherte, ein Fuchs mit strohgelber Mähne, die den halben Kopf verdeckte. Birgit Thul rief ihm etwas zu, das Mirja nicht verstand. Es klang nordisch.

„Was war Richard Schulte-Appelhoff für ein Mensch?", fragte sie.

Die Thul sah durch sie hindurch. Ihre Augen schimmerten sentimental. „Wie alt sind Sie?"

„28."

„Ich war 30, als ich Richard kennenlernte. Auf der Jagd beim Nachbarn bin ich als Treiberin mitgelaufen. Richard hat sich sehr um mich bemüht. Er war wohl das, was man früher einen Kavalier alter Schule nannte."

„Ich habe gehört, er konnte sehr bestimmend sein. Ausgesprochen dominant."

„Bei mir war er das nicht." Die Thul lächelte kaum merklich. „Sonst hätte er auch keine Chance gehabt. Richard war klug genug, das zu wissen."

Mirja hatte im Internet gelesen, dass Richard Schulte-Appelhoff im Sommer 75 Jahre alt geworden war, ein Vierteljahrhundert älter als seine Geliebte. Sie konnte sich nicht vorstellen, mit so einem Sugardaddy zusammen zu sein. Geld machte attraktiv, okay. Aber half es auch dabei, mit einem alten Knacker ins Bett zu hüpfen? Wenn er dir das Leben ermöglicht, das du führen willst, anscheinend schon, dachte sie.

Kapitel 9

Max bestand darauf, dass Schreiber den USB-Stick persönlich abholte. „Ich verschick' doch keine smoking gun mit der Snailmail." Also schwang sich Hannes ins Auto und fuhr nach Köln. Er brauchte zweieinhalb Stunden bis in die Südstadt. Max war wie immer im Stress. Er wollte nicht wissen, worum es ging. Alles, was er wollte, waren 300 Euro. Als Schreiber ihm die auf den Schreibtisch zählte, rückte er den Stick heraus. „Da ist alles drauf. Und jetzt muss ich weg. Richtiges Geld verdienen. Oder meinst du, ich könnte von deinen 300 Ocken leben?"

Hannes quälte sich aus der Stadt. Auf WDR 2 redete eine dieser quietschfidelen Moderatorinnen auf ihn ein, bis er es nicht mehr aushielt und abschaltete. Er dachte an Leyendecker und was der USB-Stick über ihn verraten werde, als ihm sein Laptop einfiel. Ohne den Rechner konnte er den Stick vergessen. Und das gute Stück lag noch immer bei der Kripo in Trier. Er fuhr auf die nächste Raststätte, kaufte sich einen Cappuccino und rief Bärweiler an. Der Rechtsanwalt versprach, sich zu kümmern. Kurz vor Kaifenheim kam der Rückruf. Er könne seinen Computer bei Kommissar Lex abholen, sagte Bärweilers Sekretärin. Und seine Waffe wohl auch.

Schreiber fragte nach der Adresse, gab sie ins Navi ein und folgte den Anweisungen der Dame bis fast zum Trierer Hauptbahnhof. Mit Mühe fand er einen halblegalen Parkplatz.

Am Eingang der Kriminaldirektion wurde Hannes aufgehalten. Man fragte nach seinem Begehr und ließ ihn warten. Schließlich kam eine junge Frau und führte ihn in Lex' Büro.

Der Hauptkommissar beendete ein Telefonat, stand auf und begrüßte Schreiber mit Handschlag. Er war perfekt rasiert und glänzte im Gesicht wie Stefan Bartelmus, über den alle beim Magazin lästerten, weil er sich mehrmals täglich mit Nivea salbte. Lex roch nicht nach Nivea.

„Das ging aber flott", sagte er und bot dem Reporter einen Stuhl an. Schreiber blieb stehen.

„Immer noch sauer auf uns?"

„Wie käme ich dazu?", ätzte Hannes. „Nachdem ich Ihre Gastfreundschaft im ersten Hotel am Platze genießen durfte, stehe ich tief in Ihrer Schuld."

Lex lächelte auf die feine Art, die er so gut beherrschte. „Tut mir leid für Sie. Als alter Fuhrmann sollten Sie wissen, dass es bei Kapitaldelikten nicht zugeht wie im Streichelzoo."

„Den Spruch hab' ich vor langer Zeit mal von einem Ihrer Kollegen bei der Aachener Kripo gehört. Für zwei Morde hatte der gute Mann am Ende vier Geständnisse. Zwei waren frei erfunden."

Schreiber verlagerte sein Gewicht von einem Bein aufs andere. Seit der Nacht auf dem Mauerbett schmerzte sein Steißbein.

„Aber ich will Ihnen auch nicht Unrecht tun, Herr Lex. Sie haben ja nicht mal ein Geständnis. Vielleicht sollten Sie die anderen Drückjäger mal für eine Nacht bei sich einquartieren. Oder trauen Sie sich an die Familie Schulte-Appelhoff nicht ran?"

Lex zeichnete deutlich. Sein Lächeln gefror. Einen Tick lauter als gewöhnlich warf er Schreiber seine Antwort hin.

„Immer noch der alte Achtundsechziger."

Jetzt grinste Schreiber. „Ich bin Jahrgang 58, Herr Lex. 1968 war ich zehn Jahre alt. Ein bisschen jung zum Revoluzzen, oder? Ich bin auch nicht hergekommen, um mich von Ihnen falsch etikettieren zu lassen. Ich wollte nur mein Laptop und die Waffe abholen. Am besten, Sie geben mir die Sachen schnell. Dann sind Sie mich los und können in Ruhe weiterermitteln."

Lex nahm ein Blatt von seinem Schreibtisch und hielt es dem Reporter hin. Es war die Empfangsbestätigung. Hannes las den Text und unterschrieb im Stehen. Er klemmte sich das Laptop unter den Arm, hängte sich die Waffe über die Schulter und war schon auf dem Weg zur Tür, als Lex' Stimme ihn stoppte. „So kann ich Sie aber nicht gehen lassen, Herr Schreiber. Ihre Waffe ist ja sofort zugriffsbereit. Haben Sie kein abschließbares Futteral mitgebracht? Nachher kommen Sie mir noch in eine Polizeikontrolle und verlieren Ihren Jagdschein wegen Unzuverlässigkeit."

Schreiber drehte sich um und sah in das lächelnde Gesicht des Hauptkommissars. Vorsichtig legte er seine Sauer auf den Schreibtisch. „Ich bin in einer guten Stunde wieder hier."

Lex lächelte nicht mehr, er strahlte. „Dann bin ich im wohlverdienten Feierabend. Morgen früh stehe ich ab acht Uhr wieder zu Ihrer Verfügung."

Die Sonne stand schon tief, als Hannes auf der heimischen Hochfläche eintraf. Monzel hatte das Licht am Traktor angeschaltet. Mit einem aufgespießten Rundballen Heu fuhr er zu seiner Herde. Der Sommer war sehr trocken gewesen. Der Bauer hatte früh mit dem Füttern beginnen müssen und wusste nicht, ob sein Heuvorrat für den Winter reichen würde. Monzel war von morgens bis abends auf der Höhe unterwegs. Ihm entging nichts. Was er sah, behielt er für sich. Hannes hatte Jahre gebraucht, um mit ihm ins Gespräch zu kommen. Als sie auf gleicher Höhe waren, stoppte Schreiber seinen Subaru und tippte an den Schirm seiner Kappe. Monzel hob die Hand zum Gruß – und fuhr weiter.

Nicht weit von der Hütte traf Schreiber auf Siggi, den Sammler. Er stocherte mit einem Stecken im Laub unter dem Walnussbaum, bückte sich und steckte eine Nuss in die Tasche seiner Schlechtwetterjacke. Schreiber und Siggi waren Beutekonkurrenten. Sie trafen sich im Sommer bei den Brombeeren, im Herbst in den Pilzen und nach dem ersten Frost an den Schlehenbüschen. Meist hatte der

Sammler den besseren Riecher. Sein Rucksack war schon prall gefüllt, wenn Schreiber auftauchte. Dann begrüßten sie sich, wechselten ein paar Worte übers Wetter und gingen ihrer Wege. Jeder in eine andere Richtung, auf der Suche nach Plätzen, die der andere nicht kannte.

Hannes hielt an und ließ die Scheibe runter. „Ich dachte, ich hätte hier schon alle Nüsse im Sack."

Siggi sah auf. Er hatte blassblaue Augen, die in der Abendsonne strahlten wie Aquamarine. „Knabbernd und sammelnd nährt sich das Eichhörnchen", sagte er und schulterte seinen Rucksack.

„Na dann. Schönen Abend noch."

Hannes fuhr weiter. Das Leben auf dem Berg ging nach dem Jagdunfall weiter, als wäre nichts geschehen. Ein alter Mann frickelte auf seinem Grundstück herum, bastelte an dem Hüttchen, das er, ohne den Bürgermeister zu fragen, hinter Büschen gebaut hatte. Ein Paar las am Wegesrand Falläpfel auf, für den Apfelwein, den der Moselaner Viez nannte. Bei den Eichen steckte eine junge Frau Blumen in die Vase des Bildstocks. „Maria hat geholfen und wird weiter helfen", stand in roten Sandstein gehauen auf der Steele.

Vielleicht hätte sich Schreiber an den Einheimischen ein Beispiel nehmen sollen. Hätte den Jagdunfall vergessen und sein Sabbatjahr genießen sollen. Hätte, hätte, Fahrradkette. Hannes war nicht der Typ, der zur Tagesordnung übergehen konnte. Er wollte immer alles genau wissen, rauskriegen, wie es wirklich war. Wahrscheinlich war er deshalb Journalist geworden.

In der Hütte heizte Schreiber ein und warf den Computer an. Der Bildschirm leuchtete auf. Nichts deutete daraufhin, dass jemand auf dem Rechner rumgeschnüffelt hatte. Vielleicht hatten Lex' Leute sein Passwort nicht geknackt. Schreiber war stolz auf die Kombination aus Buchstaben, Zeichen und Zahlen, auf die er nach langem Grübeln verfallen war. RDW#12&35. Der erste Song auf dem ersten Doppelalbum der Rock-Geschichte. „Rainy Day Women Nos. 12 & 35". Man musste ein reifer Dylan-Fan sein, um auf RDW#12&35 zu kommen. Glaubte Hannes jedenfalls. Dass es beim Code-Knacken nicht darum ging, hinter den Sinn der Kombination zu kommen, war ihm nicht geläufig.

Er schob den 300-Euro-Stick ein und harrte der Dinge, die da kommen sollten. Zum Glück war Ferdi Leyendecker ein ordentlicher Beamter. Er hatte eine Menge Ordner angelegt und ihnen verständliche Namen gegeben. Nur zwei Abkürzungen machten Schreiber zu schaffen. HH und SA. In den alten Zeiten, als er hinter jeder Mülltonne einen Nazi wähnte, hätte er das mit Heil Hitler und Sturmabteilung übersetzt und sich kein bisschen gewundert, dass ein pensionierter Kriminalbeamter darauf stand. Nach mehr als 20 Jahren Journalismus war Schreiber vorsichtiger geworden. Er klickte die Ordner an. HH enthielt viel Wissenswertes über den Heimatverein Hummeroth. Er warf ihn weg. Der SA-Ordner entpuppte sich als Volltreffer. Leyendecker hatte darin alles über das Revier Schulte-Appelhoff gespeichert. Ob der Giftzwerg die Kürzel aus Jux, Dummheit oder politischer Überzeugung gewählt hatte, wusste nur er selbst.

Hannes klickte das PDF Revierkarte an. Die Eigenjagd der Appelhoffs war riesig. Er musste die Karte auf dem Bildschirm immer wieder verschieben. 53 Ansitze waren eingezeichnet. Sie lagen an Wildäckern oder mitten im Bestand. An vielen Stellen stand Kirr, an anderen Fütt. Das Material für die Kirrungen und Fütterungen hatte Leyendecker bei Bauern beschafft. Schreiber fand aktuelle Rechnungen über zwei Tonnen Mais und insgesamt 500 Rundballen Heu. Kein Wunder, dass bei der Drückjagd das Wild über den Rand des Appelhoff-Reviers gequollen war wie Milch aus dem Kochtopf.

Im Dokument Drückjagd15.docx stieß Schreiber auf die Sitzverteilung, die er suchte. Von 1 bis 53 reichte die Liste. Nummer 1 war Richard Schulte-Appelhoff. Hannes suchte Sitz 1 auf der Revierkarte. Er stand genau dort, wo der Tod den Clan-Chef gefunden hatte. In seiner Nähe hatten noch ein paar Schulte-Appelhoffs gesessen. Richard Schulte-Appelhoff jun. war vermutlich sein Sohn. Auf der Liste gab es auch andere Nachnamen, die Schreiber nicht zuordnen konnte. Wahrscheinlich gehörten sie Nachfahren der Töchter des Hauses.

Am meisten freute sich der Reporter über die Einladungsliste, die als eigenes Dokument gespeichert war. Die gesamte Jagdkorona mit Postadressen und Telefonnummern. Die konnte er alle kontaktieren. Vielleicht fand sich ein Whistleblower in der weitläufigen Familie.

Eigentlich wusste Schreiber genug, um weiterzumachen. Er wollte nicht in anderer Leute Privatsachen herumschnüffeln. Doch Leyendeckers Fotos interessierten ihn schon. Es gab zwei Ordner: Jagd und Elsie. Im ersten standen die Fotos, die man nach der Jagd so macht. Ferdi Leyendecker mit allem, was der Jagschein freigibt. Der Ordner Elsie enthielt Bilder einer älteren, spärlich bis gar nicht bekleideten Frau in allen Lebenslagen. Hannes klickte ihn weg. Leyendeckers Liebesleben ging ihn nun wirklich nichts an.

Kapitel 10

Sie versuchte, Norman Schulte-Appelhof zu erreichen. Er sollte ihr einen Kontakt zu Onkel Richards Witwe machen. NSA spielte toter Hund. Er ging nicht ans Telefon, antwortete nicht auf Mail und SMS. Mirja musste lächeln. Kleiner Feigling.

Als Nächstes versuchte Mirja, den Magazin-Reporter zu orten. In den Zeitungen hieß er Hans-Jürgen S. Der Mann war inzwischen aus dem Polizeigewahrsam entlassen und redete wohl nicht mit der Presse. Jedenfalls fand sie den Journalisten nirgends zitiert. Mirja ging zur Tanke und kaufte das aktuelle Magazin. Auf dem Titel hatten sie einen Wald im Gegenlicht. Die Geheimnisse der Bäume. Bisschen esoterisch, fand Mirja. Sie ging das Impressum des Blattes durch und fand keinen Hans-Jürgen. Ein Anruf in Hamburg half auch nicht weiter. Sie geriet an eine schnippische Sekretärin, die sie abtropfen ließ.

Also versuchte sie es andersrum. Der Typ jagte in der Trierer Gegend. Den musste hier jemand kennen. Mirja rief bei der Kreisgruppe an. Der Kreisjagdmeister klang alarmiert, als sie ihn nach dem festgenommenen Jäger fragte.

„Der Herr ist nicht Mitglied im Landesjagdverband."

„Um so besser. Haben Sie trotzdem eine Ahnung, wo ich ihn erreiche?"

Der Jägermeister wollte nicht raus mit der Sprache. Er könne nicht in ein schwebendes Verfahren eingreifen, sagte er, und den Datenschutz müsse er auch beachten. Klassische Ausreden, die Mirja aus der Arbeit für die Mosel-Zeitung kannte. Sie ließ sich nicht beirren, erzählte von dem tollen Lehrgang der Kreisgruppe für die Jägerprüfung, die sie im Frühjahr bestanden hatte. „Übrigens gemeinsam mit Norman Schulte-Appelhoff."

Der Mann taute auf, wollte wissen, ob sie denn schon Weidmannsheil gehabt habe.

„Ja. Einen Knopfbock bei meinem Onkel."

„Sie können gern auch mal bei mir jagen, Fräulein Thelen."

Mirja überhörte das Fräulein, bedankte sich artig und fragte noch einmal nach dem Magazin-Reporter.

„Der Herr soll in einer Jagdhütte oberhalb von Trotthem leben. Auf der Eifeler Seite. Aber von mir haben Sie das nicht."

Sie gurkte schon mehr als eine halbe Stunde durch Weinberge und Weiden. Für Schotterpisten und Schlammspuren war ihr Fiat 500 nicht der Wagen der Wahl. Er hatte schon zweimal aufgesetzt. Ein unangenehmes Geräusch. Als Mirja fast aufgeben wollte, kam ihr ein Traktor entgegen. Sie hielt an und stieg aus. Der Bauer öffnete die Traktortür. Den Motor ließ er laufen. Mirja brüllte dagegen an.

„Ich bin auf der Suche nach einer Jagdhütte. Die soll hier oben irgendwo stehen."

Der Bauer kratzte sich am Kopf. Er hatte struppiges, rotes Haar und klobige Finger. Seine wachen Augen scannten ihre Figur. „Der sacht nix", sagte er.

„Mir wird der schon was sagen. Ich komme von Wild und Hund. Das Jagdmagazin. Jeder Jäger kennt Wild und Hund."

„Isch sinn ken Jäger." Der Bauer schloss die Traktortür und fuhr weiter.

Mirja auch. Am Waldrand sah sie einen Wanderer. Sie hielt neben ihm, ließ die Scheibe runter und fragte nach der Hütte.

„Was wollen Sie da?"

„Mit dem Jäger sprechen. Ich komme von Wild und Hund."

Der Wanderer kramte ein Taschentuch aus der Hose und schnäuzte sich ausgiebig. Dann beschrieb er ihr den Weg, tippte an seine Baseball-Cap und schlug sich in die Büsche.

Mirja hatte eine Idee. Sie fuhr ein Stück den Hang hinunter, verließ die Fahrspur und steuerte in die feuchte Weide. Die Räder des Fiats taten, was sie von ihnen erwartete. Sie drehten durch. Mirja gab noch mehr Gas. Die Reifen frästen tiefer in die Grasnarbe. Als das Bodenblech fast aufsetzte, schaltete sie den Motor ab. Sie nahm ihre Tasche vom Rücksitz, verriegelte den Fiat und marschierte in die Richtung, die der Wanderer ihr gewiesen hatte. Sie folgte einer Fahrspur, die an Weidenbüschen entlangführte. Dann hörte sie die Stimme. Da sang einer. Laut und falsch. Mirja blieb stehen und horchte.

„But I would not feel so all alone. Everybody must get stoned."

Der Mensch hinter den Weiden wiederholte die Melodie, diesmal ohne Worte. Er tat so, als ob er eine Posaune bliese. Pooo-Po-Po-Pooo! Mirja kannte den Song von einer der alten Vinyl-Schreiben, die ihr Vater hin und wieder auflegte. Sie ging noch ein paar Schritte näher und äugte durch die Büsche. Vor ihr lag eine vielleicht zehn Meter breite Holzhütte. Das Spitzdach stand vorn ein Stück über. Darunter war eine Art Holzterrasse. An einem Dachbalken hing ein kleiner, prall gefüllter Plastiksack. Unter dem Sack stand ein Mann. Er war nackt, bis auf den Schaum, der die Gegend südlich des Bauchnabels verhüllte. Der Mann war lang und schlank und hatte mehr Haare auf der Brust als auf dem Kopf. Er drehte einen Hebel an dem Plastiksack. Aus dem kleinen Duschkopf plätscherte Wasser auf seine Glatze. Dampfend floss es an ihm herunter und spülte den Schaum von seinem Schwanz. Der Mann streckte den Hintern raus und ließ Wasser darauf rieseln. Es schloss die Augen und posaunte noch einmal. „Pooo-Po-Po-Pooo!"

Mirja ging ein paar schnelle Schritte auf ihn zu. „Ich glaube, Sie sind der Mann, nach dem ich suche."

Der Typ riss die Augen auf und fuhr zusammen. Er griff ein Handtuch, das auf dem Tisch lag, und schlang es um die Hüften. „Was machen Sie denn hier?"

„Ich suche einen starken Mann, der mir aus der Patsche hilft", sagte Mirja übertrieben kleinlaut.

Der Mann ging auf ihren ironischen Ton ein. „Ich bin hier auf dem Berg als Beschützer der Witwen und Waisen bekannt. Womit kann ich helfen?"

„Ich hab' mich festgefahren. Können Sie mein Auto aus der Wiese ziehen?"

„Muss es sofort sein, oder darf ich mich erst anziehen?"

Mirja musste kichern. „Natürlich. Entschuldigung, dass ich Sie hier so überfalle."

Der Mann fröstelte. „Kein Problem. Ich hoffe, mein Anblick hat Sie nicht zu sehr verstört." Er schlüpfte in Birkenstock-Sandalen und watschelte in die Hütte.

Mirja sah sich um. Kein schlechter Ort für einen Naturburschen. Die Hütte lag so versteckt, dass man sich sogar draußen duschen konnte. Sie würde das zwar nicht tun, schon gar nicht im November, aber Männer waren anders.

Es rumorte in der Hütte, dann kam der Mann in Jagdklamotten heraus. Sie gab ihm die Hand. „Ich hab' mich noch gar nicht vorgestellt. Mirja Thelen."

„Hannes Schreiber. Und das hier ist Smokie."

Mirja knuddelte den Terrier, der mit Schreiber aus der Hütte gekommen war. Der Hund war selbst für einen Parson Russell ziemlich klein. Er wirkte wie ein Welpe. Nur der graue Schimmer auf den braunen Flecken am Fang verriet, dass Smokies Jugend schon eine Weile hinter ihm lag.

Schreiber ließ den Hund ins Heck seines Subarus hüpfen. „Wo steckt denn ihre Karre?", fragte er.

Sie stiegen ein. Mirja dirigierte den Mann durch die Botanik. Nach ein paar Minuten standen sie hinter ihrem Fiat. Schreiber sah sie von der Seite an. „Wie sind Sie denn da reingeraten?"

Mirja zog die Schultern hoch.

Er wendete und fuhr rückwärts an ihr Auto heran. Dann stieg er aus, holte ein Plastikseil aus dem Kofferraum und stülpte die Schlaufe über die Anhängerkupplung des Subarus.

„Sie wissen nicht zufällig, wo ich das Seil an Ihrem Fiat festmachen kann?"

Mirja hatte keine Ahnung.

„Na dann", sagte Schreiber, legte sich hinter dem Fiat auf den Rücken und schielte unter das Auto. „Hier könnte es gehen." Er machte das Seil unter dem Wagen fest und kam mit nassem Rücken wieder hoch. „Sie steigen ein, lösen die Handbremse und schalten in den Leerlauf."

Mirja stieg ein und tat, was er wollte. Im Rückspiegel sah sie, dass der Subaru anrollte. Das Abschleppseil spannte sich, ihr Fiat wehrte sich kurz und buckelte dann aus den selbstgegrabenen Löchern. Schreiber zog sie noch ein paar Schritte, bis sie wieder festen Boden unter den Reifen hatte. Er stieg aus und löste das Abschleppseil.

„Das wär's wohl. Manchmal ist Allrad ganz hilfreich." Er wischte seine Hände an der Hose ab. „Finden Sie allein in die Zivilisation zurück oder soll ich ein Stück vorfahren?"

Sie hatte einen Plan. Den verfolgte sie weiter. „Ich würde Sie gern auf einen Kaffee einladen. Als Dank für Ihre Hilfe. Vielleicht gibt es in Trotthem ein nettes Café."

Schreiber lächelte schief. Er hatte zu große Ohren für sein schmales Gesicht. „Danke für das Angebot. Einen Kaffee können wir auch bei mir in der Hütte trinken. Der Schuppen ist ganz gemütlich."

„Meine Ma hat gesagt, ich solle nicht zu fremden Männern aufs Zimmer gehen", sagte Mirja. „Aber das ist schon ein paar Jahre her."

Seine Hütte war wirklich nett. Helles Holz an allen Wänden. In einer Ecke bullerte ein Ofen. Über den Fenstern hingen Rehgehörne in Reih und Glied. Es waren ein paar brave Böcke darunter. Sie setzte sich an den quadratischen Tisch und sah zu, wie Schreiber in einem italienischen Metallkännchen Kaffee kochte. Die Milch schäumte er mit einem Schneebesen auf.

„Richtig retro hier bei Ihnen", sagte Mirja.

Schreiber stellte die Tassen auf den Tisch, legte Zucker-Sticks und ein paar Cookies daneben. Seine Fleecejacke hängte er zum Trocknen über die Stuhllehne beim Ofen. Er nahm einen Schluck Cappuccino, leckte sich den Schaum von der Oberlippe und sah sie aufmerksam an. „Was treiben Sie hier oben auf dem Berg, Mirja? Ich darf Sie doch Mirja nennen? Schließlich sind wir Kollegen, oder?"

Mirja nahm einen Schluck Kaffee, um Zeit zu gewinnen. Sie verschluckte sich prompt und musste husten. Der Reporter grinste sein schiefes Lächeln.

„Wie kommen Sie darauf?", fragte Mirja, als das Husten vorbei war. Sie betonte das letzte Wort ihrer Frage. Es sollte empört klingen.

„Die Aktion mit Ihrem Auto. Eigentlich keine schlechte Idee. Aber wer fährt schon ohne Grund in eine sumpfige Wiese?"

„Ich wollte wenden."

„Keine zehn Meter weiter fängt der Schotterweg an. Da hätten Sie Ihr kleines Auto gefahrlos wenden können."

„Hab' ich nicht gesehen", patzte sie. Sie war wütend auf diesen alten Klugscheißer und wütend auf sich selbst, weil sie ihn unterschätzt hatte. Wenn sie wütend war, wurde sie rot. Was sie noch wütender machte.

Schreiber löffelte den Schaum aus seiner Tasse. Er nahm sich Zeit. Oder gab er ihr welche, um sich zu beruhigen? Sie wusste es nicht.

„Darf ich fragen, für wen Sie arbeiten, Mirja? Oder lassen Sie mich raten. Sie sind jung und ehrgeizig und machen Sachen, die ein festangestellter Journalist nicht mehr macht. Wie die Nummer mit dem Auto gerade. Ich schätze, Sie sind Freie und wollen zu einem großen Blatt."

Mirja nahm einen Schluck Cappuccino. Er war lauwarm. Sie fühlte sich durchschaut und ertappt. Das war kein schönes Gefühl. Es passte nicht zu ihrem Selbstbild: die toughe Mirja, die die Kerle um den Finger wickelte.

Schreiber schien zu merken, wie es ihr ging. „War'n Versuch wert, Mädchen."

Es hörte sich gönnerhaft an. Anders als in ähnlichen Situationen reagierte sie nicht schnippisch. Sie wollte etwas wissen.

„Warum reden Sie nicht mit der Presse? Sie sind doch selbst Journalist?"

Schreiber knibbelte an den Fingernägeln. Auf seinen Handrücken tummelten sich hellbraune Altersflecken. „Ich seh' da keinen Widerspruch. In den letzten Jahren ist der Druck in unserm Gewerbe immer größer geworden. Jeder soll Scoops liefern. Manche Kollegen halten das nicht aus und geraten ins Dichten. Frei nach dem Motto: Was du erfindest, hast du exklusiv."

Mirja fiel ein schöner Konter ein. „Ihr Spruch würde den Pegidas in Dresden gut gefallen. Ich sage nur: Lügenpresse."

Schreiber schnaubte. „Das ist natürlich plumper Quatsch. Manchen Kollegen möchte ich allerdings nicht in die Finger fallen. Die spitzen die Quotes an und schreiben die Story weit nach vorne, damit sie Gnade findet vor den Augen der Chefredaktion. Das ist schlimm für die Leute, über die sie schreiben, und unfair gegenüber den Kollegen, die sich an die Fakten halten. Lesen Sie mal Egon Erwin Kischs ‚Debut beim Mühlenfeuer'. Dann wissen Sie, was ich meine."

Er schwieg eine Weile. Mirja nippte an ihrem Cappuccino, der inzwischen kalt war und bitter schmeckte. Dann knabberte sie einen Cookie. Der Terrier schnarchte in seinem Körbchen. Sonst hörte man nichts, kein Auto, kein Flugzeug, kein Smartphone.

Schreiber stand auf und legte ein Scheitholz in den Ofen. Er blieb stehen. „Ihnen würde ich vielleicht etwas erzählen", sagte er. „Mir gefällt Ihre Art, zu recherchieren. Erinnert mich an die Zeit, als ich selbst als Freier unterwegs war. Aber die Hamburger wollen, dass ich über die Sache schreibe. Wir sind also Konkurrenten, Mirja."

Sie stand auch auf. Schreiber war einen halben Kopf größer als sie. Zwischen seiner Glatze und der Zimmerdecke war nicht viel Platz. Wenn er sich gerader gehalten hätte, wäre er sogar drangestoßen.

„Geben Sie mir trotzdem mal Ihre Karte", sagte er. „Man weiß ja nie."

Sie kramte in ihrer Handtasche und legte eine von den neuen auf den Tisch. Mirja Thelen. Freie Journalistin. Sie hatte ein bisschen Geld in die Hand genommen, damit die Dinger was hermachten.

„Kann ich Ihre auch haben?"

Schreiber gab ihr eine mit dem Logo des Magazins. „Rufen Sie besser an, falls Sie mich nochmal heimsuchen wollen. Sonst erwischen Sie mich wieder unter der Dusche."

Kapitel 11

Es war ein gutes Gefühl, die Waffe wieder über der Schulter hängen zu haben. Seit mehr als 20 Jahren jagte Hannes mit der Sauer 90. Er hatte sie gleich nach der Jägerprüfung gekauft. Im Allround-Kaliber .30-06. Für Rehwild etwas heftig, aber es reichte auch für grobe Sauen.

Lex hatte sich entschuldigen lassen, als er mittags mitsamt Futteral bei der Kripo in Trier aufgeschlagen war. Eine Sekretärin händigte ihm die Waffe aus. Auf dem Rückweg betankte Schreiber den Subaru. In Trier war der Sprit billiger als auf dem Dorf. Im Vorbeigehen blieb sein Blick am Cover des Magazins hängen. Ein Altholz im Gegenlicht. „Die Geheimnisse der Bäume". Hatte Bartelmus auf die Schnelle eine Geschichte über den Jagdunfall ins Heft gehoben? Hinter Schreibers Rücken? Er mochte es nicht glauben, kaufte das Heft und blätterte es noch im Auto durch. Mit Schulte-Appelhoffs Tod hatte die Titelgeschichte nichts zu tun. Sie feierte einen Förster, der den Bäumen Gefühle zuschrieb. Die Eloge auf den feinfühligen Forstmann hatte ein junger Kollege verzapft. Sein Foto klemmte unter dem Text. Er hege einen Hain, den ein Eichelhäher im Blumenkasten auf seinem Hamburger Balkon gepflanzt habe, hieß es in der Bildunterschrift. Wenn das kein Beweis für Fachkenntnis war, was dann?

Hannes hatte den Wagen an der Hütte stehen lassen und strolchte aufs Geratewohl durchs Revier. Der Hund wuselte vor ihm herum. Fürs Pirschen war Smokie keine Idealbesetzung. Sein weißes Fell leuchtete wie eine Blendlaterne. Schreiber nahm ihn dennoch immer mit. Er hatte den Hund einfach gern bei sich. Manchmal bekam Smokie das Wild auch früher mit als er. Wie die Ricke, die 30 Schritte links vom Weg im Unterholz verhoffte. Hannes stellte seinen dänischen Zielstock auf und legte die Büchse in die Gabeln. Ruhig stand das Absehen auf dem Blatt. Die Ricke wendete das Haupt. Er folgte ihrem Blick und sah ein Stück graues Fell zwischen den Büschen. Das Kitz bekam ihn zuerst mit. Es sprang ab, die Ricke folgte. Schreiber klappte den Zielstock zusammen und ging weiter.

Scheinbar ziellos streifte er durch den Bestand, bis er vor dem Hochsitz an der Grenze stand. Wie er hingekommen war und was er dort wollte, war ihm schleierhaft. Er hätte weitergehen und sich anderswo ansetzen sollen, um auf andere Gedanken zu kommen. Aber irgendetwas zog ihn auf den Hochsitz, auf dem der ganze Mist angefangen hatte. Der Mörder kehrt immer an den Tatort zurück. Was für ein blöder Spruch! Schreiber hatte über viele Kriminalfälle berichtet. Nicht ein einziges Mal war der Mörder an den Tatort zurückgekehrt. Außerdem – er hatte niemanden ermordet. „Das wollen wir doch mal festhalten, Smokie."

Der Hund neigte sein Köpfchen auf die Seite und sah ihn an. Hannes legte Rucksack und Waffe neben die Leiter und klemmte den Terrier unter den Arm. War doch praktisch, so ein kleiner Hund. Sprosse für Sprosse erklomm er die Leiter. Als er fast oben war, knackte es kurz. Dann ging alles blitzschnell. Die Sprosse brach unter seinem Fuß weg. Schreiber krachte auf das nächsttiefere Querholz. Das brach auch. Mit der linken Hand umklammerte er die oberste Sprosse. Sie hielt. Das Gewicht seines Körpers riss ihm fast den Arm aus der Schulter. Der Hund zappelte wie wild, entglitt ihm und fiel. Er jaulte, als er auf den Boden prallte. Mit der freigewordenen Rechten klammerte sich Hannes am Holm fest. Seine Füße tasteten nach der nächsten Sprosse. Vorsichtig trat er darauf und stieg langsam ab.

Smokie saß am Boden und leckte sich den linken Vorderlauf. Schreibers linker Arm fühlte sich an, als gehöre er jemand anderem. Mit rechts tastete er Smokie ab. Der Hund wimmerte, als er sein Knie berührte. Er starrte die Leiter hoch. Die dritte und vierte Sprosse von oben waren gebrochen. Mit den Nägeln hingen sie noch am Holm. Die Bruchstellen waren glatt bis auf ein paar fingerdicke Splitter. Jemand musste die Sprossen von hinten angesägt haben.

Dann kam der Schmerz. Hannes knickte den Oberkörper nach rechts ab. Das half etwas. Er nahm den Rucksack auf die rechte Schulter, legte Smokie die Leine um und machte sich auf den Weg zur Hütte. Der Hund schonte den Vorderlauf, er den Arm. Als sie ein paar Schritte gegangen waren, fiel ihm die Waffe ein. Sie lehnte noch immer an der Leiter. Über die linke Schulter konnte er sie nicht hängen. Er konnte sie noch nicht einmal entladen. Die Schulter schmerzte bei jeder Bewegung.

Schreiber rief Frühauf an und erzählte ihm, was passiert war.

„Kannst du uns zum Tierarzt bringen, Mattes?"

„Isch kummen."

Auf der Fahrt gingen sie die Verdächtigen durch. Mattes tippte auf Leyendecker. „Dem is die Kanzel an der Grenz schon lang en Dorn im Auge." Hannes dachte an die autonomen Tierschützer aus Klüssert. „Ich hab' die neulich da oben rumfahren sehen, Mattes. Hochsitze ansägen ist genau deren Ding."

Mattes parkte den Daihatsu in einer Trotthemer Seitenstraße. Dr. Verena Wagner stand auf dem Schild mit dem großen V. Frühauf trug den Terrier rein. Das Wartezimmer war leer, der Platz an der Rezeption unbesetzt. An den Wänden hingen Fotos von Hunden, Katzen, Kaninchen und Wellensittichen, die sich bei Frau Dr. Wagner für ihre Heilung bedankten. Jedenfalls hatten ihre Besitzerinnen das auf die Bilder gekritzelt.

Mattes sah sich die Fotos an. „Weeßt du, wat dat beliebteste deutsche Haustier is, Hannes?"

„Die Katze, nehm ich an."

Mattes schüttelte den Kopf. „Dat haleff Hähnschen." Schreiber grinste gequält.

Kurz darauf öffnete sich die Tür mit der Aufschrift Behandlungszimmer. Eine vielleicht 40-jährige Frau im weißen Kittel kam ins Wartezimmer. Sie war ein bisschen zu stabil gebaut. Als sie Schreiber die Hand drückte, quetschte sein Ring den kleinen Finger. Den Ring hatte ihm Katharina beim Abschied in Siebenbürgen geschenkt. Aber das war eine andere Geschichte.

Mattes stellte Smokie auf den Behandlungstisch. „Den Hund is vom Hochsitz gefahl", sagte er.

„Wie hoch war denn der Hochsitz?"

Hannes überlegte. „Gut drei Meter."

„Das sollte so'n leichter Hund eigentlich wegstecken."

„Er schont den linken Vorderlauf."

Die Veterinärin untersuchte Smokie nach allen Regeln tierärztlicher Kunst. Der Hund sagte keinen Ton. „Er versteckt den Schmerz. Sicherheitshalber sollten wir röntgen. Das geht aber nur unter Narkose. Sonst verwackelt der Hund mir die Aufnahmen."

Die Röntgenbilder waren eindeutig. Gebrochen war nichts. „Er wird den Lauf noch eine Weile schonen. Gehen Sie nicht gleich wieder mit ihm auf Jagd. Und passen Sie besser auf Ihren Hund auf, wenn Sie auf dem Hochsitz sind."

Sie legte Hannes den leblosen Hund in die Arme. Er verzog das Gesicht. Seine Schulter stach.

Der Tierärztin entging das nicht. „Ich glaube, da versteckt noch jemand seinen Schmerz. Was ist mit Ihrem Arm los?"

Schreiber legte Smokie zurück auf den Behandlungstisch. „Die Schulter. Irgendein Schwein hat die Hochsitzleiter angesägt. Ich hab' mich mit links festgehalten, sonst wär' ich auch runtergefallen."

Dr. Wagner sah ihn aus rauchgrauen Augen an. Ihr volles Gesicht zeigte keine Falten. Ein Doppelkinn quoll aus dem weißen Kittel. Ohne zu fragen, zog sie Schreiber die Fleecejacke aus und knöpfte ihn aus dem Hemd.

„O, o. Wenn das mal keine Schultergelenkluxation ist. Wir röntgen das eben."

Sie nahm Smokie vom Behandlungstisch und bugsierte Schreiber darauf. Der Tisch reichte für große Hunde. Mit Schreibers 1,93 Metern war er deutlich überfordert. Seine Unterschenkel hingen schlapp herab. Die Tierärztin richtete die Kamera auf die Schulter aus, schickte Mattes ins Wartezimmer und verschwand selbst hinter einer anderen Tür. Der Röntgen-Apparat summte ein paar Sekunden. Sie kam zurück und half Schreiber auf die Beine. Auf dem Bildschirm zeigte sie ihm das ausgekugelte Schultergelenk.

„Ich renke Ihnen das wieder ein", sagte sie trocken.

Schreiber wurde es mulmig. „Können Sie das denn, Doc? Als Tierärztin meine ich."

„Menschen sind auch nur Säugetiere."

Er nickte willenlos. Unglücklicherweise fiel ihm ein alter Dick-und-Doof-Film ein, über den er sich als Junge schlapp gelacht hatte: Stan Laurel alarmierte aus Versehen einen Tierarzt, als Oliver Hardy krank wurde. Der Veterinär diagnostizierte ein Doppel-Dackel-Delirium.

„Legen Sie sich bitte auf den Rücken, Herr Schreiber. Nein, nicht auf den Behandlungstisch. Auf den Fußboden."

Er sah die Tierärztin an. Sie meinte es offensichtlich ernst. Schreiber setzte sich auf die Erde und rollte seinen Rücken über die gesunde Seite ab. Dr. Wagner stand über ihm. Sie griff seinen Arm und zog ihn ein wenig zur Seite. Dann setzte sie einen Fuß unter seine linke Achsel, zog langsam am Arm und drehte ihn zugleich leicht nach innen. Schreiber schrie. Dann machte es „knack". Der Knochen sprang ins Gelenk zurück.

Er blieb am Boden. Vorsichtig bewegte er die Schulter, wartete auf den Schmerz, der nicht kam. Schreiber schloss die Augen und atmete tief durch. Er fühlte sich federleicht.

Kapitel 12

Mirja warf einen Blick auf die Karte. Ein Teller Nudeln ab zehn Euro. Sie bestellte ein Mineralwasser. Vielleicht lud der junge Schulte-Appelhoff sie zum Essen ein. Er musste jeden Moment kommen. Sie waren um eins verabredet. Im Poccino, Schadow-Arkaden. Der Vorschlag kam von ihm. Sie kannte sich in Düsseldorf nicht aus.

Das Poccino war eine Trattoria mit offener Küche, langen Tischen und hohem Lärmpegel. Der Laden kam Mirja vor wie die Kantine der Königsallee, über die sie vorher gezogen war. Anzugträger jeden Alters taten sich wichtig, von zahllosen Diäten ausgemergelte Damen mümmelten Salat, eine englische Bulldogge im Barbour-Mäntelchen hechelte unter dem Tisch.

Mirja überflog noch einmal die Notizen, die sie auf dem Reiterhof gemacht hatte. Mit fahrigen Fingern blätterte sie durch den Block. Die letzte Seite riss sie raus. „Gespräch mit Magazin-Reporter" hatte sie darüber geschrieben. Die Seite war leer geblieben. Sie zerknüllte das Blatt. Noch so eine Pleite durfte sie sich nicht erlauben. Sie musste Richard ans Reden bringen.

Ihre Chancen standen nicht schlecht. Von NSA wusste sie, dass der Junior seinen Vater wahrscheinlich nicht beerben würde. „Er hat eine deutlich ältere Schwester. Carmen gibt seit Jahren die Kronprinzessin. Sie hat in St. Gallen BWL studiert. Das sollte Richard auch. Sein Alter ist ausgeflippt, als er sich für Forstwissenschaft in München eingeschrieben hat."

Mirja checkte jeden Kerl, der das Poccino betrat. Keiner erschien ihr passend. Sie hatte Schulte-Appelhoff am Telefon beschrieben, wie sie aussah. „Lange, braune Haare, schmales Gesicht, 1,75 cm, schlank, Ende 20."

„Interessantes Profil", hatte der Junior gesagt. „Wenn ich auf der Suche wäre, würde ich Sie anklicken."

Wie er aussah, wusste sie nicht. Das einzige, das NSA dazu eingefallen war, war das Wort normal. Mirja war nicht weiter in ihn gedrungen. Sie war froh, ihm die Telefonnummer seines Vetters entsteißt zu haben.

Normal sah der Typ nicht aus, der um fünf nach eins an ihren Tisch trat. Er war viel zu braun für die Jahreszeit. Seine breiten Schultern steckten in einem schwarzen Blazer, der sich zu den Hüften stark verjüngte. Maßarbeit, vermutete Mirja. Blond war er natürlich auch. Nur die Augen passten nicht in dieses Abziehbild von einem Mann. Sie waren nicht veilchenblau sondern köterbraun.

„Mirja Thelen, nehme ich an?"

Mirja stand auf und gab ihm die Hand. Sie verschwand in seiner Pranke.

„Ich bin Richard Appelhoff. Wenn es Ihnen nichts ausmacht, nennen Sie mich Rick. Wir sind ja ungefähr im selben Alter. Und selbst in der Familie nennen sie mich inzwischen so."

„Okay." Dass sie im Elternhaus Mirchen hieß, verschwieg Mirja sogar ihrer besten Freundin.

Rick Appelhoff ignorierte die Speisekarte. „Darf ich Sie zu einem Teller Nudeln einladen? Die Papardelle sind hervorragend hier."

Mirja nickte. Appelhoff bestellte auf Italienisch. Der Kellner sang im Weggehen „Funiculi funicula" oder so ähnlich.

„Mein Beileid zum Tod Ihres Vaters. Und danke, dass Sie sich trotzdem Zeit für mich genommen haben."

Der junge Appelhoff befummelte das Einstecktuch seines Blazers. Schließlich schnäuzte er hinein und schob es in die Hosentasche. „Sorry. Es ist alles noch sehr frisch."

Mirja wartete einen Moment. „Erzählen Sie mir von Ihrem Vater, Rick. Was war er für ein Mensch?"

Appelhoff verschränkte die Hände hinter dem Kopf und starrte an die Decke, als stünde dort die Antwort auf ihre Frage. „Sie haben doch sicher mit Norman über meinen Vater gesprochen. Was hat er Ihnen denn erzählt?"

„Er sei sehr dominant gewesen. Ein Patriarch."

Rick räusperte sich. Was ihn umtrieb, war unschwer zu erraten.

„Wir reden hier unter zwei", sagte Mirja. Appelhoff sah sie verständnislos an.

„Sorry. Unter zwei ist Journalistenjargon. Ich darf das, was Sie mir sagen, verwenden, die Quelle aber nicht nennen. Im Artikel liest sich das in etwa so: In Familienkreisen galt Richard Appelhoff senior als ..."

An den Nachbartischen schwatzten munter die Gäste. Kellner riefen Bestellungen in die Küche. Im Hintergrund dudelte Italo-Pop. Mirja hatte Mühe, sich auf ihren Informanten zu konzentrieren. Hätte sie gewusst, dass dieser Laden so laut war, wäre sie woanders hingegangen.

Rick schien der Lärm nichts auszumachen. Er sprach mit gedämpfter Stimme. „Man sollte ja über Tote nur gut reden. Besonders wenn es der eigene Vater ist. Aber Norman hat leider noch untertrieben. Mein Vater war ein Despot. In meinem Elternhaus, in der ganzen Familie, im Office. Alle mussten nach seiner Pfeife tanzen. Wer widersprach, den hat er strammstehen lassen. Sogar die Nonna, als sie noch lebte."

„Wer ist die Nonna?"

„Mein Fehler. Nonna ist italienisch für Oma. Der Vater meiner Mutter hat eine Italienerin geheiratet. Eine ganz liebe Frau. Als Kind bin ich viel bei ihr gewesen. Sie hat mich Ricardo genannt und italienisch mit mir gesprochen. Mein Vater wollte das nicht. Aber sie hat es sich zum Glück nicht verbieten lassen."

Der Kellner brachte die Pasta. So breite Bandnudeln hatte Mirja noch nie gesehen, geschweige denn gegessen. Rick Appelhoff bot

Weißwein aus der Karaffe an. Sie hielt die Hand über ihr Glas und stocherte in den Nudeln herum, bis sie eine auf der Gabel hatte. Die Sauce sah aus wie ein verkochtes Ragout mit Pilzen. Sie schmeckte hervorragend.

„Danke für den Tipp", sagte Mirja.

Rick nickte. „Nonnas Papardelle alla lepre waren noch besser. Leider gibt es kaum noch Hasen in Italien. Tante Nadia macht die Sauce jetzt mit Wildschwein. Schmeckt auch nicht schlecht."

Sie aßen eine Weile, ohne zu reden. Mirja sah staunend zu, wie geschickt er die breiten Nudeln um die Gabel wickelte. Sie versuchte das auch, scheiterte kläglich und zerschnitt sie schließlich mit dem Messer.

„Sie waren auch auf der Familienjagd, Rick. Haben Sie von dem Jagdunfall etwas mitgekriegt?"

„Erst nach dem Abblasen. Ich habe zwar in der Nähe gesessen, hatte aber keinen Sichtkontakt. Da sind so viele Schüsse gefallen. Wie sollte ich wissen, dass einer meinen Vater getroffen hat?"

„Haben Sie auch geschossen?"

Rick sah von seinem Teller auf. „Das hat mich die Kripo auch gefragt."

„Und was haben Sie geantwortet?"

„Drei Frischlinge und noch einen Rotspießer. Übrigens mit vier Schüssen."

„Weidmannsheil."

„Gehen Sie auch zur Jagd?"

„Seit diesem Frühjahr. Mein Onkel hat mich angefixt. Er hat ein Revier auf dem Hunsrück gepachtet."

„Sie dürfen auch gern mal bei uns jagen, Mirja. Rufen Sie mich an, dann machen wir was aus. Jetzt, wo mein Vater tot ist, werden wir den Rotwildbestand reduzieren. Sie haben freie Büchse." Er lächelte. „Jedenfalls beim Weiblichen."

Mirja bedankte sich. Sie hatte den Knopfbock mit einem Repetierer ihres Onkels erlegt. Natürlich liebäugelte sie mit einer eigenen Waffe. Zu Hause hatte sie schon davon gesprochen. Es war bald Weihnachten.

„Geht Ihre Mutter auch zur Jagd?", fragte sie, so unschuldig sie konnte.

„Meine Mutter ist Vegetarierin."

„Hört sich nach einer spannenden Ehe an. Er Jäger, sie Veggie."

Rick Appelhoff streute noch ein Löffelchen Parmesan auf seinen Teller, mischte ihn mit der Gabel unter die Nudeln und aß einen Happen. Er kaute lange darauf herum. Seine Kiefermuskeln arbeiteten.

„Ich weiß nicht, warum ich Ihnen das erzähle, Mirja. Aber es tut einfach gut, mit jemandem darüber zu reden, der nicht zum Clan gehört." Er verteilte den Rest Weißwein aus der Karaffe auf ihre Gläser und sah sie an. „Jeder nor einen wönzigen Schlock."

‚Wenn der auch noch blauen Augen hätte', dachte Mirja und stieß mit ihm an.

„Die Ehe meiner Eltern war seit Jahren nur noch Fassade", sagte Rick nach einem Blick zu den Nachbartischen. „Beide lebten ihr eigenes Leben. Mama malt gar nicht schlecht. Sie hat schon ein paar Mal ausgestellt. Nicht in den angesagtesten Galerien, okay. Aber auch nicht in der Sparkassenzweigstelle Gerresheim. Mein Vater kümmerte sich um das Family Office in Luxemburg und jagte." Er zögerte einen Moment. „Und um diese Frau an der Mosel."

Mirja überlegte nicht lange. „Die Dame mit dem Reiterhof", sagte sie.

Rick schien überrascht. „Ich glaube, ich habe Sie unterschätzt, Mirja."

Der Satz streichelte ihr Ego. Sie durfte es nur nicht zeigen. Sie säbelte eine Nudel durch. „Wenn ich das nicht rausgekriegt hätte, wäre ich eine schlechte Journalistin."

„Haben Sie mit Frau Thul gesprochen?"

Sie hatte den Mund voll und nickte nur.

„Und? Was ist Ihr Eindruck?"

Mirja schluckte die Nudel. „Die Frau hat Angst, dass Sie ihr den Hof wegnehmen."

„Meine Mutter möchte das."

Der Kellner kam an den Tisch und räumte die Teller ab. Sie bestellten Espresso.

„Und was möchten Sie, Ricardo?" Sie versuchte, das R zu rollen. Ihre Zunge spielte nicht mit. Sie merkte an der Wärme, dass dieser verdammte hektische Fleck an ihrem Hals wieder wuchs.

„Bei Ihrem Italienisch ist noch Luft nach oben", sagte er.

Der Kellner brachte den Kaffee und stellte eine Flasche Grappa daneben. Rick rührte eine Menge Zucker in seinen Espresso und schüttete einen Schluck Grappa dazu. Er hielt ihr die Flasche hin.

„Sie auch? Corretto con grappa. Soll auch beim R-Rollen helfen."

Mirja nickte willenlos. Es war schwer, bei diesem Mann nein zu sagen. Er goss ein wenig Schnaps in ihren Kaffee. Sie rührte um und nippte. „Schmeckt wie eine Praline."

Rick strahlte wie ein großer Junge. Sie verlor den Faden, wusste nicht mehr, was sie ihn zuletzt gefragt hatte.

Appelhoff schon. „Ich möchte, dass meine Mutter zur Ruhe kommt."

Rick trank den letzten Schluck Espresso und schüttete ein bisschen Grappa in die leere Tasse. Mit dem Löffel löste er den Zuckerrest darin auf. Er tat das in Gedanken. Mirja sah fasziniert zu.

„Solange der Schein gewahrt blieb, konnte meine Mutter mit der Situation gut umgehen", sagte Appelhoff. „Jetzt denkt sie nur noch an die Testamentseröffnung. Sie hat Angst vor Überraschungen."

Kapitel 13

Mattes Frühauf parkte seinen Daihatsu vor der Hütte. Auf dem Anhänger lagen zwei Latten. Sie ragten einen halben Meter über die Rückwand hinaus. „Wat mäscht die Schulter, Hannes?"

„Du hast ja gehört, was die Tierärztin gesagt hat. Ich soll sie ein paar Tage ruhig halten. Schmerzen hab' ich keine mehr."

„Dat hört man gern. Glatzköpp hann och mal en Glückssträhn."

Er ging zum Wagen zurück und kam mit einem Geweih zurück. Es war Schreibers Hirsch. Er hatte aus den Augen verloren, was aus der Trophäe geworden war, nachdem sie ihn festgenommen hatten.

„Is doch en schön Erinnerung", sagte Frühauf.

Hannes grinste schief. „Wie man's nimmt."

Mattes war aufgekratzt. Er hatte einen Plan. Der Plan stammte aus einer Jagdzeitung, die vor ein paar Jahren auf Krawall gebürstet worden war. Seitdem stieg die Auflage. Frühauf hatte das Blatt abonniert. Er hielt Schreiber das aufgeschlagene Heft unter die Nase.

„Digitaler Blattschuss. Dat is den Artikel."

Hannes überflog den Text. „Clevere Burschen", sagte er.

„Wat die können, können mer och. Steig on!"

Hannes war skeptisch. Er wollte Frühauf die Nummer aber nicht ausreden. Sonst wäre er der Spielverderber. Wenn Mattes' Plan fehlschlug, war es wenigstens nicht seine Schuld.

Er rief seinen Hund, verrammelte die Hüttentür und setzte sich vorsichtig in den Daihatsu. Mattes kurvte durch die Weinberge nach Klüssert. „Isch kennen enen, der wohnt in der gleischen Stross."

Frühauf fuhr langsam am Haus der Veganer vorbei und hielt ein paar Meter weiter. Er stieg nicht aus, sondern hupte ein paar Mal. Aus einem Nachbarhaus kam ein Mann mit einer Motorsäge. Mattes ließ das Fenster runter und redete mit ihm ein paar Sätze Moselfränkisch. Schreiber verstand nicht viel davon. Wenn er mit ihm sprach, versuchte Frühauf Hochdeutsch zu reden. Heraus kam ein halbwegs verständliches Kauderwelsch.

Mattes stieg aus und ließ sich die Motorsäge vorführen. Sie sprang stotternd an. Er schnitt ein Stück von einer Latte ab, nickte zufrieden und legte die Säge auf den Anhänger. Statt vorwärts wegzufahren, setzte Frühauf den Daihatsu umständlich zurück. Auffälliger ging es nicht.

„Wenn die Arschlöscher us net mitgekriegt hann, dann weiß isch et net."

Sie verließen Klüssert und fuhren zurück auf den Berg. Die Wingerte warteten auf den Winter. Ein paar Winzer schnitten schon die Ranken zurück. Mattes hob grüßend die Hand, wenn sie jemanden passierten. Oben im Wald ließ er es sich nicht nehmen, den Grenzweg zweimal rauf und runter zu fahren. Dann stellte er den Daihatsu mitten auf der Fahrbahn ab. Er hatte Leyendecker noch immer in Verdacht und wollte, dass er oder einer seiner Hiwis mitbekamen, dass die Leiter repariert wurde. Sie marschierten die 100 Meter zum angesägten Sitz. Mattes trug Motorsäge und Werkzeugkiste, unter Schreibers gesundem Arm klemmte eine der Latten. Smokie trug nichts.

Am Sitz angekommen, holte Frühauf eine Wildkamera aus der Werkzeugkiste. „Isch hann die für den heemlischen Bock am Gattersitz gekauft. Den Bock hann isch zwar net kriejet. Aber isch kann mir den om Computer ankucken."

Mattes holte eine Leiter vom Anhänger und schnallte die Kamera hoch an den Stamm einer Buche, die in der Nähe der Kanzel stand. Er kontrollierte das Sichtfeld und war zufrieden. Stotternd sprang die Motorsäge an. Mit Gejaule längte Mattes die beiden neuen Sprossen ab. Ein Fuchsschwanz hätte die Arbeit auch getan. Aber der machte keinen Lärm. Dann klopfte er die kaputten Sprossen von den Holmen und nagelte die neuen an. „Isch imprägnieren dat extra net. Dann sieht man dat neue Holz von weidem."

Am Wagen warfen sie einen Blick zurück zum Hochsitz. Das helle Holz der neuen Sprossen leuchtete verführerisch. Wenn man der Jagzeitung glauben durfte, war der Übeltäter im beschriebenen Fall den Weidmännern noch am selben Tag in die Fotofalle getappt. Er hatte zwei Dutzend Hochsitze angesägt, weil seine Katze nicht vom Freilauf zurückgekommen war.

Zurück in der Hütte hängte Schreiber sein Geweih an die Wand und machte sich an die Arbeit. Auf Leyendeckers Einladungsliste standen etwas mehr als 70 Namen. Zuerst sortierte er die aus, die nicht in der Sitzverteilung auftauchten. Sie hatten anscheinend Besseres vorgehabt, als an der Familienjagd teilzunehmen. Blieben 53 Telefonnummern, etwas mehr als die Hälfte im Festnetz, der Rest mobil. Die konnte er alle anrufen.

Er begrübelte die Frage, wie er sich vorstellen sollte. Als des Mordes verdächtigter Jäger? Besser nicht. Als jagender freier Journalist? Klang ziemlich nach Amateur. Am Ende entschied er sich, unter der vertrauten Flagge des Magazins zu segeln. Bartelmus wollte schließlich die Geschichte von ihm.

Es wurde ein mühsamer Kick. Unter den meisten Festnetznummern meldete sich niemand. Bei vielen Mobiltelefonen sprang die Mailbox an. Hannes hinterließ keine Nachrichten. Er wusste aus Erfahrung, dass er nur dann eine Chance hatte, wenn er die Leute sofort in ein Gespräch verwickelte. Zeit zum Nachdenken durfte er ihnen nicht geben.

Nach zwei Stunden hatte er ein gutes Dutzend Jäger erreicht – und sich von zehn anranzen lassen. Wir Schulte-Appelhoffs reden grundsätzlich nicht mit der Presse. Konnten Sie nicht wenigstens die Beerdigung abwarten, bevor Sie mich belästigen? Ihr Blatt lese ich nicht mal beim Friseur. Woher haben Sie überhaupt meine Telefonnummer? Ich werde mich bei Ihrem Verleger beschweren.

Nur ein Schulte-Appelhoff, er hörte auf den Vornamen Kasimir, war offensichtlich froh, sich einmal aussprechen zu können. Er erzählte Schreiber eine haarsträubende Geschichte von der Erlegung seines Lebensbären in den rumänischen Karpaten und berichtete dann von einer Safari nach Südafrika, woselbst er den Weiler Umba Umba von einem menschenfressenden Mähnenlöwen befreit habe. Seither werde er von den Eingeborenen als Dorfheiliger Kasi verehrt. Schließlich kam er auf eine Rothuhnjagd in Spanien zu sprechen, zu der er seine Labrador Retriever namens Gin und Tonic mitgenommen habe. „Wenn ich Gin und Tonic rief, kamen die Hunde zwar nicht zurück, aber mein Secretario gab mir wenigstens einen anständigen Drink."

Zwischendurch versuchte Schreiber, Kasimirs Redefluss zur Mosel umzuleiten. Es gelang ihm erst am Ende des Telefonats. „Was den Tod meines Vetters angeht, kann ich Ihnen nicht weiterhelfen", sagte Kasimir knapp. „Ich saß kilometerweit weg." Dann bedankte er sich für das nette Gespräch und legte auf.

Die einzige Frau auf Leyendeckers Liste hieß nicht Schulte-Appelhoff sondern Matuschka, Wilma Matuschka, um genau zu sein. Sie hörte sich Schreibers Sprüchlein an, ohne dazwischenzureden oder aufzulegen.

„Man hat mich schon vor Ihnen gewarnt", sagte sie, als er fertig war. Ihre Stimme klang tief und brüchig.

„Das ging aber schnell."

„Die Buschtrommeln brauchen nie lange in unserem Clan. Man hat mir auch gesagt, dass Sie nicht nur beruflich an Richards Tod interessiert sind. Die Kripo hatte Sie schon als Mörder verhaftet, oder?"

Um Zeit zu gewinnen, erklärte Hannes der Frau den Unterschied zwischen Festnahme und Verhaftung. Madame Matuschka ließ das völlig kalt.

„Verschonen Sie mich mit solchen juristischen Korinthenkackereien. Damit hat mein Mann mich genug gelangweilt."

„Für mich war das, was Sie Korinthenkacke nennen, ein ziemlich großer Köttel, Frau Matuschka. Wenn man mich verhaftet hätte und nicht nur vorläufig festgenommen, säße ich jetzt sicher immer noch im Knast."

Sie lachte fett aus dem Telefon. „Da gehörten Sie auch hin."

„Warum?"

„Wer sich, wenn wir jagen, derart dreist an die Grenze setzt und unsere Hirsche abknallt, gehört eigentlich standrechtlich erschossen." Am Tonfall war nicht zu erkennen, wie ernst sie das meinte.

Schreiber keilte, ohne zu überlegen, zurück. „Auch wenn Sie das wieder für Korinthenkacke halten, Frau Matuschka: Wild ist herrenlos, jedenfalls solange es lebt. Danach gehört es Ihnen oder mir. Kommt ganz drauf an, auf welcher Seite der Grenze es tot umfällt. Und was das standrechtliche Erschießen angeht, gnä' Frau: Ich weiß nicht, ob Sie schon davon gehört haben: Der Krieg ist vorbei. Deutschland hat verloren."

Wieder diese fette Lache. „Sie gefallen mir, Schreiber. Schleimscheißer kann ich nicht ausstehen."

„Ganz meinerseits", sagte Hannes. „Wir sollten uns zusammensetzen und weitere Grobheiten austauschen. Sie wohnen in Bonn. Ich könnte in zwei Stunden bei Ihnen sein."

„Sie gehen ja ran wie Blücher. Meinetwegen kommen Sie vorbei. Es könnte ein unterhaltsamer Nachmittag werden."

Die Martin-Luther-King-Straße lag nahe an der Rheinaue. Nummer 9 war einer der weißgetünchten Dreistöcker, die hier im Dutzend herumstanden. Von außen sah er eher nach sozialem Wohnungsbau aus als nach der Villa, in der Schreiber Wilma Matuschka vermutet hatte. Er schellte und stiefelte in den zweiten Stock.

Die Frau in der Wohnungstür stand hoch in ihren 70ern. Das Faltennetz, das ihr Gesicht überzog, verschwand an den Wangenknochen unter rosigem Puder. Ihr Haar war ein bisschen zu blond gefärbt, passte aber gut zu den blauen Augen, mit denen sie Schreiber musterte. Er hatte unterwegs einen Blumenstrauß gekauft. Den drückte er ihr in die Hand. Sei nahm ihn mit großer Selbstverständlichkeit an.

„Ich habe Sie mir jünger vorgestellt", sagte sie. Es klang enttäuscht.

Hannes konterte mit einem seiner Standardsprüche. „Ich bin froh, dass meine Mutter so schüchtern war. Sonst wäre ich noch älter."

Wilma Matuschka lachte dreckig und führte ihn durch die weitläufige Wohnung. Von innen erinnerte nichts an einen Sozialbau. Erlesene Möbel aus alter Zeit, schwere Vorhänge in englischen Mustern, feine Gardinen. Vor einem Fenster mit Blick aufs Siebengebirge stand ein gedeckter Teetisch.

„Ich hab' uns schnell ein paar Éclairs gekauft. Sie sind doch ein Süßer?"

„Sieht man das nicht?"

„Nein", sagte sie und lachte, dass die Perlenkette auf ihrem Busen hüpfte. Sie nahm eines der Teilchen in die Gebäckzange und legte es auf seinen Teller. Schreiber ignorierte seine Kuchengabel, nahm das Gebäck in die Hand und biss ein Stück ab. Brandteig mit Vanillecremefüllung.

„Bei uns zu Hause hießen die Dinger Liebesknochen", sagte er selbstvergessen. „Schmecken übrigens großartig."

„Sie kommen aus dem Ruhrpott, oder?"

Hannes nickte mit vollem Mund. Beim Magazin hatte er sich angewöhnt, Hochdeutsch zu reden. Das klappte einigermaßen. Der Sound seiner Heimat klang aber immer noch durch. „Gelsenkiächen" hatte Bartelmus ihn in den frühen Hamburger Jahren genannt und das KIÄ von der Elbe bis zur Emscher gedehnt. Dabei stammte Schreiber aus Wattenscheid.

„Weil Sie gerade nach meiner Herkunft fragen. Auf welchen Ast des Stammbaums der Familie Schulte-Appelhoff darf ich Sie denn setzen?"

Die alte Dame stellte die Teetasse klirrend ab und sah ihn konsterniert an. „Sie enttäuschen mich, Schreiber."

„Halten zu Gnaden, Frau Matuschka. Die Schulte-Appelhoffs sind verschwiegener als eine Mafia-Familie. Ich bin froh, an ein paar Telefonnummern gekommen zu sein. Mit genealogischen Feinheiten habe ich mich noch nicht befassen können."

„Papperlapapp. Wenn Sie nicht wissen, dass ich Richards ältere Schwester bin, dann ist das eine Bildungslücke."

Hannes hatte einen Schluck Tee im Mund und alle Mühe, ihn unfallfrei herunterzuschlucken.

„Und dann reden Sie mit mir?", fragte er, mehr sich selbst als sein Gegenüber.

„Bei meinem Bruder wären Sie abgeblitzt, Schreiber. Richard waren Journalisten zuwider. Hergelaufene Bande. Haben nichts Gescheites gelernt. Anständig angezogen sind sie auch nicht."

Schreiber war froh, dass er sich in Cordhose und Tweedjacke gestürzt hatte, bevor er losgefahren war. Seine einzige Krawatte, ein weinrotes Teil mit hüpfenden Hirschchen, hatte er im Schrank hängen lassen müssen.

Zum Schlipsbinden war sein linker Arm noch nicht zu gebrauchen. Zum Autofahren eigentlich auch nicht. Glücklicherweise war sein Subaru ein Automatik. Den brauchte er nicht zu schalten. Der gesunde Arm blieb am Steuer.

„Und wie sehen Sie uns Journalisten, Frau Matuschka?"

Sie zupfte ihr marineblaues Twinset zurecht. „Ähnlich", brummte sie. „Ich ziehe nur andere Schlüsse daraus. Wenn ich den Mund halte, schreiben Sie, was Sie wollen. Oder was andere aus der Sippe Ihnen erzählen. Da rede ich lieber selbst."

„Schön, dass Sie Ihren Ekel überwinden. Ich weiß das zu würdigen. Was Richtiges gelernt habe ich übrigens auch. Ich war mal Kommunalbeamter."

„Halten Sie das für einen anständigen Beruf?"

„Nein. Deshalb bin ich ja auch gegangen." Die näheren Umstände seines nicht ganz freiwilligen Abgangs aus dem Rathaus behielt Schreiber für sich. Er fragte sich, wie er am besten auf das Innenleben der Familie Schulte-Appelhoff kommen sollte. Die alte Dame kam ihm zuvor.

„Mit wem aus der Familie haben Sie schon gesprochen, Schreiber?"

„Mit einigen", log er.

„Zum Beispiel?"

„Mit Ihrem Vetter Kasimir."

Matuschka verdrehte die Augen, bis nur noch das Weiße zu sehen war. „Soll ich Ihnen sagen, was der alte Schwätzer Ihnen erzählt hat?"

„Nein."

Die alte Dame stutzte. „Warum nicht?"

„Ich kenn' die Geschichten schon. Lebensbär, Menschenfresser, Gin und Tonic."

„Der Kerl erzählt jedem denselben Mist. Wollen Sie wissen, wie es wirklich war?"

„Nein."

Wilma Matuschka erzählte es ihm trotzdem. „Dieser Lebensbär war ein besserer Teddy. Den hat er auf 30 Schritt am Luder geschossen. Und Kasis Menschenfresser war ein Farmlöwe im Kleingatter."

„Aber die Geschichte mit Gin und Tonic find' ich gut. Se non è vero è ben trovato."

„Kommen Sie mir nicht mit diesem italienischen Gequassel. Das musste ich mir beim Familientreffen oft genug anhören."

„Ich hatte gar keine Ahnung, dass es unter den Appelhoffs auch Italiener gibt."

Matuschka schenkte Tee nach, öffnete ein silbernes Etui mit selbstgedrehten Zigaretten und hielt es ihm unter die Nase. Schreiber lehnte dankend ab. Es war reine Körperbeherrschung.

Sie steckte sich eine Filterlose an, inhalierte tief und blies Schreiber den Qualm ins Gesicht. „Wo waren wir stehen geblieben?"

„Bei den Italienern."

„Rinnen", sagte sie, „Italienerinnen. Richard hat eine Halbitalienerin geheiratet. Luisa. Eine Schönheit ist sie immer noch, aber sehr ätherisch. Die rennt von einem Museum ins andere und berauscht sich an der Kunst. Seit ein paar Jahren malt sie selbst. Blumen, immer nur Blumen. Zu ihrer ersten Vernissage musste die ganze Familie antreten. Ein Professor von der Kunsthochschule hat gesprochen. Der hat Richard 5000 Euro gekostet."

Sie nahm noch einen tiefen Zug und drückte die halbgerauchte Zigarette aus. „Luisa hat ihre heiß geliebte Mamma mit in die Ehe gebracht. Einen alten Drachen aus Florenz. Aus einer der ältesten Familien der Stadt. Die beiden Weiber haben Richard das Leben zur Hölle gemacht. Der arme Junge musste immer Spaghetti fressen und all das andere italienische Zeug. Manchmal ist er zu mir gekommen und hat sich ausgeweint. Dann habe ich ihm Bratkartoffeln mit Spiegelei gemacht."

Hannes hatte Mühe, ernst zu bleiben. Er stellte sich vor, wie der Chef einer der großen Industriellen-Familien des Landes, der unnahbare Richard Schulte-Appelhoff, bei seiner Schwester in die Bratkartoffeln weinte.

„Warum hat Ihr Bruder sich nicht scheiden lassen?", fragte er.

„Das ist in unserer Familie verpönt. Jedenfalls in meiner Generation. Richard hat irgendwann eine andere Frau kennengelernt. Eine Reiterin. Sie macht eine gute Figur, nicht nur auf dem Pferd. Und zupacken kann sie auch. Richard hat ihr ein Gestüt an der Mosel gekauft. Da hat er sich wohler gefühlt als bei seiner Frau in Düsseldorf."

Solche Paralleluniversen waren nicht selten. Schreiber wusste von Jagdhütten, die ihren Besitzern als Liebeslauben dienten. Er wollte das Thema nicht vertiefen, sondern fragte nach Richards Nachfolger im Amte.

„Da gibt's doch einen Richard junior. Ich nehme an, das ist sein Sohn."

Wilma Matuschka verzog den Mund, als habe sie in eine Zitrone gebissen. Sie fingerte noch eine Zigarette aus ihrem Etui. Hannes gab ihr Feuer.

„Richard junior. Der lässt sich jetzt Rick nennen. Das sagt doch alles, oder?"

„Mir nicht."

„Richards Sohn ist ein Blender. Er sieht gut aus, hat Erfolg bei den Frauen, nur Lust zum Arbeiten hat er keine. Statt sich im Büro der Familie zu tummeln, studiert er Forstwissenschaft. Im wievielten Semester, weiß ich nicht. Es dürften an die 20 sein."

„Hat er Geschwister?"

„Zum Glück. Seine Schwester Carmen ist deutlich älter. Das Mädchen geht auf die 40 zu. Sie ist blitzgescheit und bienenfleißig. Ich hoffe, dass sie den Laden übernimmt."

„Wer entscheidet das? Der Familienrat?"

„Ja. Aber nicht so, wie Sie vielleicht denken. Wir sind eine Holding, an der ziemlich viele Familienmitglieder Anteile haben. Die meisten hatte Richard. Deshalb hatte er das Sagen. Wer seine Anteile erbt, wird wahrscheinlich der neue Chef des Hauses. Ich hoffe, es wird eine Chefin."

„Wann entscheidet sich das?"

„Bei der Testamentseröffnung. Ich habe gehört, meine Schwägerin Luisa und ihr Augapfel sollen schon sehr nervös sein. Rick wegen des Chefsessels und Luisa wegen des Gestüts."

„So ein Ponyhof, das sind doch Peanuts für Schulte-Appelhoffs."

Wilma Matuschka sah den Reporter mitleidig an. „Männer", sagte sie. „Ihr werdet nie begreifen, was in Frauen vorgeht. Natürlich kommt es meiner Schwägerin nicht auf die Ponys an. Und Richard war ihr eigentlich auch längst egal. Aber dass er zu einer anderen ging und der womöglich auch noch dieses Gestüt vermacht hat, das macht die Frau in ihr verrückt."

Hannes hatte nicht mitgeschrieben, was die Matuschka ihm erzählte. Bei schwierigen Kunden ließ er den Block in der Jackentasche. Manche Menschen verstummten, wenn ihnen auffiel, dass ihr Geplauder festgehalten wurde. Er setzte sich nach so einem Gespräch lieber ins Auto und schrieb alles aus der frischen Erinnerung nieder.

„Lassen Sie uns nochmal auf den Tod ihres Bruders zurückkommen, Frau Matuschka. Sie haben an der Jagd teilgenommen. Was glauben Sie, wie es passiert ist?"

„Pah. Was für eine blöde Frage, Schreiber. Glauben tu' ich nicht mal an den lieben Gott."

Sie nahm einen Schluck Tee und spuckte ihn in die Tasse zurück. „Kalter Tee schmeckt noch schlimmer als kalter Kaffee."

Matuschka nahm sich noch eine Zigarette. Hannes gab ihr diesmal kein Feuer. Er wollte nichts übertreiben. Ihre Zigarette war schlecht gedreht, ein dünnes, krummes Geschöpf. Matuschka drückte sie sofort wieder aus.

„Es gibt wie immer zwei Möglichkeiten", dozierte sie dann. „Mord oder Querschläger. Mord halte ich für unwahrscheinlich. Wir Schulte-Appelhoffs lösen strittige Fragen nicht mit der Büchse. Dafür haben wir Juristen. Bleibt die verirrte Kugel."

„Fragt sich nur, wer die abgefeuert hat."

Wilma Matuschka sah ihn an. „Ehrlich gesagt: Sie wären mir am liebsten, Schreiber."

„Weil ich nicht zur Familie gehöre."

„Genau", sagte sie und lachte fett.

Kapitel 14

„Was verschafft mir die Ehre Ihres Besuches?"

Hauptkommissar Lex stand auf, umschlug seinen Schreibtisch und hielt ihm die Hand hin. Schreiber drückte sie kurz.

„Ich möchte eine Anzeige erstatten."

Lex wies auf den Besucherstuhl neben seinem Schreibtisch. Hannes nahm Platz.

„Dann schießen Sie mal los. Oder sollte ich Sie dazu besser nicht auffordern?"

Hannes verstand Bahnhof.

„Nachher nehmen Sie das mit dem Losschießen noch wörtlich, meine ich."

Schreiber schnaubte verächtlich und schwieg.

„Sorry, war vielleicht nicht mein bester Witz", sagte Lex. „Worum geht es?"

„Sachbeschädigung, Körperverletzung."

Lex nahm die Hornbrille ab und legte sie auf seinen leeren Schreibtisch. „Das sind keine Kapitaldelikte. Dafür bin ich nicht zuständig. Oder steht die Sache im Zusammenhang mit unserem Fall?"

„Kann sein, kann nicht sein."

„Jetzt machen Sie es mal nicht so spannend. Was ist passiert?"

Hannes lehnte sich zurück und erzählte die Geschichte von der angesägten Hochsitzleiter. Lex kritzelte ein paar Worte auf seine Schreibtischunterlage.

„Und es war genau der Hochsitz, auf dem Sie am Tattag gesessen haben?"

„Genau der."

„Interessant."

Sie schwiegen eine Weile. Draußen ratterte ein Zug vorbei. Lex setzte seine Hornbrille wieder auf. Seine Augen wirkten kleiner, wenn er das Ding auf der Nase hatte.

„Haben Sie einen Verdacht?"

„Mit Verdächtigungen sollte man vorsichtig sein, Herr Lex. Sonst sperrt man nachher noch Unschuldige ein."

„Immer noch nicht drüber weg? Ich hätte Sie für professioneller gehalten, Herr Schreiber."

Wahrscheinlich hatte der Mann Recht. Hannes konnte nicht bis ans Ende seiner Tage die beleidigte Leberwurst geben. Dass er keine Schuld an Appelhoffs Tod trug, war keinesfalls amtlich. Sie hatten nur keine Beweise gegen ihn. Es war besser, den Ball flach zu halten.

„Okay", sagte er, „es war nicht gerade prickelnd in Ihrem Gewahrsam. Andererseits habe ich viel dazugelernt. Vergessen wir's fürs Erste."

Lex nickte. „Wer war der Mensch mit der Säge?"

„Ein Motiv hätten mehrere. Da ist einmal mein Freund Leyendecker. Dem geht der Hochsitz an der Grenze gegen den Strich. Er oder einer seiner Hiwis könnten mir den Spaß am Jagen an der Grenze verleiden wollen."

„Klingt sehr nach Retourkutsche. Erst hängt er sie hin. Jetzt Sie ihn."

„Ich will mich nicht schon wieder mit Ihnen streiten. Auch wenn Leyendecker früher bei Ihrem Verein war: Ein Motiv hat der gute Ferdi. Mehr habe ich nicht gesagt."

„Wen haben Sie noch auf dem Schirm?"

„In Klüssert gibt es autonome Tierschützer. Die hab' ich kurz vorher auf dem Grenzweg rumfahren sehen. Die Jagdblätter sind voll von angesägten Hochsitzen. Wenn Täter ermittelt werden, sind es meist diese Bambibeschützer."

„Haben Sie Namen?"

Schreiber tastete nach seinem Telefon und fand es wieder einmal nicht.

„Mein Handy hängt wahrscheinlich noch am Kabel im Auto. Die Namen maile ich Ihnen nachher, wenn Sie mir Ihre Adresse geben." Lex schob ihm seine Karte über den Tisch. „Außerdem brauche ich für die Akte ein ärztliches Attest über Ihre Verletzung."

Hannes lachte auf. „Reicht Ihnen auch ein tierärztliches?"

Er erzählte Lex von der Aktion der Veterinärin. Der Kommissar hatte Spaß. Er setzte sich an den Computer. Zusammen formulierten sie die Strafanzeige. Schreiber musste an sich halten, um nicht pausenlos in Lex' Bürokratendeutsch zu grätschen. Am Ende unterschrieb er den ausgedruckten Text.

„Und sonst?", fragte Schreiber. „Wie laufen die Ermittlungen?"

„Zäh. Sie wissen von Ihrem Anwalt, dass wir das Geschoss nicht zuordnen können. Die Gerichtsmediziner haben die Spuren bei der Obduktion zerstört. Im Fernsehkrimi sind die Forensiker die großen Helden. Mischen sich in die Ermittlungen ein und erklären dem tumben Kripobeamten, wer's gewesen ist. Meine Frau sagt immer: ‚Thomas, reg dich nicht auf! Ist doch nur Unterhaltung.' Aber ich könnte vor Wut in die Glotze springen."

„Warum schalten Sie nicht einfach ab?" Hannes hatte das Fernsehgucken vor Jahren aufgegeben, jedenfalls wenn kein Fußballspiel übertragen wurde.

„Toller Tipp", sagte Lex. „Ich werde ihn meiner Frau unterbreiten."

Schreiber streckte sich auf dem Stuhl. „Wo ich gerade beim Tippgeben bin. Ich hätte da noch einen."

Lex strichelte auf seiner Schreibtischunterlage. „Es hätte mich gewundert, wenn Sie nicht auf eigene Faust ermittelten."

„Ich ermittle nicht. Das ist Ihr Job. Ich recherchiere nur das Milieu, in dem die Sache spielt. Mein Chefredakteur will, dass ich diese Geschichte fürs Magazin aufschreibe."

„Auch wenn herauskommen sollte, dass Sie derjenige waren, der den tödlichen Schuss abgegeben hat?"

Das war Schreibers wunde Stelle. Wenn man sie berührte, schmerzte es.

„Falls es tatsächlich ein Abpraller war", sagte er, „findet niemand mehr heraus, aus wessen Büchse das Geschoss stammt. Das haben Ihre speziellen Freunde von der Gerichtsmedizin vermasselt. Mich macht das allerdings nicht froh. Den Gedanken, vielleicht einen Menschen erschossen zu haben, um wie viele Ecken auch immer, werde ich so schnell nicht wieder los."

Lex stand auf und warf einen Blick aus dem Fenster. „Verstehe", sagte er. „Deshalb möchten Sie gern einen Mörder finden. Für Ihren Seelenfrieden, sozusagen."

Hannes nickte.

„Und ich soll Ihnen dabei helfen."

„Ist das nicht Ihr Job, Herr Lex?"

„Journalisten helfen?"

„Mörder finden."

„Wo keine sind?"

„Das wird sich weisen."

Lex überlegte einen Moment. „Vielleicht geben Sie mir einfach erst mal Ihren Tipp."

„Okay", sagte Schreiber und erzählte dem Kommissar die Geschichte von Richard Schulte-Appelhoffs Testament.

Kapitel 15

Mirja ließ ihre Sporttasche im Flur fallen, hängte die Jacke an den Haken und ging ins Bad. Sie hatte sich eine Stunde lang in der Muckibude abgekämpft, zwischen schnatternden Hausfrauen und aufgepumpten Posern, die das Fitnessstudio morgens bevölkerten. Nun brauchte sie eine Dusche. Mirja schälte sich aus den Sportklamotten. Den Slip, der um ihren Fuß hing, beförderte sie mit elegantem Beinschwung auf den Schmutzwäscheberg. Die Dusche war genauso antiquiert wie das Waschbecken und die Toilette. Eine bessere Wohnung als diese 40 Quadratmeter Altbau an der Saarstraße konnte sie sich nicht leisten. Noch nicht, hoffte sie.

Der betagte Durchlauferhitzer brauchte eine Weile, bis er Wasser der gewünschten Temperatur lieferte. Als er so weit war, huschte Mirja unter die Strahlen und ließ sich das Wasser auf Kopf und Schultern prasseln. Sie liebte es, lange unter der Dusche zu stehen. Das Wassersäckchen, unter dem sie den Magazin-Reporter an der Hütte überrascht hatte, hätte ihr nie und nimmer gereicht. Solardusche hatte Hannes Schreiber das primitive Ding genannt.

Merkwürdig, dass Menschen unter der Dusche so gern sangen. Sie dachte an Schreibers Posaunenkonzert, grinste und fing selbst an zu trällern. Die Melodie ging ihr seit dem Aufstehen nicht aus dem Kopf. Einen Text dazu schien es nicht zu geben, in ihrem Gehirn jedenfalls nicht. Beim Einseifen fiel ihr wenigstens der Name des Sängers ein. Eros Ramazotti. Dabei stand sie überhaupt nicht auf Kuschelrock. Das Lied musste sich im Poccino in ihr Ohr geschlichen haben.

„Frau Thelen", sagte sie laut. Ihre Stimme klang klein unter der Dusche. „Schlagen Sie sich diesen Song aus dem Kopf!"

Ihr Kopf hörte nicht auf sie. Sie konnte so viel Wasser darauf trommeln lassen, wie sie wollte. Ihr Kopf dachte an breite Schultern und Papardelle, blonde Haare und Espresso con Grappa, starke Hände und Vino bianco und mochte gar nicht damit aufhören.

Wie immer brauste sich Mirja zum Schluss kalt ab. Sie stieß kurze, spitze Schreie aus und konnte sich anschließend nicht schnell genug ins Badehandtuch wickeln. Sie genoss den warmen Wind, den der Föhn in ihr Haar blies, auch wenn das alte Schätzchen heulte wie der Herbststurm auf dem Hunsrück. Mirja mochte ihr dichtes, langes Haar.

Sie ging ins Schlafzimmer und stellte sich vor den offenen Kleiderschrank. Er hing voll. Dessen ungeachtet musste sie wieder einmal feststellen, dass sie nichts anzuziehen hatte. Wenn Mirja gut drauf war, konnte sie über dieses Paradoxon lachen. Wenn nicht, führte es zu Panikkäufen. Um nicht nackt, wie sie war, auf die Straße gehen zu müssen, zog sie schließlich ihr Outdoor-Outfit an. Braune, schlank geschnittene Cargo-Hose, Merino-T-Shirt, karierte Bluse. Das Zeug war nicht billig gewesen. Es stand ihr gut, fand sie.

Wie es mit der Schulte-Appelhoff-Geschichte weitergehen sollte, war ihr nicht klar. Angeboten hatte sie die Story noch nirgends. Dazu war sie nicht weit genug mit der Recherche. An Schreiben war noch nicht zu denken. Sie setzte sich an den Rechner und checkte ihre Mails. Seit sie aus Düsseldorf zurück war, tat sie das öfter als gewöhnlich. Im Postfach lag nur der übliche Spam.

Mirja tummelte sich auf den News-Seiten, bis es ihr fad wurde. Diese Computer klauten einem die Zeit. Sie sollte etwas Sinnvolles tun, fand sie. Rick Schulte-Appelhoff anzurufen, war nicht sinnvoll. Obwohl sie es liebend gern getan hätte. Sein Revier konnte sie sich auch allein anschauen. Wegen der Atmo. Die brauchte sie für den Text. Sie zog ihre Softshell-Jacke über und hängte sich das Fernglas um, das sie bei Onkel Günther abgestaubt hatte. Ihr fehlte nur noch das Gewehr.

Zum Wald der Appelhoffs war es von Trier eine gute halbe Stunde mit dem Auto. Eigentlich eignete er sich ideal als Naherholungsgebiet für die Stadt. Nur gab es weit und breit keine Parkplätze, auf denen Wanderer ihre Autos abstellen konnten. Es gab auch keine ausgeschilderten Wege durch den Wald. Es gab nichts, was den Trierer ermutigt hätte, durch die Appelhoffsche Eigenjagd zu spazieren.

An der einzigen Straße, die in den Forst führte, lag – versteckt hinter einem Fichtenstreifen – das Jagdschloss der Familie. Mirja wäre daran vorbeigefahren, hätte sie sich die Gegend nicht vorher auf Google Maps angesehen. Sie bog von der Straße ab, umfuhr die Fichten und stoppte den Fiat vor einem sicher mehr als 100 Jahre alten Fachwerkbau. Villa Waldfrieden stand schwarz auf weiß im Putz über dem Eingang. Das Schloss war höher als breit. Mit seinen kleinen Fenstern und dem Rundturm, der rechts am Haus klebte, wirkte es eher wie eine Burg. Das Dunkelgrau des Schieferdachs verstärkte die abweisende Aura, die von dem Gebäude ausging.

Mirja machte ein paar Fotos und fuhr weiter. Sie wollte an den Ort des Geschehens, dorthin, wo der alte Appelhoff gesessen hatte, als ihn die Kugel traf. Sie bog von der Asphaltstraße in einen Forstweg, von dem sie glaubte, dass er zu Schreibers Jagdhütte führen könnte. In dieser Richtung musste auch der Tatort liegen. Das Drama hatte sich an der Grenze der beiden Reviere abgespielt.

Nach einem Kilometer wurde der Weg schlechter. Mirja ließ den Wagen stehen und strolchte zu Fuß durch den Wald. Dass es ein Buchenaltholz war, erkannte sie an den grauen, glatten Stämmen, die kerzengerade gen Himmel strebten. Im Jungjägerlehrgang hatten sie gelernt, Baumarten nicht nur an den Blättern zu unterscheiden. Bei der Prüfung bekam sie Rindenstücke vorgelegt. Die meisten erkannte sie auf Anhieb.

Auf der Suche nach Hochsitzen war sie nicht ganz so erfolgreich. Sie hatte schon eine rechte Strecke zurückgelegt, als sie endlich auf einen stieß. Mirja bestieg die offene Kanzel, setzte sich auf die Bank und sah sich um. Anheimelnd wirkte der Wald nicht. Der bleigraue Novemberhimmel nahm allen Farben ihre Kraft. Ob Richard Schulte-Appelhoff auf diesem Sitz seine letzten Stunden verbracht hatte? Mirja wusste es nicht.

Ganz anders hatte es sicher nicht ausgesehen. Die Waldbilder unterschieden sich nicht sehr in diesem Revier. Jedenfalls die, die Mirja bisher gesehen hatte. Alte Buchen und nicht viel darunter. Sie nahm ihr Smartphone, drückte auf Video und schwenkte langsam über die Landschaft.

Bei 01:23 fiel der Schuss. Mirja zuckte. So laut war ihr noch kein Büchsenknall vorgekommen. Auf dem Schießstand hatte sie Ohrschützer getragen, genau wie bei ihrem Knopfbock im Juni. Sie wollte nicht so schwerhörig werden wie Onkel Günther.

Mirja stoppte das Video, steckte das Handy weg, nahm das Fernglas vor die Augen und starrte in die Richtung, aus der sie gekommen war. Sehen konnte sie nichts außer Buchen, Stechpalmen und dem grauen Gestrüpp am Weg. Kein Jäger, kein Wild. Sie sah auf die Uhr. Viertel vor zwei. Merkwürdige Zeit zum Jagen. Zum Glück fiel ihr Onkel Günthers Spruch ein. „Der Bock hat seine dumme Stunde." Mirja hatte ihren Knopfer um die Mittagszeit geschossen.

Entspannen konnte sie sich trotzdem nicht. Allein im Wald zu sitzen, wenn in der Nähe geschossen wurde, war unangenehm. Vor allem, wenn der Jäger nichts von ihrer Anwesenheit wusste. Sie entschloss sich, noch eine Weile auf dem Hochsitz zu bleiben, bevor sie zum Wagen zurückging.

Geduld war nicht ihr Ding. Nach sieben Minuten hatte Mirja genug von der Warterei, turnte die Leiter herunter und machte sich auf den Weg. Sie war noch keine 20 Meter gegangen, als der nächste Schuss fiel. Er kam aus derselben Richtung und klang wie ein Donnerschlag, der seinem Blitz auf dem Fuße folgte. Buuummm!

Mirja fuhr zusammen. Weitergehen oder zurück auf den Hochsitz? Wenn sie wenigstens die Warnweste aus dem Auto dabeigehabt hätte! Als Wildschwein erschossen zu werden, stellte sie sich nicht lustig vor. Also holte sie die Tempos aus der Hosentasche. Eines faltete sie auf und steckte es mit einem Zipfel hinten in den Kragen ihrer Jacke. Mit dem anderen wedelte sie vor der Brust. Sah bestimmt albern aus, aber auf Stilfragen konnte sie keine Rücksicht nehmen. Um auf der sicheren Seite zu sein, sang sie auch noch. Die Melodie aus dem Poccino. Den ihr unbekannten Text ersetzte sie durch lautes Lalala. Singende Sauen, die mit Papiertaschentüchern herumfuchtelten, sollten selbst den schusshitzigsten Jäger ins Grübeln bringen. Hoffte sie.

Mirja versuchte, denselben Weg einzuschlagen, den sie gekommen war. Das war nicht einfach. Irgendwie sah alles gleich aus in diesem Wald. Buchen, Ilex und sonst nix. Außerdem fühlte sie sich beobachtet. „Kein Wunder, so wie du durch den Busch rennst", sagte sie sich zwischen zwei Strophen ihre Lala-Liedes. Sie erwartete, jeden Moment von einem Jäger angerufen zu werden. Hoffentlich mit: „Brauchen Sie Hilfe, junge Frau?" Wahrscheinlicher war: „Halten Sie den Mund und machen Sie, dass Sie fortkommen!"

Der Jäger rief keins von beiden. Er rief überhaupt nichts. Er lag auf dem Bauch im Buchenlaub. Zwischen den Schultern war seine Jacke zerfetzt und voller Blut. Fransiges Fleisch an den Rändern eines faustgroßen Lochs.

Mirja wäre fast über den Toten gestolpert, als sie um den Stechpalmenbusch kam. Für einen Moment weigerte sich ihr Gehirn, zu akzeptieren, was die Augen ihm übermittelten. Als wollte es nicht wahrhaben, dass die Situation, die gerade noch beherrschbar und sogar ein bisschen albern schien, komplett umgekippt war. Aus dem Waldspaziergang war ein Horrortrip geworden.

Mirja stand und starrte. Die Zeit dehnte sich aus wie ein Luftballon und schrumpfte im nächsten Augenblick zusammen, als sei ihr die Puste ausgegangen. Mirjas Herz raste. Ihr Mund fiel trocken. Gänsehaut. Ohne zu überlegen, rannte sie los. Das Fernglas schlug ihr gegen die Brust. Äste peitschten ihr Gesicht. Ein Fuß blieb in einer Brombeerranke hängen. Sie strauchelte, rappelte sich wieder auf und hastete weiter. Die Richtung spielte keine Rolle. Hauptsache weg. Weg von der Leiche mit dem zerfetzten Rücken. Weg aus dem Wald, in dem schon zwei Menschen zu Tode gekommen waren. Weg, weg, weg.

Wie lange sie schon gerannt war, als das Seitenstechen einsetzte, wusste sie nicht. Ihre Lebergegend schmerzte, wie wenn ein Messer darin steckte. Mirja wurde langsamer. Sie blieb stehen und schnaufte. Sah zurück in den Wald, aus dem sie kam. Kein Verfolger in Sicht. Sie atmete noch zweimal tief durch und rannte dann weiter. Der Schmerz war der Schmerz. Sie lief dagegen an. Nach rechts eingeknickt trabte sie, versuchte, sich beim Laufen zu orientieren. Zum Fluss, sie wollte zum Fluss. An die Mosel, wo es Dörfer gab und Straßen und Menschen und Polizisten.

In immer kürzeren Abständen blieb ihr die Luft weg. Immer öfter musste Mirja anhalten und ausruhen. Als sie endlich den Waldsaum erreichte, trottete sie nur noch. Sie taumelte auf die Hangkante zu, hielt sich an einem Weinbergpfahl fest und kotzte. Würgte alles aus, was sie im Magen hatte. Wischte sich mit dem Handrücken den Mund ab und glotzte ins Tal. Unten floss die Mosel.

Kapitel 16

Ihr Fiat war schnell gefunden. Mirja dirigierte den Streifenwagen an der Villa Waldfrieden vorbei und dann rechts ab in den Forstweg, den sie genommen hatte. Nach einem Kilometer stießen sie auf den weißen Cinquecento. Sie stiegen aus und machten sich auf den Weg. Mirja ging vorweg. Hinter ihr der Hauptkommissar, der die Ermittlungen im Fall Schulte-Appelhoff leitete. Ein Mittvierziger namens Lex. Die Polizeiinspektion in Schweich, bei der ihr Anruf aufgelaufen war, hatte ihn alarmiert. Lex war sofort gekommen. Er trug Straßenschuhe, die fürs Trierer Pflaster deutlich besser geeignet waren als für den weglosen Herbstwald, durch den Mirja ihn führte. Der Kripo-Mann eierte durch die Botanik, versuchte, den sumpfigsten Stellen auszuweichen, und ruinierte seine Treter trotzdem.

Mirja konzentrierte sich darauf, den Weg zum Hochsitz zu finden. Unterwegs mussten sie auf die Leiche stoßen. Natürlich hatte sie Mühe, sich zu orientieren. Zu viel war passiert, seit sie den Weg vor zwei Stunden gegangen war. Nervös nestelte sie am Riemen des Fernglases, das ihr noch immer um den Hals hing. Sie nahm das Glas vor die Augen. Buchen, so weit das Auge reichte. Darunter verstreut die stachligen Ilex-Büsche. Sie ging weiter. Immer der Nase nach. Erst als sie an der kümmernden Birke vorbeikam, wusste sie, dass sie auf dem richtigen Weg waren. Nach einer halben Stunde stand sie vor der Kanzel, auf der sie gesessen hatte.

Kommissar Lex sah sie durch seine Hornbrille an. „Und wo ist die Leiche, Frau Thelen?"

Mirja zog die Schultern hoch. „Eigentlich müssten wir dran vorbeigekommen sein." Sie schilderte ihm noch mal, was sie erlebt hatte. Der Schuss, während sie auf der Kanzel saß. Der zweite, als sie gerade abgebaut war. Die Nummer mit den Tempo-Tüchern. Ihr Singsang auf dem Weg zum Wagen. Die Leiche hinter dem Ilexbusch.

Der Kommissar lächelte spärlich. „Am besten, Sie nehmen von hier aus noch mal den Weg, den Sie vorhin gegangen sind. Und konzentrieren Sie sich bitte, Frau Thelen. Lange können wir heute nicht mehr suchen. Das Licht lässt nach."

Mirja fischte ihr Handy aus der Cargo-Tasche ihrer Hose. Sie ließ das Video laufen. Die Szene, die sie vor zwei Stunden aufgenommen hatte. Lex kam zu ihr und guckte aufs Display. Das Filmchen zeigte den Wald, in dem sie standen. Dann knallte es ziemlich laut. Der Film wackelte und brach ab.

„Das war der erste Schuss."

„Dies ist ein Jagdrevier. Da wird schon mal geschossen."

„Glauben Sie mir etwa nicht?" Mirja merkte, wie der hektische Flecken an ihrem Hals wieder wuchs. „Meinen Sie, ich will mich hier wichtig tun oder was?"

„Ganz ruhig, Frau Thelen. Sie haben uns gesagt, Sie hätten in diesem Wald einen Toten gefunden. Wir sind zu Ihnen rausgekommen. Am besten, Sie führen uns jetzt zu dieser Leiche. Dann sind alle Zweifel beseitigt. Oder haben Sie ein Foto am Fundort gemacht?"

„Hab' ich natürlich nicht. Ich bin nicht bei der Kripo, Herr Lex. Ich stolpere nicht jeden Tag über Leichen. Ich hatte Angst! Das ist der zweite Tote in diesem Scheißwald. Ich wollte nicht der dritte sein. Deshalb bin ich weggerannt."

Mirja merkte, dass sie kurz vorm Heulen stand. Sie atmete tief ein und aus. Sie wollte nicht weinend vor diesem Bullen stehen. Sie war kein kleines Mädchen mehr. Die Mirchen-Jahre waren vorbei. Sie war Mirja Thelen, 28 Jahre alt, studierte Journalistin. Sie ließ sich nicht von Männern rumschubsen. Sie nicht!

„Ich gehe jetzt zurück zu den Autos", sagte sie und stiefelte los. Nach 20 Schritten stoppte sie. Lex schloss auf.

„Als ich hier war, fiel der zweite Schuss. Ich habe die Tempos rausgeholt und angefangen zu singen."

Sie ging weiter. Immer auf der Suche nach Landmarken, die zu ihren Erinnerungen passten. Manches kam ihr bekannt vor. Gelbe Pilze an einem Stubben. Der bis zur Krone bemooste Buchenstamm. Die vielen roten Beeren an dem Stechpalmenzweig, der seitlich aus dem Busch ragte. Mirja hangelte sich von einem Punkt zum anderen. Ein weißer Fleck leuchtete am Boden. Sie hielt darauf zu. Ein Papiertaschentuch. Hatte sie es fallengelassen, als sie auf die Leiche stieß? Sie war sich nicht sicher.

Mirja sah sich um. Der Tote hatte hinter einem Ilex gelegen. Vielleicht fünf Meter entfernt stand einer. Sie ging hin. Der Laubteppich war zerwühlt. Was fehlte, war die Leiche.

Onkel Günther fiel ihr ein und ihr Knopfbock, der nach dem Schuss in den Wald abgesprungen war. „Ich hab' bestimmt gefehlt", hatte sie gesagt.

Onkel Günther war ganz ruhig geblieben. „Jetzt rauch' ich erst mal eine und dann gucken wir uns den Anschuss genau an."

Sie hatten keinen Schweiß am Anschuss gesehen. Deshalb war Onkel Günther auf die Knie gegangen und hatte mit einem Tempo das kurze Gras abgetupft – bis er welchen fand. Rote Punkte auf weißem Papier. Dackel Emil hatte die Schweißfährte dann gearbeitet. Der Bock lag 30 Meter weiter im Bestand. Er war toter als die SPD.

Mirja hob das Papiertaschentuch auf und schaute sich das zerwühlte Laub genauer an. Dann ging sie in die Hocke, legte das Tempo auseinandergefaltet auf den Waldboden und drückte es an.

„Darf ich fragen, was Sie da machen?"

Ohne zu antworten, arbeitete sie weiter. Stück für Stück scannte sie das Laub mit dem Taschentuch. Einen Quadratmeter hatte sie schon abgetupft, als der rote Flecken auf dem Tempo erschien. Mirja stand auf und hielt Lex das Taschentuch unter die Nase.

„Schweiß!", schrie sie. Lex lachte auf.

„Äh, Blut wollte ich sagen." Im Jungjägerlehrgang hatten sie viel Wert auf die Weidmannsprache gelegt. Sie hatte so lange gepaukt, bis sich der Jägersprech in ihren Alltagswortschatz geschlichen hatte. Kurz vor der Prüfung hatte sie in der Bäckerei statt Schweinsöhrchen Sauenteller bestellt.

Lex sah auf die Uhr. Er holte sein Smartphone aus der Jackentasche und machte damit rum. „Lex. Kriminaldirektion Trier. Ich brauche Ihre Hilfe, Herr Kollege. Wir haben hier einen Leichenfundort, aber keine Leiche." Pause. „Fragen Sie mich nicht, wie das geht. Eine Frau hat heute Mittag einen Toten gefunden. Jetzt ist er weg." Pause. „Ja, hier ist Blut, wenn auch nicht viel. Meinen Sie, Ihre Hunde könnten den finden?" Pause. „Wie? Heute nicht mehr? Vielleicht lebt der Mann noch."

Mirja schüttelte den Kopf.

„Moment mal." Lex hielt die Hand aufs Handy.

„Der lebt nicht mehr", sagte Mirja.

„Und wie ist der dann weggekommen?"

Sie zuckte mit den Schultern. „Vielleicht hat ihn einer weggeschafft."

Lex schabte sich über dem Ohr. „Hören Sie, geht es heute wirklich nicht mehr?"

Der Kommissar verdrehte die Augen, während er ins Telefon horchte. Er horchte ziemlich lange.

„Also gut", sagte er schließlich. „Morgen früh um sieben an der Polizeidirektion Schweich. Alles weitere dann."

Lex zog eine Schnute. „Polizeihunde sind anscheinend auch in der Gewerkschaft."

Kapitel 17

Genauso hatte Hannes Schreiber sich sein Hüttenleben vorgestellt. Morgens von der Sonne geweckt werden. Kurz aufstehen, den Ofen anheizen, Kaffeewasser aufsetzen und sich nochmal in den Schlafsack kuscheln. Wenn der Kessel auf dem Ofen sang, die Fleecejacke über den Schlafanzug ziehen, vor die Hütte treten und im Sonnenschein auf die Nebelwurst im Moseltal herabschauen. Dann Kaffee machen und in Ruhe frühstücken. Nach dem Essen die Beine nach Journalistenart auf den Tisch legen und den ungelesenen Teil der Zeitung von gestern studieren.

Es war der erste Morgen seit mehr als einer Woche, an dem alles nach seiner Vorstellung lief. Schreiber überlegte, was er mit dem sonnigen Herbsttag anfangen sollte. Auf keinen Fall wollte er weiter recherchieren. Er brauchte eine Pause, einen langen Spaziergang mit Smokie, danach ein bisschen Herumpröttern an der Hütte. Zu tun gab es immer etwas.

Hannes zog sich an. Duschen konnte er auch nachmittags noch, wenn das Wasser im Sack von der Sonne gewärmt war. Smokie umtanzte seine Beine und schoss dann los, kreiselte und kackte in die Wiese auf der anderen Seite des Weges. Schreiber hielt sich links. Sie kamen zu Erwins Obstgarten, in dem ein paar späte Quitten mit der Morgensonne um die Wette leuchteten. Auf der Weide grasten Monzels Rinder. Ein Kalb stupste seine Mutter in die Seite, bis es saugen durfte. Der Bauer war nicht zu sehen. Hannes war das recht. Er hatte keine Lust, sich zu unterhalten, schon gar nicht über den Fall Schulte-Appelhoff.

Im Tal hatte sich der Nebel gelichtet. Nur in der Moselschleife staute sich noch graue Watte. Schreiber schoss ein paar Fotos. Seit er das Smartphone hatte, tat er das viel öfter als früher. Die meisten Aufnahmen löschte er wieder, die guten rief er auf, wenn er sich an der Elbe nach der Mosel sehnte.

Zurück an der Hütte fütterte Hannes den Hund und zog Arbeitshandschuhe an. Sein Vater hatte gemeint, man müsse Obstbäume so stark stutzen, dass man einen Ballen Stroh durchwerfen könnte. Dementsprechend kahl sahen die Apfelbäume im Schreiberschen Garten über den Winter aus. Die Nachbarn lästerten darüber. Seinen Alten focht das nicht an. Die Apfelernte im nächsten Jahr gab ihm Recht.

Hannes versuchte, die Wassertriebe mit der langen Astschere abzuknipsen. Seine Schulter sagte ihm, dass er damit besser noch ein paar Tage warten sollte. Frustriert hockte er sich vor die Hütte in die Sonne. Irgendwann kam Siggi, der Sammler, vorbei. Er trug seinen unvermeidlichen Rucksack und Schreiber fragte ihn, was es denn jetzt noch zu sammeln gebe, außer den Quitten in anderer Leute Obstgarten.

Siggi grinste. „Zapfen", sagte er. „Fichtenzapfen zum Feuermachen."

„Ich nehm' dafür die geharzten Röllchen aus Holzwolle vom Raiffeisen. Steht Öko drauf."

„Papier ist geduldig. Oder sind die nicht sogar in Plastik verpackt?"

Hannes brummte unbestimmt. „Den Fichten die Kinder zu klauen, ist vielleicht auch nicht so toll."

„Fichten gehören hier nicht hin", verkündete Siggi. „Für die ist es hier viel zu warm und trocken." Dann machte er sich wieder auf den Pfad.

Schreiber ging hinter die Hütte. Vielleicht konnte er trotz der Schulter wenigstens die Brombeeren in die Schranken weisen, bevor sie die Weltherrschaft übernahmen. Unter den Ranken kauerte ein

Hase. Er drückte sich tief in die Sasse und ließ Schreiber auf zwei Meter herankommen, bevor er wegzischte.

Vor der Hütte stoppte ein Fahrzeug. Hannes ging hin. Mattes Frühauf hüpfte aus seinem Daihatsu und machte ein wichtiges Gesicht. Der Hals einer Weinflasche lugte aus der Seitentasche seiner Wachsjacke. Er stellte sie auf den Tisch auf dem Holzdeck und warf sich in einen der Gartenstühle.

„Hol die Gläser, Hannes. Et gitt wat zu feiern."

„Ist das nicht noch ein bisschen früh?"

„Nä." Mattes' Schweinsäugelchen blitzten. Die Sonne fing sich in den Rieslinggläsern, als er einschüttete. Sie nahmen einen Schluck. Er ging sofort auf den Kreislauf.

„Mer hann se, Hannes."

„Wen haben wir, Mattes?"

„Die Arschlöscher, wo den Hochsitz angesäscht hann."

Frühauf nahm die Wildkamera aus der Tasche und legte sie auf den Tisch wie ein rohes Ei. Er öffnete das Gehäuse und zog die Speicherkarte aus der Kamera. Hannes steckte sie in seinen Laptop. Die Bilder waren gestochen scharf. Sie zeigten ein Eichhörnchen, das auf der Kanzel herumturnte. Wie im Zeitraffer.

„Nette Fotos, Mattes. Fast so schön wie die von deinem Bock."

„Sei net so vorwitzig, du Labbes. Hier kimmt die Stell."

Auf dem Display tauchte eine Frau auf. Man sah sie nur von hinten. Auf dem nächsten Foto kletterte sie die Leiter hoch, dann saß sie auf der Hochsitzbank. Beim nächsten Bild hatte sie ein Handy vor den Augen, beim übernächsten auch.

„Die macht bestimmt en Video", flüsterte Frühauf, als habe er Angst, die Frau auf dem Bildschirm könnte ihn hören. Schreiber starrte auf seinen Computer. Ein neues Foto war aufgetaucht. Diesmal hatte die Frau das Handy vom Gesicht genommen und war deutlich zu erkennen.

„Die Kleine ist hartnäckig", sagte er, mehr zu sich selbst als zu Frühauf.

„Kennst du die?"

„Ja."

Mattes zappelte unruhig in seinem Gartenstuhl. Fast hätte er sein Weinglas umgekippt. „Is dat die Frau von dem Tierschützer aus Klüssert?"

Schreiber nahm noch einen Schluck Wein. „Die Frau ist Journalistin, Mattes. Sie war neulich hier an der Hütte und wollte mich ausfragen. Ich hab' sie abblitzen lassen. Jetzt treibt sie sich offensichtlich im Wald rum und recherchiert."

„Meinst du, die hat die Leiter angesäscht?"

„Mattes, die Frau ist Jägerin. Warum sollte die das machen?"

Frühauf nahm sein Hütchen ab und kratzte sich am Kopf.

„Ich ruf' sie mal an", sagte Schreiber.

Er ging in die Hütte, suchte die Karte, die sie ihm neulich gegeben hatte, fand sie unter der Kaffeedose und gab die Nummer ein. Es meldete sich eine Frauenstimme. Sie behauptete, sie sei die Mobilbox von 0106097616374 und bat ihn, seine Nachricht nach dem Ton zu sprechen. Hannes tat wie ihm geheißen. „Morgen Mirja, hier Schreiber vom Magazin. Rufen Sie mich bitte zurück."

Sie saßen noch eine Weile vor der Hütte und plauderten. Mattes jammerte über die Vollmast, die die Sauen von den Kirrungen fernhielt. „Isch gehen praktisch bis an de Knien in Eischeln. Datt geht schon drei Jahr so. Im Frühjahr drehn die Sauen dann dem Monzel die Weiden um. Isch werd noch arm dabei."

Als er die Flasche fast allein geleert hatte, sprang er auf. „Kumm, Hannes, mer kontrolleeren die Kirrungen. Vielleischt hat sich doch en Schwein da dran verirrt."

Schreiber verriegelte die Hütte, nahm Smokie unter den Arm und stieg zu Frühauf in den Wagen. Mattes kurvte kreuz und quer durchs

Revier. Überall das gleiche Bild. Die Sauen hatten den Mais unter den Steinen nicht angerührt. Zum Schluss nahmen sie den Grenzweg. Mattes wollte seine Wildkamera wieder installieren. „Irgendwann kummen die Arschlöscher noch mal. Glaub mir dat, Hannes."

Weit kamen sie nicht. Ein blau-weißer Polizeibus blockierte den Weg. Frühauf ließ den Daihatsu davor stehen. Weit und breit war kein Polizist zu sehen. Schreiber äugte in den Mannschaftswagen. Er war leer. Die beiden Hundeboxen im Heck standen offen.

Sie konnten sich keinen Reim auf die Sache machen und gingen zu Fuß Richtung Hochsitz. Unterwegs blieb Mattes plötzlich stehen. „Scheiß, Hannes. Isch hann die Leiter vergess."

Auf dem Rückweg hörten sie Stimmen. Sie kamen aus dem Feindlichen. Ohne Schreiber zu fragen, hielt Mattes darauf zu. Sie passierten die gezäunte Buchenschonung und kamen an den Drückjagdbock, auf dem Schulte-Appelhoff gesessen hatte, als ihn die Kugel traf. Schreiber bestieg ihn und sah sich um. In einiger Entfernung stand eine Gruppe Menschen. Zwei trugen Uniform. Einer der Polizisten hatte ihn entdeckt. Er warf den anderen ein paar Worte zu. Alle starrten Schreiber an.

„Kommen Sie sofort da runter", brüllte der Kleinste der Truppe. Hannes kannte die Stimme. Mattes auch.

„Leyendecker."

Schreiber verließ den Hochsitz. Frühauf, Smokie und er stiefelten auf die Gruppe zu. Leyendecker und Co. kamen ihnen entgegen.

‚Hat was von 'nem Shootout im Western', dachte Schreiber. Nur dass die Guten unbewaffnet waren, passte nicht ins Drehbuch. Beim Näherkommen erkannte Hannes, wen Leyendecker im Schlepptau hatte. Kommissar Lex und Mirja Thelen. Zwei Polizisten mit Belgischen Schäferhunden vervollständigten das Bild.

Als die Gruppen zusammentrafen, belferte Leyendecker los. „Was suchen Sie in unserem Revier? Machen Sie, dass Sie wegkommen!"

Hannes ignorierte den Schreihals. Er gab Mirja und Lex die Hand. Den beiden Uniformierten nickte er nur zu. Sie waren damit beschäftigt, ihre Hunde davon abzuhalten, Smokie in Stücke zu reißen.

„Kann ich helfen?", fragte Schreiber.

Lex lächelte dünn. „Für den Mann, den wir gerade in der Schonung gefunden haben, kommt jede Hilfe zu spät. Da waren die Wildschweine schon dran."

Schreiber wusste nicht, was er sagen sollte. Das passierte ihm selten.

Mattes Frühauf sprang ein. Mit vom morgendlichen Riesling geröteten Gesicht grinste er Leyendecker an. „Na, Ferdi, hast du wieder en Jäger obb der Streck? Legst du die eigentlich vor die Hirsche oder dahinter?"

Leyendecker ging hoch. „Das brauch' ich mir von dem Suffkopp nicht bieten lassen."

Lex legte ihm die Hand auf die Schulter. „Ruhig, Ferdi. Am besten, du gehst mit den Kollegen schon mal zum Wagen."

Murrend marschierte Leyendecker los. Schreiber schickte Frühauf hinterher. „Und lass den armen Kerl in Ruhe, Mattes."

Als die Truppe außer Hörweite war, wandte sich Hannes an den Hauptkommissar. „Ich denke, der Mann in der Dickung ist nicht an Herzinfarkt verschieden, oder? Können Sie mich auch kurz ins Bild setzen? Die Kollegin Thelen haben Sie ja sogar zum Tatort mitgenommen."

Ganz gegen seine Gewohnheit lächelte Lex diesmal nicht. „Sie irren, Herr Schreiber. Frau Thelen hat mich mitgenommen. Sie hat die Leiche gestern gefunden."

„Respekt", sagte Schreiber. „Lassen Sie mich raten, Mirja. Es war gegen zwei Uhr, oder?"

Lex und die Journalistin sahen sich an. Mirja zog die Schultern hoch und schob die Hände in die Taschen. „Von mir hat er das nicht."

Hannes bekam Oberwasser. „Täterwissen ist das auch nicht, Herr Lex. Sie sind gestern um Viertel vor zwei in unsere Fotofalle getappt, Mirja. Gegenüber von unserm Hochsitz hing eine Wildkamera. Die hat Sie aufgenommen. Ich denke, Sie haben die Leiche anschließend gefunden. Sonst hätten Sie nicht in aller Ruhe ein Video gemacht."

„Kann ich die Aufnahmen sehen?", fragte Lex.

Schreiber stellte sich dumm. „Unsere oder die von Frau Thelen?"

„Ihre natürlich. Die andere kenne ich schon."

„Klar. Frühauf hat die Kamera dabei."

Der Kommissar schob seine Brille zurecht. „By the way. Wo waren Sie eigentlich gestern um die fragliche Zeit?"

Hannes überlegte einen Augenblick. „Im Bett", sagte er dann.

Lex verkniff sich ein Grinsen. Nur seine Mundwinkel bewegten sich ein bisschen. „Allein?"

„Nein."

„Darf ich fragen, wer bei Ihnen war?"

Schreiber tat verlegen. „Es wäre mir lieber, wenn wir das unter Männern besprechen könnten."

Ohne ein Wort drehte Mirja Thelen ab und ging zum Polizeiwagen.

„Nun?", fragte Lex.

„Es ist mir etwas peinlich, Herr Hauptkommissar. Eigentlich tut man so was nicht. Aber beim Mittagsschlaf darf mein Hund zu mir ins Bett."

Lex wurde tatsächlich rot. Die Augen hinter der Hornbrille verengten sich zu Schlitzen. „Sehr witzig", zischte er. „Ein wasserdichtes Alibi sieht allerdings anders aus."

„Jetzt machen Sie aber mal 'n Punkt." Hannes hätte den Kripo-Mann am liebsten allein im Wald stehen lassen. Er hatte keine Lust, sich rechtfertigen zu müssen, weil bei Schulte-Appelhoffs die Hölle los war. Andererseits wollte er wissen, wen es in diesem verfluchten Wald nun wieder dahingerafft hatte. Er pflückte die Hirschlausfliege ab, die sich auf seinen Hals gesetzt hatte, zerquetschte sie zwischen den Fingern und schaltete einen Gang zurück.

„Dass Sie mich nach der ersten Leiche hopps genommen haben, kann ich ja noch verstehen", samtpfötelte er. „Ich war schließlich in der Nähe und hab' geschossen. Aber warum um alles in der Welt sollte ich den nächsten umnieten? Seh' ich aus wie'n Serienkiller?"

„Serienkiller sehen aus wie Sie und ich."

‚Klugscheißer', dachte Schreiber. Dabei war er nur wütend auf sich selbst wegen seiner blöden Frage.

„Wen hat es denn jetzt erwischt?"

Lex zögerte einen Moment mit der Antwort. „Kasimir Schulte-Appelhoff. Einen Vetter von Richard. Er wollte einen bestimmten Hirsch schießen. Hinter dem war er schon seit vielen Wochen her, sagt Leyendecker. Er soll sich beim Jagen ziemlich dumm angestellt haben."

Der Dorfheilige von Umba Umba. Hannes fasste es nicht. Wer hatte sich denn an dieser Knallcharge vergriffen? Dass er mit Sankt Kasimir noch vor kurzem telefoniert hatte, verschwieg Schreiber. Stattdessen fragte er Lex, ob der bei der Familie fündig geworden sei.

„Das Testament wird dieser Tage eröffnet", sagte der Kommissar. „Danach sehen wir weiter."

Kapitel 18

Schreiber hasste Beerdigungen. In den alten Zeiten, als der Azubi noch als Arsch zum Bierholen galt, hatten Auszubildende wie er den Kranz der Stadtverwaltung tragen müssen, wenn ein Beamter unter die Erde kam. Einmal war Hannes sogar am Samstag dazu verdonnert worden. Er hatte aufgemüpft. Von wegen ausbildungsfremder Arbeit. Seitdem musste er jeden Kranz tragen, den der versoffene Personalratsvorsitzende am Grab niederlegte. Es waren etliche zusammengekommen.

Richard Schulte-Appelhoffs Beerdigung war anders als alle, an denen Schreiber teilgenommen hatte. Seine Asche wurde in einem Friedwald in der Eifel bestattet. Den Termin hatte Hannes Wilma Matuschka entlockt, als er mit ihr über Kasimirs Tod telefonierte. Sie konnte sich beim besten Willen nicht vorstellen, dass Vetter Kasi ermordet worden war. „Wahrscheinlich hat der Trottel sich versehentlich selbst erschossen", ätzte sie.

Schreiber machte sich Sorgen wegen seines Outfits. Der schwarze Anzug, den er für die Beerdigung seiner Mutter gekauft hatte, hing in Hamburg. Er trug einen braunen Rolli unter seiner braunen Tweedjacke und dazu eine braune Cordhose. Dunkler ging's nicht. Er hoffte, damit nicht allzu sehr aufzufallen, und behielt Recht. Die Leute, die nach und nach auf dem Parkplatz eintrafen, trugen Kleidung in Farben, wie sie die Firma Barbour feilbot. Nur eine junge Frau kam ganz in Schwarz. Hannes hielt sie für die Pastorin, bis er sie von vorn sah. Mirja Thelen hatte den Dresscode, der auf dieser Beerdigung herrschte, offensichtlich nicht mitbekommen. Im schwarzen Trenchcoat stand sie neben ihrem kleinen Fiat und fremdelte.

Schreiber ging zu ihr und gab ihr die Hand. „Man kann nicht immer richtig liegen", sagte er mit Blick auf ihren Mantel.

Mirja guckte spärlich. „Woher wussten Sie denn, dass man sich bei dieser Beerdigung verkleidet wie auf der Jagdmesse in Dortmund?"

„Berufserfahrung."

Ihre Rehaugen blitzten wütend. Schreiber lachte.

„Dies war ein Witz, Frau Kollegin. Meinen schwarzen Anzug hab' ich nicht mit an die Mosel genommen. Sonst sähe ich genauso pechschwarz aus wie Sie. Steht Ihnen übrigens gut, der Trench. Dass er zu groß ist, fällt kaum auf, so wie Sie ihn tragen."

Mirja schien nicht zu wissen, ob sie sich über das Kompliment freuen oder über die Spitze ärgern sollte. Sie überlegte einen Moment, sagte: „Ich hab' mir den Mantel von meiner Ma geliehen", und lachte dann. Die Köpfe der Umstehenden fuhren herum.

„Kennen Sie hier jemanden?", fragte Schreiber.

„Einen Großneffen. Der hat mit mir die Jägerprüfung gemacht. Und Sie?"

„Richards ältere Schwester. Sie steht da drüben neben dem Range Rover. Die alte Dame mit dem halben Fasan am Hut. Ein verrücktes Huhn."

Schreiber war es rätselhaft, wie Wilma Matuschka gemerkt hatte, dass über sie geredet wurde. Sie stand 15 Meter entfernt und hörte scheinbar einer anderen Frau zu. Plötzlich drehte sie sich um und kam auf ihn zu. Dass sie am Stock ging, war ihm neu.

„Tag, Schreiber", sagte sie. „Wollen Sie mir nicht das Rabenvögelchen vorstellen, das Sie mitgebracht haben?"

„Morgen, Frau Matuschka. Das ist Mirja Thelen, eine aufstrebende freie Journalistin. Ich habe sie nicht mitgebracht. Frau Thelen hat selbstständig hergefunden."

Die Matuschka guckte grimmig. „Sagen Sie bloß, Sie waren die Frau, die Kasimir im Wald gefunden hat?"

Mirja nickte.

„Hätten Sie ihn bloß liegen lassen! Das hätte uns einigen Ärger erspart."

„Ich kann doch keinen Toten im Wald liegen lassen!"

„Warum nicht? Dann würde der Idiot jetzt die Buchen düngen und wäre am Ende doch noch für etwas gut."

Mirja kam nicht zum Antworten. Die Trauergemeinde machte sich auf den Weg in den Wald. Wilma Matuschka hakte sich bei einer vielleicht 40-jährigen Frau ein und setzte sich in die zweite Startreihe.

„Zu viel versprochen?", fragte Schreiber.

Mirja schüttelte den Kopf. „Die Alte hat sie nicht alle, oder?"

„Seien Sie nicht so streng. Senioren sind seltsam."

Sie schlossen sich dem Trauerzug an. Es waren sicher 300 Personen, die Richard Schulte-Appelhoff das letzte Geleit gaben. Hannes und Mirja gingen sehr weit hinten im Tross. Der Weg wand sich durch einen Bilderbuchenwald. Bäume jeden Alters, vom kleinsten Sämling bis zum Jahrhunderte alten Riesen, lebten hier zusammen. Ein paar Eichen gab es auch. Schreiber war angetan.

„Schöne Waldbilder. Vielleicht nicht die schlechteste Idee, sich hier beerdigen zu lassen."

„Mir wäre das zu trostlos. Nirgendwo ein bisschen Grün. Nicht mal Stechpalmen gibt's."

Nach 200 Metern stockte der Zug, die Spitze war am Ziel angekommen. Im Internet hatte Hannes gelesen, dass ein Grab in diesem Wald nicht Grab hieß, sondern RuheBiotop. Seitdem nannte er sein Bett in der Hütte so.

Die Trauergesellschaft verteilte sich im Halbkreis um den frisch aufgeworfenen Erdhügel unter einer der dicksten Buchen. Schreiber hielt Ausschau nach einem Priester oder einer anderen Gestalt, die als Zeremonienmeister durchginge. Er entdeckte niemanden. Nicht mal die Urne mit der Asche Richard Schulte-Appelhoffs war zu sehen.

Vermutlich hatten sie die mit Fischleim verklebte Buchenkiste, die sie in diesem Wald als Urne benutzten, schon ins Grab gesenkt, bevor die Trauernden am RuheBiotop eintrafen.

Als Hannes schon glaubte, diese Beerdigung werde völlig ohne Gewese über die Bühne gehen, tauchte von irgendwo eine Bläsergruppe auf. Die acht Herren trugen eine der Fantasieuniformen, ohne die deutsche Jagdbläser offenbar keinen Ton herausbrachten. Sie stellten sich hinters Grab, stemmten die linke Hand in die Hüfte und hoben auf Kommando das Horn. Schreiber hatte auch nach all den Jahren Mühe, die Jagdsignale auseinanderzuhalten. Es war einfach nicht seine Musik. Aber dass es sich bei dem ersten Stückchen, das die Bläser zum Besten gaben, um „Sau tot" handelte, erkannte sogar er.

Anderen schien die Bedeutung des Getrötes auch geläufig zu sein. Ein Tuscheln setzte ein, weiter hinten kicherte ein Frau, brach aber sofort ab, als alle Köpfe in ihre Richtung ruckten. Vorne am Grab stand Wilma Matuschka wie das Denkmal einer grande dame. Nur die Schwanzfedern des Fasans auf ihrem Hut vibrierten. Die deutlich jüngere Frau, an deren Arm sie hing, kämpfte mit den Tränen. Schreiber hielt sie für Carmen Appelhoff, die Tochter, die das Erbe des Toten antreten sollte – wenn es nach Wilma Matuschka ging. Neben ihr stand das Paar, das den Trauerzug angeführt hatte: eine überschlanke Frau von vielleicht 60 Jahren, die ihr Gesicht hinter einem Hutschleier verbarg, und ein halb so alter Mann mit breiten Schultern und schmalen Hüften. Das konnten nur Richards Witwe und ihr Sohn Rick sein. Rick schaute über die Gesellschaft hinweg in die Baumkronen. Sein gebräuntes Gesicht zeigte keine Regung.

Die Bläser setzten ihre Hörner ab. Der Bandleader flüsterte ein paar Worte. Auf das Kommando „Horn an!" flogen die Instrumente wieder hoch. Es kam, was kommen musste: Jagd vorbei und Halali. Die wenigen Männer, die einen Hut trugen, nahmen ihn beim Halali ab.

Als die Hörner verklungen waren, wandten sich die Witwe und ihr Sohn dem Grab zu. Die Frau ließ einen Strauß gelbe Rosen ins Loch fallen, ihr Sohn warf ein Schüppchen Lehm hinterher. Dann gingen sie, die Trauergemeinde teilend, zum Weg zurück.

Vorne waren die beiden Frauen ans Grab getreten. Sie blieben lange mit dem Rücken zum Volk stehen und stellten sich dann neben das Grab. Es sah so aus, als ob die jüngere Frau gern weggegangen wäre, aber Wilma Matuschka ließ sie nicht. Sie rührte sich nicht vom Fleck. Jeder, der am Grab vorbeidefilierte, gab den beiden die Hand und murmelte ein paar Worte. Einige Damen fielen der jüngeren Frau um den Hals und weinten. Als Schreiber nach einer Viertelstunde genug hatte, war nicht mal die Hälfte der Leute am Grab gewesen.

Während er die Szene beobachtet hatte, war ihm Mirja abhanden gekommen. Er sah sich nach ihr um und entdeckte sie auf dem Weg, der zum Parkplatz führte. Sie stand neben dem breitschultrigen Mann, den er für Rick Appelhoff hielt, und plauschte. Als Hannes hinzukam, lud der Mann sie gerade zur Jagd ein. „Rufen Sie mich an, Mirja. Dann lernen Sie unser Revier mal von seiner schönen Seite kennen."

Dann drehte er ab und führte die Frau mit dem Schleier zum Wagen.

„Ich dachte, Sie kennen hier nur einen weitläufigen Verwandten", sagte Schreiber.

„Sie erzählen mir auch nicht alles, was Sie wissen, Häuptling Flinke Feder."

Schreiber steckte den Spruch weg. Die Frau war um keine Antwort verlegen. „Ich hoffe, Sie haben den hübschen Rick auch gefragt, warum er ‚Sau tot' blasen ließ."

„Ja."

„Und was hat er geantwortet?"

„Fragen Sie ihn doch selbst."

Das tat Hannes denn auch. Er hastete hinter dem Junior her, erreichte ihn am Parkplatz und stellte sich vor. Rick Schulte-Appelhoff hielt seiner Mutter die Tür des Volvos auf und schloss sie hinter ihr.

Schreiber stellte sich ihm in den Weg. „Nur eine Frage, Herr Schulte-Appelhoff. Halten Sie es nicht für ein bisschen ungewöhnlich, ‚Sau tot' auf einer Beerdigung blasen zu lassen?"

Der junge Mann straffte sich. Er war etwas kleiner als Schreiber, aber fast doppelt so breit. In den Schultern jedenfalls.

„Honi soit qui mal y pense", sagte er und für Dumme und Journalisten noch mal auf Deutsch: „Ein Schuft, wer Böses dabei denkt. ‚Sau tot' war das Lieblingssignal meines Vaters. Er hat oft gesagt, dass wir es auf seiner Beerdigung spielen sollen."

„Ihr Vater scheint Humor gehabt zu haben. Können wir uns mal in Ruhe über ihn unterhalten?"

Rick Appelhoff schüttelte den Kopf. „Mein Vater hat sein Leben lang die Öffentlichkeit gemieden." Er stieg in den Volvo und brauste davon.

Hannes hätte gern gewusst, was Mirja angestellt hatte, um von diesem Kerl zur Jagd eingeladen zu werden. Sie verriet es ihm nicht.

Kapitel 19

Zurück in der Hütte warf Schreiber den Ofen an. Seine Harzröllchen gingen zur Neige. Er dachte an Siggi, den Sammler, und dessen Fichtenzapfen und nahm sich vor, beim nächsten Gang mit Smokie welche zu sammeln. Es gab nicht viele Fichten im Revier, aber Kiefernzapfen würden es sicher auch tun. Er kochte sich einen Tee und aß das Stück Käsekuchen, das er unterwegs erstanden hatte.

Hannes brauchte einen großen Bogen Papier und fand keinen. Am Ende nahm er den Kalender von der Wand. Die Rückseiten der Blätter waren weiß. Er riss den Monat Mai mit dem braven Bock heraus, legte ihn auf den Küchentisch und malte Kreise. Hinein schrieb er die Namen der Leute, die mit Richard Schulte-Appelhoff in Verbindung standen. Es waren mehr, als er gedacht hatte: Rick Appelhoff und seine Mutter, die um ihr Erbe bangten. Wilma Matuschka und ihre Nichte Carmen, die hoffte, den Laden zu übernehmen. Die Geliebte des Toten, die ihren Reiterhof verlieren könnte. Ferdi Leyendecker, dessen Tage als Jagdaufseher vielleicht gezählt waren, nachdem der Clan-Chef unter der Erde war.

Die Bambibeschützer nicht zu vergessen. Um die hatte Schreiber sich seit der verrückten Aktion mit Mattes Frühauf nicht mehr gekümmert. Er hatte ihre Namen nicht im Kopf, fand sie im Smartphone und schrieb sie in einen leeren Kreis. Max Meinold und Sophie Herres. Hannes vermutete, dass sie seinen Hochsitz angesägt hatten. In der Hand hatte er nichts gegen sie. Mehr als eine Abfuhr konnte er sich nicht holen, wenn er sie zur Rede stellte.

Dann war da noch der tote Kasimir. Der passte überhaupt nicht ins Bild. Vielleicht, weil Schreiber nichts von ihm wusste außer den Jagdgeschichten, die Kasi ihm erzählt hatte. Irgendjemand hatte den

Scherzkeks offenbar nicht witzig gefunden und ihn völlig humorlos erschossen. Falls er sich nicht aus Dummheit selbst entleibt hatte, wie Madame Matuschka vermutete. Welche Variante zutraf, sollten Lex und seine Leute herausfinden können.

Schreiber dachte nach. Wer fehlte noch? „Ich natürlich", sagte er und schrieb seinen Namen in den letzten freien Kreis. Im Fall Richard Schulte-Appelhoff gehörte er immer noch zum Kreis der Verdächtigen, genau wie die anderen Schützen, die an der Drückjagd teilgenommen hatten.

Er malte einen Pfeil von seinem Kreis zu Richards und verband auch die anderen Kreise mit Linien. Auf die Striche kritzelte er in Kürzeln die Verbindungen, in der die Leute zueinander standen, und die Motive, die sie haben könnten. Nach einer Stunde war der Bogen übersät mit Kreisen, Pfeilen und Schreiberschen Hieroglyphen. Hannes pinnte den Bogen mit Heftzwecken an die Küchenwand. So konnte er immer wieder einen Blick darauf werfen und neue Erkenntnisse notieren.

Um kurz vor drei klingelte das Telefon. Schreiber sah aufs Display. Bartelmus. Früher hatte er sich gefreut, wenn Bartelmus anrief. Er mochte den raubauzigen Ton, den Stefan anschlug. Dass er sein Ressortleiter war, hatte damals keine große Rolle gespielt. Stefan und er waren ungefähr gleich alt, gleich lange beim Magazin und sagten gleich offen ihre Meinung. Nachdem Bartelmus Chefredakteur geworden war, hatte sich ihr Verhältnis verändert. Stefans Sprüche verloren an Witz. Sein Ton wurde härter und fordernder. Er gab den Druck des Verlags, unter dem er stand, nach unten weiter. Seitdem bekam Schreiber ein mulmiges Gefühl, wenn der Name Bartelmus auf dem Display leuchtete.

„Hallo, Stefan."

„Na, Hannes, hast du jetzt den nächsten Schulte-Appelhoff umgepustet?"

„Die Familie ist weitläufig. Da komm ich mit dem Killen kaum nach."
„Kanntest du diesen Kasimir?"
„Kennen ist übertrieben. Ich habe einmal mit ihm telefoniert."
„Und?"
„Ein Erzschwätzer. Prahlte mit seinen Jagdreisen, kriegte hier aber kein Stück Wild an die Erde."
„Wer legt denn so einen um?"
„Gute Frage."
Bartelmus räusperte sich. „Pass auf, Hannes. Alle anderen haben diese Woche Schulte-Appelhoff-Geschichten im Blatt. Nur wir nicht. In der Konferenz hat die Wirtschaft heute Morgen randaliert. Du kennst Gatzke. Der bläst sich auf wie ein Ochsenfrosch. Sie hätten einen Informanten aus der Familie, dürften aber nichts schreiben, weil ein Magazin-Reporter im Sabbatjahr den Waldschrat mimt."
„Der Mann redet in Rätseln."
„Ich hab' gesagt, dass du unser Mann für die Geschichte bist, Hannes. Weil du vor Ort bist und die Zusammenhänge kennst. Aber im Prinzip hat Gatzke natürlich Recht. Wir können nicht warten, bis rauskommt, wer's war. Wir sind nicht der Hundertjährige Kalender. Wir erscheinen jede Woche."
„Das hatte ich einen Moment lang vergessen, Stefan. Gut, dass du mich erinnerst."
„Jetzt werd nicht pampig, Schreiber. Ich will dir die Geschichte nicht wegnehmen. Aber du musst dich mit Gatzke an einen Tisch setzen. Dann hört ihr euch den Whistleblower an und du schreibst die Geschichte. Die Wirtschaft soll meinetwegen das Stück produzieren. Also: Wann kannst du in Hamburg sein?"
Hannes überlegte nicht lange. Sabbatjahr hin oder her, wenn er aus der Schulte-Appelhoff-Geschichte flöge, wäre sein Standing in Hamburg ruiniert. Dann könnte er gleich in den Vorruhestand gehen. Ob er das wirklich wollte, wusste er noch nicht.

„Reicht morgen Mittag, Stefan?"

„Komm lieber um neun. Nimm einfach den nächsten Flieger."

Schreiber buchte einen Platz auf dem letzten Flug von Köln/Bonn nach Hamburg und ein Hotelzimmer in der Nähe des Verlages. Seine Wohnung in Ottensen konnte er nicht benutzen. Er hatte sie für das Sabbatjahr an ein Ehepaar aus der Innerschweiz vermietet. Die Erbsenzähler aus der Spesenabteilung würden die Hotelrechnung schlucken müssen.

Dann packte er seine städtischen Klamotten in die Reisetasche und brachte Smokie zu Mattes Frühauf in Pension. In ein paar Tagen wollte er zurück sein.

Hannes lag im Hotelbett und fand nicht in den Schlaf. Der Sound der Großstadt hielt ihn wach. Um halb eins war er das Herumwälzen leid. Er stand auf, schlug sein Wasser ab und warf das Laptop an. Er googelte Kasimir Schulte-Appelhoff und fand eine Menge Meldungen über seinen Tod. Manche Online-Redaktionen spekulierten über einen Zusammenhang mit dem Tod des Clan-Chefs. Einen Beweis blieben sie schuldig. Woher wollten sie den auch haben? Hauptkommissar Lex von der Trierer Kripo ließ sich mit dem Satz zitieren: „Wir ermitteln in alle Richtungen." Na toll.

Aus Spaß an der Freud' sah Schreiber sich nochmal die Fotosequenzen an, die Mattes' Wildkamera geschossen hatte. Er bestaunte die Turnkünste des Eichhörnchens und sah sich die Kollegin Thelen genauer an. Diese Mirja war eine attraktive Frau mit schmalem, entschlossenem Gesicht und langen, braunen Haaren. Die mochten unpraktisch sein, weil sie sie sich immer wieder aus dem Gesicht streichen musste. Aber sie machten was her.

Hannes sah versonnen auf den Bildschirm. Seitdem er sich vor zwei Jahren bei einem Job in den Karpaten unglücklich in eine Wildbiologin verliebt hatte, wusste er, dass er nicht mehr in dieser Liga spielte. Katharina war ungefähr so alt wie Mirja. Bei Schreiber reichte es nicht mal mehr für die Alte-Herren-Mannschaft seines Heimatvereins Schwarz-Weiß Eppendorf. Selbst bei den Ü-50-Oldies galt er als Auslaufmodell.

Katharina und er waren klug genug gewesen, nichts miteinander anzufangen, obwohl sie sich sehr mochten. Hannes trug noch immer den Ring mit dem grünen Stein, den Katharina ihm zum Abschied geschenkt hatte. Als Dank dafür, dass er sie aus dem Knast geholt hatte.

Auf dem Display des Laptops tauchte wieder ein Eichhörnchen auf. Schreiber konnte sich nicht erinnern, es gesehen zu haben, als er die Fotos an der Hütte mit Mattes zum ersten Mal angeschaut hatte. Wahrscheinlich hatten sie vorher Schluss gemacht. Das possierliche Tierchen war auf vier Fotos zu sehen.

Am letzten Bild blieb Hannes hängen. Im Hintergrund, wo die Aufnahme verschwamm, stand ein Mensch. Er war nur schemenhaft zu erkennen. Sein Gesicht war vom Betrachter abgewandt. Schreiber las die Uhrzeit auf dem Foto ab. 14:11. Das letzte Bild, das die Wildkamera von Mirja geschossen hatte, war um 13:48 entstanden. Der Mensch auf dem Bild mit dem Eichhörnchen musste also den Schuss, der Kasimir Schulte-Appelhoff getroffen hatte, gehört haben. Mindestens gehört. Vielleicht auch abgegeben. Hannes nahm sich vor, mit Lex darüber zu reden, wenn er zurück war.

Er klappte das Laptop zu und legte sich wieder ins Bett. Natürlich war an Einschlafen nicht zu denken. Erst nach einer Stunde fiel er in einen unruhigen Schlaf. Er träumte wirres Zeug, an das er sich morgens nicht mehr erinnern konnte.

Nach dem Frühstück ging er zum Verlagshaus. Er hatte noch etwas Zeit und strolchte die Elbe entlang. Hamburg im Herbst hieß Schmuddelwetter. Regen sprühte, Böen kabbelten das Hafenwasser.

Die Fressbuden an den Landungsbrücken stanken nach kaltem Frittenfett. Hannes machte kehrt.

Im Verlag passierte er die Gorillas, die eine Security-Firma in dunkle Anzüge gesteckt hatte, und machte sich auf den Weg in die Redaktion. Ein merkwürdiges Gefühl. Alles hochvertraut und fremd zugleich. In sechs Wochen an der Mosel hatte er eine Menge Abstand gewonnen.

Die Wirtschaftsredakteure hausten im zweiten Stock. Auf der Treppe blieb Schreiber stehen und schickte Bartelmus eine SMS. „Bin bei den Kommerzienräten." Dann ging er rein.

Gerd Gatzke lümmelte hinter seinem Schreibtisch. Jedenfalls nahm Hannes an, dass Gatzke der Mann hinter der aufgeschlagenen Zeitung war. Er stellte seinen Bürorucksack mit dem Laptop möglichst geräuschvoll auf den Tisch. Die Zeitung senkte sich und Gatzkes Glatzkopf erschien. Sein kurz nach dem Studium ausgefallenes Haupthaar hatte Gatzke den wenig originellen Spitznamen Glatzke eingetragen. Der hatte sich derart eingebürgert, dass ihm der Regierungssprecher in der Bundespressekonferenz kürzlich mit einem „Bitte schön, Herr Glatzke vom Magazin" das Wort erteilt hatte. Seitdem schienen seine Hamsterbacken noch ein Stück tiefer gerutscht zu sein. Sie lagen auf dem Kragen seines hellblauen Hemdes.

„Schreiber", sagte er. „Das ging aber schnell. Ich wähnte Sie noch im Wald."

„Wenn bei der Wirtschaft Not am Mann ist, eile ich zu Hilfe."

Gatzke zog seine Lesebrille mit dem Zeigefinger auf die Nasenspitze. „So kann man das auch sehen", sagte er und griff zum Telefon. „Borchert, kommen Sie bitte rüber. Schreiber ist hier."

Gatzke stand auf, öffnete die Bürotür ein Stück und orderte Kaffee. Dann setzte er sich an den Besprechungstisch und wies Schreiber den Platz gegenüber zu. „Ich hab' gehört, Sie haben ein Menge Ärger im Sabbatjahr."

Ehe Hannes antworten konnte, klopfte es an der Tür. Eine der Sekretärinnen, die jetzt Redaktionsassistentinnen hießen, brachte ein Tablett mit den Kaffeeutensilien. Hinter ihr schlüpfte Dieter Borchert in den Raum. Schreiber kannte ihn von gemeinsamen Recherchen. Borchert war um einiges jünger und seine freundliche Art, mit den Leuten umzugehen, brachte viele ans Reden. Die Rolle des good guys brauchte Dieter nicht zu spielen. Er war ein guter Junge. Im Team mit Borchert hatte Hannes den bad guy gegeben. Was ihm nicht schwer fiel. Die beiden arbeiteten gern zusammen. Sie begrüßten sich grinsend.

Gatzke verteilte die Kaffeetassen und goss ein. „Am besten, wir bringen uns gegenseitig auf den Stand der Erkenntnisse", sagte er und begann, Rolle und Bedeutung der Schulte-Appelhoffs im Wandel der Zeiten zu referieren. Es ging nicht über das hinaus, was man im Internet finden konnte. Aber Gatzke war nicht umsonst Ressortleiter Wirtschaft beim Magazin. In hunderten Redaktionskonferenzen hatte er gelernt, bekannte Fakten als hochkarätige Hintergrundinformationen zu verkaufen.

Borchert und Schreiber machten einen interessierten Eindruck. Sie süffelten Kaffee, beknabberten Kekse und nickten an den von Gatzke dafür vorgesehenen Stellen.

Als Nächster war Hannes dran. Er berichtete von der Eigenjagd der Appelhoffs und den Zuständen, die dort herrschten.

Gatzke unterbrach ihn. „Dies ist ein freies Land, Schreiber. Wenn mir der Wald gehört, kann ich so viele Wildschweine darin herumgrunzen lassen, wie ich will."

Schreiber schnaufte. Wie sich Wirtschaftsredakteure die Welt vorstellten, fand er seit Jahren nicht mehr lustig. „Viele Sauen kriegen Sie, wenn Sie viel füttern, Herr Gatzke. Aber Füttern ist in Rheinland-Pfalz grundsätzlich verboten. Nur in Notzeiten dürfen Sie Ihr Wild päppeln. Nachdem die untere Jagdbehörde Ihnen das genehmigt hat."

„Untere Jagdbehörde. Wenn ich das schon höre! Vermutlich gibt es auch eine mittlere und ein obere Jagdbehörde. Typisch deutsch. In England lässt sich kein Landbesitzer vorschreiben, ob er seine Wildschweine füttern darf oder nicht."

Gatzke hatte an der London School of Economics studiert. In jeder Diskussion kam er irgendwann auf das Vereinigte Königreich von Großbritannien und Nordirland zu sprechen, ob es passte oder nicht. Diesmal passte es nicht.

„In England können Sie keine Wildschweine füttern", sagte Schreiber.

Gatzke blies die Hängebacken auf. „Und warum nicht?"

„Weil es in England keine Wildschweine gibt."

Hannes gönnte sich darauf einen Schluck Kaffee und kam auf die Drückjagd zu sprechen, bei der der Clan-Chef den Tod gefunden hatte. Seinen ersten Schuss, der den Hirsch gefehlt hatte, ließ er aus. Den Streit mit Leyendecker natürlich nicht. Als Schreiber den SEK-Einsatz an der Hütte und seine Zeit im Polizeigewahrsam schilderte, wurde selbst Gatzke ruhig.

Dann nahm Hannes den Monat Mai aus seinem Rucksack, faltete das Kalenderblatt auf, strich es glatt und dozierte eine Viertelstunde über die Mitglieder der Familie Appelhoff und die Verhältnisse, die zwischen ihnen herrschten. Gatzke wurde noch ruhiger. Er hatte offensichtlich nicht damit gerechnet, dass Schreiber irgendetwas über die pressescheue Bagage herausbekommen hatte.

„Ich wüsste gern, was bei der Testamentseröffnung herausgekommen ist", sagte Schreiber zum Schluss. „Die sollte Anfang dieser Woche über die Bühne gehen, hörte ich von der Kripo. Ich hab' ein paar Mal versucht, Wilma Matuschka zu erreichen. Das ist Richards Schwester. Sie geht nicht ans Telefon."

Als er fertig war, schüttete er sich noch einen Kaffee ein und sah aus dem Fenster. Auf dem Spitzdach des Nachbarflügels hockte der

Sperber. Schreiber hatte den Greif schon öfter auf dem Verlagshaus gesichtet. Er machte Jagd auf die Spatzen, die von den Touristen an der Elbe lebten. Wenn er einen geschlagen hatte, schwang sich der Sperber mitsamt seiner Beute aufs Magazin-Dach. Dort rupfte er den Spatzen und atzte ihn Stück für Stück. Sensible Seelen unter den Magazin-Mitarbeitern schlossen bei dieser Gelegenheit die Jalousien.

„Vielleicht hilft uns zum Thema Testament der Mensch, der Montag hier angerufen hat." Borchert hatte die ganze Zeit geschwiegen. Das war seine Art, die zahllosen Meetings zu überstehen. Er sprach nur, wenn er etwas zu sagen hatte. Ansonsten döste er.

„Wer ist der Typ, Dieter?"

„Ein Wirtschaftsanwalt namens Pfäffli. Er vertritt ein führendes Mitglied der Familie Schulte-Appelhoff, sagt er jedenfalls. Sein Mandant und er wollen mit uns reden. Gegen ein kleines Honorar, versteht sich."

„Wie viel?"

„50 000."

„Für das Geld müsste er uns den Mörder auf dem silbernen Tablett servieren."

„Das hab' ich ihm auch gesagt."

„Was hat er geantwortet?"

„Wir sollten uns erst mal kennenlernen. Dann käme man sich sicher näher. Wen er vertritt, hat er nicht gesagt."

„Habt ihr schon ein Treffen ausgemacht?"

„Ja. Morgen Mittag um zwölf im Hotel Sonne in Küsnacht mit einem S. Eine feine Adresse direkt am Zürichsee."

Beim Stichwort Küsnacht dämmerte es Schreiber. Er hatte das Wort vor kurzem gelesen und das fehlende zweite S für einen Tippfehler gehalten. Küssnacht mit zwei S kannte jeder aus Wilhelm Tell. „Durch diese hohle Gasse muss er kommen. Es führt kein anderer Weg nach Küssnacht."

Hannes sagte: „Moment", klappte sein Laptop auf und klickte auf eines der Dokumente, die von dem ominösen USB-Stick stammten. Es war die Einladungsliste zur Drückjagd. Als Suchbegriff gab er Küsnacht ein. Im nächsten Augenblick hatte er die Adresse. Er ließ es sich nicht nehmen, sie in voller Länge vorzulesen: „Konrad Schulte-Appelhoff, Seestraße 34, CH-8700 Küsnacht, Schweiz."

Gatzke schien beeindruckt. „Kennen Sie den etwa auch?"

„Als Waldschrat kann man nicht jeden kennen, Herr Gatzke. Ich könnte zwar versuchen, etwas über ihn herauszukriegen. Aber damit warten wir besser bis nach dem Gespräch. Sonst bebt bei Appelhoffs der Busch vor lauter Trommeln. Wir sollten unseren Whistleblower in spe nicht nervös machen. Ich kann aber mal gucken, wo er bei der Jagd gesessen hat."

Schreiber klickte auf Leyendeckers Drückjagd15.docx. Konrad Schulte-Appelhoff hatte auf Stand Nummer drei gesessen. Dann suchte er den Sitz auf der Revierkarte. Er fand ihn nicht weit von Richards Drückjagdbock entfernt.

Kapitel 20

Am nächsten Morgen flogen Borchert und Schreiber in die Schweiz. Hannes staunte jedes Mal, wenn es ihn von Hamburg nach Zürich verschlug, wie sehr sich die Städte ähnelten. Beide waren nicht die Hauptstadt ihres Landes, ließen es sich aber nicht anmerken. Sie waren alt und reich. Über Hamburg herrschten Kaufleute und Reeder, die das gemeine Volk als „Pfeffersäcke" verspottete. In Zürich regierten die Banker, die wegen ihrer unterirdischen Golddepots den Spitznamen „Zwerge von Zürich" trugen. Die Herrschaft des Papstes hatte das Bürgertum beider Städte vor 500 Jahren abgeschüttelt. Die Hamburger Patrizierin betete im evangelischen Michel, ihre Zürcher Schwester im reformierten Großmünster.

Und beide Städte hingen am Wasser. Was dem Hamburger die Elbe, war dem Zürcher die Limmat. Der Hanseat ruderte auf der Außenalster, der Eidgenosse segelte auf dem Zürichsee. Und doch war Zürich anders. Es war – in jedem Sinne des Wortes – nicht so kalt wie Hamburg. Schreiber wusste nicht, ob es am südlicheren Licht lag oder an den Bergen, die sich bei Föhn zum Greifen nahe hinter dem See auftürmten. Oder schlicht daran, dass Hamburg für ihn Alltag war und Zürich nicht.

Das Küsnacht mit einem S lag eine Viertelstunde südlich der Innenstadt an dem Seeufer, das die Schweizer „Goldküste" nannten. Sie nahmen die S-Bahn. Vom Bürkliplatz nach Küsnacht zu schippern, wäre stilvoller gewesen, aber Hannes konnte sich nicht durchsetzen.

„Wir sind nicht zum Möwenfüttern hier", meinte Borchert.

Unterwegs erzählte der Wirtschaftsredakteur, was er über die Goldküste wusste. Zum Beispiel, dass an ihren Hängen neureiche Promis wie Roger Federer oder Tina Turner hausten. Es gebe aber auch eine Menge altes Geld. Zum Teil stamme es aus Deutschland. „Ein oder zwei Faber-Castells sitzen hier und von einem Schulte-Appelhoff wissen wir jetzt ja auch."

Die „Sonne" lag direkt am See. Es war ein gediegenes Hotel, in dessen Biergarten es sich im Sommer sicher gut sein ließ. Jetzt hatten die Schatten spendenden Platanen ihr Laub verloren. Die flecktarnfarbenen Stämme verzweigten sich zu knorrigen, flachen Kronen. Auf dem See schaukelten Stockenten in den Wellen, die die Helvetia ans Ufer warf.

Schreibers Handy klingelte. Er sah aufs Display. Thomas Lex.

„Was kann ich für Sie tun, Herr Hauptkommissar?", fragte er, ohne sich zu melden.

„Sie könnten mal bei mir vorbeikommen. Ich habe eine Frage."

„Geht nicht. Ich bin jetzt in Zürich und anschließend in Hamburg."

„Sabbatjahr schon vorbei?"

„Nur unterbrochen, hoffe ich."

„Vielleicht können Sie meine Frage auch jetzt gleich beantworten. Wir haben Kasimir Schulte-Appelhoffs Telefonkontakte während der letzten Monate überprüft. Dabei sind wir auf Ihre Mobilnummer gestoßen. Sie haben kurz vor seinem Tod lange mit Kasimir telefoniert."

„Überrascht Sie das?"

„Mich interessiert, worüber Sie geredet haben."

„Über Bären, Menschenfresser und Gin und Tonic."

Lex sagte nichts.

„Sind Sie noch dran?", wollte Schreiber wissen.

Der Kripo-Mann schnaubte. „Verarschen kann ich mich allein."

„Ich scherze nicht, Herr Lex."

„Dann erklären Sie mir bitte diesen Quatsch."

„Geht jetzt nicht. Ich habe einen wichtigen Termin. Ich melde mich bei Ihnen, sobald ich zurück an der Mosel bin. Bis dann."

Schreiber drückte Lex weg. Borchert sah ihn irritiert an. „Bären, Menschenfresser und Gin und Tonic. Sag mal, Hannes, hast du was Falsches geraucht?"

„Nein, aber manchmal komme ich mir in diesem Job tatsächlich so vor als ob."

Sie gingen ins Hotel. Dieter, der wie immer bei solchen Terminen einen Anzug und Krawatte trug, erkundigte sich, ob Rechtsanwalt Pfäffli schon eingetroffen sei.

Man brachte sie in die Guggenbühlstube im ersten Stock, einen ganz und gar holzvertäfelten Raum. Er wirkte dennoch nicht düster, weil Wände und Decke weiß lackiert waren. Die beiden Männer, die den viel zu großen Tisch bevölkerten, erhoben sich, als Borchert und Schreiber eintraten. Sie trugen Anzüge und knöpften die Jacke zu, nachdem sie aufgestanden waren.

Hannes brauchte nicht bis zur Vorstellung warten, um zu wissen, wer von beiden Konrad Schulte-Appelhoff war. Der schlanke, alte Herr mit dem vollen, weißen Haar und den wässrig blauen Augen ähnelte Wilma Matuschka auffallend. Sein Rechtsanwalt ging wie Schreiber auf die 60 zu. Pfäffli war der Businesstyp, den man morgens im ersten Flieger von Hamburg nach München sah und sofort wieder vergaß.

Man gab sich die Hand, tauschte Karten und Floskeln aus und setzte sich an den ovalen Tisch. Schreiber hatte vorgeschlagen, dass Borchert das Reden weitgehend übernehmen sollte. Dieter arbeitete seit Jahren in Gatzkes Ressort und kannte die Gepflogenheiten der Wirtschaftsheinis.

„Sie hatten sich bei uns gemeldet, Herr Pfäffli", begann er. „Am besten, Sie stellen uns zunächst Ihr Anliegen dar."

Der Anwalt warf Schulte-Appelhoff einen Blick zu. Auf dessen Nicken begann er zu reden.

„Wir haben die Berichterstattung in der deutschen Presse verfolgt und uns gewundert, dass das Magazin zum Tode Richard Schulte-

Appelhoffs nur eine kurze Meldung gedruckt hat. Wie darf ich Ihre Zurückhaltung deuten? Haben Sie kein Interesse an der Sache oder liegt es daran, dass Sie persönlich in den Fall verwickelt sind, Herr Schreiber?"

Hannes zwang sich zur Ruhe. Er nahm einen Schluck Konferenzwasser, ehe er antwortete. „Natürlich ist der Tod des Familienoberhaupts der Schulte-Appelhoffs für das Magazin ein Thema. Sonst säßen wir nicht hier. Wir haben bisher nichts gebracht, weil wir nicht das gleiche langweilige Zeug schreiben wollten wie die Konkurrenz. Man weiß zu wenig über die Familie. Und was meine persönliche Verwicklung angeht, Herr Pfäffli: Falls Richard Schulte-Appelhoff von einer verirrten Kugel getroffen wurde, könnte sie natürlich von mir stammen. Oder von einem anderen Schützen, der in der Nähe saß."

Der alte Herr mit den weißen Haaren warf auf. „Was wollen Sie damit sagen?"

„Dass man nicht mit Steinen werfen sollte, wenn man im Glashaus sitzt, Herr Schulte-Appelhoff."

„Mich hat die Polizei nicht eingesperrt, Herr Schreiber."

„Über Sie hat Ihr Jagdaufseher auch kein dummes Zeug erzählt."

Borchert trat Hannes unter dem Tisch gegen das Bein. Ihm war selbst klar, dass er den Streit nicht eskalieren lassen durfte.

„Wenn Ihr Vetter wirklich von einem Abpraller getroffen wurde", sagte er etliche Dezibel leiser, „dann werden wir nicht erfahren, wer der Unglücksschütze war. Die Spuren am Geschoss sind bei der Obduktion zerstört worden. Es ist sinnlos, sich gegenseitig zu verdächtigen."

In die Stille, die dem Wortwechsel folgte, hüstelte Pfäffli.

„Vielleicht lassen Sie es dabei bewenden, Herr Schreiber. Dann können wir endlich zur Sache kommen."

Für den Spruch hätte Hannes dem Rechtsanwalt am liebsten eine reingehauen. Ein zweiter Tritt unter dem Tisch hielt ihn davon ab.

Konrad Appelhoff saß aufrecht im Stuhl und strich über das Blatt Papier mit der Sonne, das vor ihm lag.

„Zunächst habe ich eine Frage zum Procedere", sagte er, als sei nichts gewesen. „Wenn ich Ihnen Interna der Familie erzähle und wir werden uns am Ende nicht einig, was machen Sie dann mit den Informationen?"

„Vergessen", sagte Borchert. „Wir vergessen Sie einfach."

„Und das soll ich Ihnen glauben?"

„Ja", sagte Dieter. „Schauen Sie, Herr Schulte-Appelhoff. Sie sind Kaufmann. Sie wollen uns Informationen verkaufen. Wie sollen wir wissen, ob wir Ihre Informationen brauchen können? Und wenn ja, welchen Wert sie für uns haben? Solange wir Ihre Infos nicht kennen, können wir gar nichts dazu sagen."

Schulte-Appelhoff schwieg.

Borchert legte nach. „Wir machen so etwas heute nicht zum ersten und auch nicht zum letzten Mal. Wenn wir unsere Informanten reinlegen würden, spräche sich das schnell herum. Dann erzählt uns bald niemand mehr etwas."

Der Alte sah Borchert an. „Können Sie mir Referenzen nennen? Leute, die mit Ihnen auf diese Art zusammengearbeitet haben?"

„Nein, das können wir auf keinen Fall. Oder möchten Sie, dass ich dem nächsten Informanten aus der Wirtschaft erzähle, wir hätten mit Konrad Schulte-Appelhoff zur beiderseitigen Zufriedenheit gedealt?"

Man merkte, dass der alte Mann mit sich rang. Borchert bot ihm eine Denkpause an. „Wenn Sie sich mit Ihrem Anwalt beraten möchten, gehen mein Kollege und ich für eine Viertelstunde raus und genießen den Blick über den Zürichsee."

Advokat Pfäffli nickte. Appelhoff schüttelte den Kopf. „Nein, das brauchen Sie nicht. Sie haben vermutlich Recht. Niemand kauft eine Katze im Sack. Ich hoffe, ich kann mich auf Ihre Vergesslichkeit verlassen, wenn wir nicht zusammenfinden, meine Herren."

Schreiber tippte mit dem rechten Zeigefinger ans rechte Ohr und dann dem linken ans linke. „Da rein, da raus."

„Nun gut." Der alte Herr sah die Reporter nicht an. Er betrachtete das Männerbildnis im Goldrahmen, das auf der weißen Holzwand deplatziert wirkte. „Richard war mein Vetter. Unsere Väter waren Brüder. Richard und ich sind zusammen aufgewachsen. Wir waren Freunde und haben uns in geschäftlichen und persönlichen Fragen ausgetauscht. Was das Geschäft anging, waren wir meist einer Meinung, im persönlichen Leben öfter auch nicht."

Borchert nutzte die Pause, die Appelhoff einlegte, für eine Zwischenfrage. „Ihre Familie war gegenüber uns Journalisten bisher sehr zugeknöpft. Wir wissen so gut wie nichts darüber, wie Ihre Holding funktioniert."

„Unser Büro in Luxemburg erledigt das operative Geschäft und bereitet strategische Entscheidungen für den Familienrat vor. Der beschließt dann."

„Wer arbeitet in Ihrem Family Office?"

„Etwa zwei Dutzend Angestellte unter der Leitung des Vorsitzenden des Familienrates. Bis zu seinem Tode war das mein Vetter Richard."

„Und wer folgt ihm nach?"

Schulte-Appelhoffs Blick löste sich von dem Mann im Goldrahmen. Er knetete seine Hände und sah auf ihre papierdünne Haut, unter der sich blaue Adern wölbten. „Wahrscheinlich sein Haupterbe", sagte er ziemlich leise.

Schreiber mischte sich ein. „Ich habe von verschiedenen Seiten gehört, dass das Testament Ihres Vetters dieser Tage eröffnet wurde. Im engeren Familienkreis wurde das mit Spannung erwartet. Wie ist es denn ausgefallen? Pro Carmen oder pro Rick?"

Der Alte rutschte in seinem Stuhl, bis er kerzengerade saß. Seine Blicke irrten zwischen Schreiber, Borchert und dem Mann im Goldrahmen herum. Sie fanden an keinem der Gesichter Halt. Schließlich sah er aus dem Sprossenfenster aufs Nachbarhaus. „Richards Sohn ist der Haupterbe. Er erhält die Anteile seines Vaters an der Familienholding. Carmen und ihrer Mutter fällt Richards umfangreiches Privatvermögen zu."

„Das überrascht mich", sagte Schreiber. „Ich hörte, dass Carmen im Family Office arbeitet, während ihr Bruder schon recht lange Forstwissenschaft studiert."

„Ein wenig scheinen Sie doch über unsere Familie zu wissen, Herr Schreiber."

Hannes lächelte. „Als Reviernachbar bleibt das nicht aus."

Schulte-Appelhoff schüttelte den Kopf. „Ich glaube zwar nicht, dass Sie Ihre Informationen an der Reviergrenze aufgeschnappt haben. Aber sie stimmen. Richards Sohn verbummelt sein Studium in München, Carmen arbeitet seit einigen Jahren in unserem Luxemburger Büro. Sie war die rechte Hand meines Vetters."

„Warum wird sie dann nicht seine Nachfolgerin?"

Advokat Pfäffli schaltete sich ein. Er war längere Zeit nicht zu Wort gekommen und brannte darauf, etwas für sein Honorar zu tun. „Wir betreten jetzt den sensiblen Bereich, meine Herren", dozierte er. „Ich weise ausdrücklich darauf hin, dass alle weiteren Informationen nur dann verwendet werden dürfen, wenn wir uns am Ende einig werden."

Dieter Borchert nickte. „Wir sind bei Ihnen im Wort."

Schreiber ödete dieser Eiertanz an. Die Wirtschaft war nicht seine Welt. „I don't care about economy", hatte Bob Dylan einst gesungen. Und: „Businessmen, they drink my wine." Hannes fand das klasse. Inzwischen warb Dylan für Damenunterwäsche und Schreiber verhandelte mit Koofmichs am Zürichsee. The times they are a-changin'.

Hannes hatte das Gefühl, dass es Konrad Schulte-Appelhoff ähnlich ging wie ihm – mit umgekehrtem Vorzeichen. Der Alte hasste es vermutlich, sich mit hergelaufenen Schreiberlingen abzugeben. Kerlen, die ohne Krawatte zu Geschäftsbesprechungen erschienen. Typen, deren Sprache nach Kohle und Kappes klang. Solchen Parvenüs die Geheimnisse der Familie anzuvertrauen, ging ihm sicher gegen den Strich.

‚Da müssen wir durch, Konrad', dachte Schreiber, ‚alle beide. Ich will was von dir und du was von mir. Wir sollten es hinter uns bringen. Danach geht jeder seiner Wege. Du in deine Villa am Zürichsee, ich in meine Hütte an der Mosel.'

Schulte-Appelhoff schien das ähnlich zu sehen. „Richards Testament war fast 20 Jahre alt", sagte er. „Damals waren die Kinder noch jung. Man wusste nicht, wie sie sich entwickeln würden. Für Richard war es selbstverständlich, dass sein Sohn ihm nachfolgen würde. So wie er seinem Vater. Und sein Vater seinem Großvater. An Frauenquoten in Aufsichtsräten dachte damals noch niemand. Richard hielt das mit Recht für Firlefanz. Aber er war klug genug, um zu merken, dass seine Tochter die bessere Lösung für die Familie wäre. Wir haben oft darüber gesprochen. Ich habe ihm geraten, sein Testament zu ändern. Er hat lange mit sich gerungen. Schließlich hat er sich dazu entschlossen. Er hat mit unserem Hausjuristen einen neuen Text erarbeitet, in dem Carmen als Firmenerbin vorgesehen war. Seine Frau und Richard junior sollten sich das Privatvermögen teilen. Also genau umgekehrt wie im alten Testament. Leider ist es nicht mehr dazu gekommen. Richard wollte den Text mit einem externen Notar durchgehen und dann unterschreiben. Kurz vor dem vereinbarten Termin hat es ihn dann erwischt."

Der alte Mann wirkte erschöpft nach dem Vortrag. Er fuhr sich mit der Hand durchs Gesicht, wie Mann es nach dem Rasieren macht. Seine Finger mit den professionell gepflegten Nägeln zitterten leicht. Schulte-Appelhoff hatte einen Vertrauten verloren und bei der Testamentseröffnung noch einen Tiefschlag kassiert. So etwas steckte man in seinem Alter nicht einfach weg. Hannes schätzte Konrad auf Anfang 80.

„Wird Richard junior durch die Erbschaft automatisch zum Herrscher aller Reußen?", fragte er.

„Nein, nicht automatisch." Schulte-Appelhoff atmete tief durch und nahm einen Schluck Wasser. „Er hat zwar mit Abstand die meisten Anteile an der Holding, allein aber keine Mehrheit. Wenn sich der Rest der Familie gegen ihn stellt, fällt er durch."

„Werden die anderen Schulte-Appelhoffs ihn akzeptieren?", wollte Borchert wissen.

Der alte Konrad zog die Schultern hoch. „Das weiß ich nicht. Unsere Familie ist groß. Die Anteile sind weit gestreut und zum Teil recht klein. Wie diese entfernten Verwandten sich entscheiden, ist offen."

Schreiber begann zu ahnen, worauf der Alte hinauswollte. „Wie hat sich denn Ihr Vetter seine Mehrheit organisiert?", fragte er.

„Richard konnte sich auf zwei Menschen fest verlassen. Auf seine Schwester und auf mich. In der Familie nannten sie uns die Heilige Dreifaltigkeit. Gemeinsam hatten wir drei die Mehrheit der Anteile."

„Sie werden Rick vermutlich nicht unterstützen. Wilma Matuschka auch nicht, oder?"

Schulte-Appelhoff sah Hannes überrascht an. „Woher kennen Sie ihren Namen?"

Schreiber unterdrückte ein Grinsen. Er lächelte so höflich wie möglich. „In Ihrer Familie hält man nicht viel von uns Journalisten. Aber ganz so dumm, wie manche glauben, sind wir auch nicht, Herr Schulte-Appelhoff."

Dieter Borchert schaltete sich ein. Wahrscheinlich hatte er Angst vor einem weiteren Wortwechsel der heftigeren Art. „Vielleicht ist es hilfreich, wenn wir an dieser Stelle unsere Interessen einmal abgleichen, meine Herren. Wenn ich das richtig sehe, geht es Ihnen darum,

Rick Schulte-Appelhoff als Vorsitzenden des Familienrates zu verhindern. Eine Veröffentlichung im Magazin über den geänderten, aber nicht unterzeichneten letzten Willen Ihres Vetters könnte Ihnen dabei helfen. Richtig?"

Konrad Appelhoff nickte.

„Gut. Ich glaube, dass so eine Geschichte das Magazin zieren würde. Oder siehst du das anders, Hannes?"

„Nein. Ich sehe nur ein Problem und das ist die Beweisbarkeit. Wenn wir allerdings den Entwurf des neuen Testaments hätten, wären wir auf der sicheren Seite."

Der Alte wurde rot. „Reicht Ihnen nicht mein Wort?"

Borchert kam Schreiber mit der Antwort zuvor. „Uns schon, Herr Schulte-Appelhoff. Aber wenn der gute Rick wegen des Berichts vor den Kadi zieht, müssen wir unsere Behauptungen beweisen. Treten Sie dann in den Zeugenstand und strecken drei Finger in die Luft?"

„Natürlich nicht."

„Sehen Sie. Deshalb brauchen wir das neue Testament. Ich denke, Sie sind im Besitz einer Ausfertigung, oder täusche ich mich da?"

„Sie täuschen sich nicht."

Hannes mischte sich ein. „Wenn Sie uns die überlassen, können wir die Geschichte machen. Wenn nicht, dann nicht. Selbst wenn wir einen Text schrieben, kämen wir damit nicht durch unsere Dokumentation. Vom juristischen Lektorat ganz zu schweigen."

„Und dann ist da noch ein zweites Problem, meine Herren." Dieter Borchert sah Schulte-Appelhoff und seinen Anwalt so freundlich an wie der Zahnarzt den Patienten vor dem Bohren. „Das Informationshonorar. 50 000 Euro können wir auf keinen Fall zahlen. Die Zeiten, in denen solche Summen aufgerufen und gezahlt wurden, sind bei den Printmedien lange vorbei."

„Außerdem liegt es ja auch in Ihrem Interesse, dass wir die Geschichte drucken", sagte Schreiber.

An dieser Stelle schaltete sich Advokat Pfäffli ein. „Was wären Sie denn bereit zu zahlen?", fragte er.

„Höchstens 20 000. Dazu müssten wir uns allerdings das Placet aus Hamburg holen." Schreiber sah auf die Uhr. „Gleich zwei. Am besten wir unterbrechen hier für eine halbe Stunde. Dann können Sie sich beraten und wir in Hamburg anrufen. Einverstanden?"

Man nickte. Schreiber und Borchert verließen die „Sonne" und schlenderten durch Küsnacht. Beim Metzger kauften sie sich eine Bratwurst für sechs Franken. In Hamburg brauchten sie nicht anzurufen. Gatzke hatte mit Bartelmus als Limit 25 000 Euro vereinbart.

„Weißt du, was ich nicht verstehe, Hannes?", fragte Borchert zwischen zwei Bissen Bratwurst.

„Noch nicht, aber gleich."

„Warum Schulte-Appelhoff die Geschichte ausgerechnet uns anbietet und nicht einem der Wirtschaftsblätter. Oder der FAZ."

Schreiber schlang den letzten Wurstzipfel herunter. „Der Grund steht vor dir."

„Jetzt werd mal nicht größenwahnsinnig."

„Danke für den kollegialen Rat. Es geht denen nicht um mein über jeden Zweifel erhabenes berufliches Können, Dieter. Der Alte ist schlau oder gut beraten. Ich denke, beides. Er weiß, dass die Kripo mich verdächtigt und festgenommen hat. Dass ich meine Unschuld beweisen möchte, kann er sich denken. Und wie kann ich meine Unschuld am besten beweisen, lieber Dieter? Indem ich Richard Schulte-Appelhoffs Mörder finde."

Sie schlenderten langsam zum Hotel zurück. Der Dorfkern von Küsnacht war nicht besonders schön. Nur die Autos auf dem Parkplatz am Rathaus kündeten vom Reichtum seiner Bürger. Mit einem Mittelklassewagen war man an der Goldküste deutlich untermotorisiert.

Schreiber redete weiter. Das war seine Art, sich über Sachen klar zu werden. Stilles Brüten brachte ihm nichts. Er musste die Dinge aussprechen. „Mörder haben Motive, Dieter. Und der schlaue Konrad hat uns gerade ein Mordmotiv angedient. Richard Appelhoff wollte seinen Sohn enterben. Dazu ist er nicht mehr gekommen, weil er kurz vorher auf dem Hochsitz totgeschossen wurde. Rick saß übrigens bei der Jagd nicht weit von seinem Vater entfernt. Noch Fragen?"

„Deshalb hat Rick seinen eigenen Vater erschossen?"

„Es sind schon Leute wegen weniger Geld ermordet worden, Dieter. Und was den eigenen Vater angeht. Morde sind meistens Beziehungstaten. Deshalb liegt die Aufklärungsrate auch bei 95 Prozent. Bartelmus erzählte früher gern den Witz von dem Mann, der weinend auf der Leiche sitzt und die Polizei anruft: ‚Ich habe meine Frau geamselt.' Darauf der Polizist: ‚Sie meinen gevögelt, oder?' ‚Nein, nein, mir fällt das richtige Wort nicht ein. Ach ja, jetzt hab' ich's. Ich meinte erdrosselt.'"

Borchert lästerte noch ein bisschen über Stefan Bartelmus, während sie unter der S-Bahnlinie der „Sonne" zustrebten. Blaulicht-Bartelmus nannten die Edelfedern beim Magazin den ehemaligen Polizeireporter wegen seiner Vorliebe für Crime-Storys. Aber Stefan hielt sich jetzt schon länger auf dem Chefsessel als all die Feingeister vor ihm. Schreiber fand das gut. Bartelmus war berechenbar.

Kurz vor dem Hotel fiel Hannes noch etwas ein. „Eine Verständnisfrage hab' ich auch, Dieter. Warum will der Alte so viel Kohle für seine Infos? Der hat doch genug Geld."

„Wenn du mich fragst, kassiert Pfäffli das Geld als Honorar für seine Bemühungen. Wirtschaftsanwälte sind teuer."

Schreiber schüttelte den Kopf. „Borchert, wir haben den falschen Beruf."

Dieter lachte laut. „Als Advokat wärst du eine komplette Fehlbesetzung, Hannes."

In der Guggenbühlstube warteten Schulte-Appelhoff und Pfäffli hinter abgefressenen Tellern und halb leeren Weißweingläsern. Sie verstummten, als die Reporter eintraten. An ihren Mienen meinte Schreiber ablesen zu können, dass sie die Bedingungen akzeptieren würden. Er behielt Recht. Pfäffli zog einen Stoß zusammengehefteter Blätter aus seinem Aktenkoffer und legte ihn vor sich auf den Tisch.

„Das ist der Entwurf des geänderten Testaments", sagte er. „Herr Schulte-Appelhoff ist bereit, Ihnen eine Ausfertigung zur Verfügung zu stellen. Haben Sie inzwischen mit Ihrem Chefredakteur wegen des Honorars gesprochen?"

„Ja", log Borchert. „Zunächst möchten wir allerdings Ihren Text überfliegen."

Pfäffli warf seinem Mandanten einen kurzen Blick zu. Als Schulte-Appelhoff nickte, schob er die Papiere über den Tisch. Borchert und Schreiber rückten zusammen und blätterten sich durch den Testamentsentwurf. Er enthielt alles, was sie brauchten.

„In Ordnung", sagte Borchert. „Wir sind bereit, Ihnen im Gegenzug 20 000 Euro zu überweisen. Mehr hat unsere Chefredaktion nicht genehmigt."

Der Anwalt lamentierte noch eine Weile. Er hob die Bedeutung der Erbfolge in der Familie Schulte-Appelhoff für die Weltwirtschaft hervor und unterstrich den sensationellen Charakter eines allfälligen Magazin-Artikels.

Der Alte unterbrach ihn mitten im Satz. „Lassen Sie's gut sein, Pfäffli. Ich feilsche nicht um 5 000 Euro."

Damit war die Messe gelesen. Borchert ließ sich die Bankverbindung des Anwalts geben und steckte das Testament ein. Man stand auf und verabschiedete sich. Konrad Schulte-Appelhoff hielt Hannes' Hand etwas länger fest. „Noch ein Wort unter Jägern, Herr Schreiber. Schießen Sie bitte nicht übers Ziel hinaus. Richards Sohn hatte vielleicht ein Motiv. Deshalb ist er noch kein Mörder."

Hannes sah dem alten Mann in die wässrigen Augen. Er tat ihm ein bisschen leid.

Kapitel 21

Die Nachmittagssonne beschien den Wald über der Mosel. Hoch kam sie im November nicht mehr. Ihre schräg einfallenden Strahlen wärmten auch nicht wirklich. In zwei Stunden würde sie schon untergehen. Die Stämme der Buchen warfen lange, schlanke Schatten. Ein Bussard kreiste über den Kronen. Alles war still.

Mirja wartete vor dem Jagdhaus. Aus Angst, sich zu verspäten, war sie viel zu früh von zu Hause losgefahren, hatte den Repetierer bei Onkel Günther abgeholt und sich von ihm noch ein Sandsäckchen als Gewehrauflage und ein paar Thermopads gegen kalte Finger aufschwatzen lassen. Dabei hatte sie doch Handschuhe eingesteckt.

Auf dem Vorplatz der Villa Waldfrieden parkte ein Volvo mit Münchner Kennzeichen. Mirja nahm an, dass er Rick Schulte-Appelhoff gehörte. Sie hatte ihn angerufen und sich zur Jagd einladen lassen. Nun überlegte sie, ob sie anschellen oder warten sollte. Natürlich wollte sie wissen, wie das Jagdhaus von innen aussah. Nach kurzem Zögern ging sie zur Eingangstür und drückte die Klingel.

Rick Appelhoff öffnete und strahlte sie an. Er trug einen Lodenjanker und Lederhosen. Den Sepplhut mit dem Gamsbart hatte er ins Genick geschoben. Er liftete ihn kurz, bevor er sie begrüßte. Küsschen links und rechts in den Luftraum neben ihren Ohren. Der Mann hatte Stil, fand Mirja.

„Schön, dass es so schnell geklappt hat", sagte Rick. „Am besten, Sie laden Ihr Geraffel in meinen Wagen und auf geht's. Oder möchten Sie zuerst einen Blick in unser Jagdhaus werfen?"

„Wenn noch Zeit ist, gern."

Rick zog die Tür auf und ließ sie vorgehen. Sie stand in einer Eingangshalle, die nicht viel kleiner war als ihre Wohnung an der

Saarstraße. Trotz seiner Größe wirkte der Raum düster. Er hatte nur zwei kleine Fenster. Das bisschen Licht, das sie hereinließen, wurde vom dunklen Eichenholz auf dem Fußboden und an den Wänden geschluckt. Selbst die Schädel der Hirschtrophäen leuchteten nicht. Sie hingen anscheinend schon seit Jahrzehnten in der Halle und hatten die Farbe kräftigen Tees angenommen. Ein Kronleuchter aus Abwurfstangen verbreitete trübes Licht. Kein Ort, um sich wohlzufühlen.

Rick schien ihre Gedanken lesen zu können. „Das wird bald alles anders hier, Mirja. Heller. Freundlicher." Er führte sie in den nächsten Raum. Der hatte ein großes Fenster mit Blick auf eine Waldwiese. Im offenen Kamin brannten ein paar Holzscheite. Zwei Ledersofas mit Fuchsdecken luden zum Herumlümmeln ein. Auf der Anrichte an der Wand glänzten Glaskaraffen. Ihr Inhalt leuchtete in warmen Brauntönen.

„Nach der Jagd müssen wir unbedingt noch einen Whisky trinken", sagte Rick. „Sie haben doch etwas Zeit mitgebracht, Mirja?"

Ihr wurde warm. Sie nickte.

„Den Rest zeige ich Ihnen nachher. Wir müssen los."

Mirja holte Büchse und Rucksack aus ihrem Wagen, legte sie auf den Rücksitz des Volvos, stieg ein und schnallte sich an. So bequem hatte sie noch in keinem Auto gesessen.

Rick fuhr einen flotten Reifen. Er kurvte über Forststraßen und Waldwege und erzählte dabei von Althölzern und Naturverjüngung, Stangenholz, Durchforstung und Plenterwald. Das ganze Zeug, das Mirja im Winter für die Jägerprüfung gelernt und den Sommer über wieder vergessen hatte. Waldbau war nicht ihr Lieblingsfach gewesen.

Auf einem Weg überholten sie einen Wanderer. Rick hielt an und ließ das Seitenfenster runter. „Tag, Her Schilling. Mal wieder an alter Wirkungsstätte unterwegs?"

Der Mann grüßte freundlich.

"Bei uns wird sich einiges ändern, Herr Schilling. Sie haben sicher vom Tod meines Vaters gehört. Ich würde mich gern mit Ihnen unterhalten, wie es mit dem Wald weitergehen soll. Rufen Sie mich doch mal an."

Er nahm eine Visitenkarte aus dem Handschuhfach und reichte sie aus dem Fenster.

„Kann ich machen", sagte der Mann und wünschte Weidmannsheil.

Rick hob die Hand zum Gruß und fuhr weiter.

„Wer war das?", fragte Mirja.

„Unser früherer Förster. Eigentlich ein guter Mann. Aber er kam mit Leyendecker nicht zurecht. Für Vaters Jagdaufseher zählen nur Hirsche und Sauen. Der Wald ist ihm Wurst. Leider hat mein Vater Leyendecker auch noch den Rücken gestärkt."

Rick parkte den Wagen am Wegesrand. Sie stiegen aus. Mirja schulterte Rucksack und Büchse. „Haben Sie keine Waffe dabei?"

„Nein. Sie sollen heute ein Stück Rotwild schießen, Mirja, nicht ich. Es wäre Ihr erstes, oder?"

„Ja."

Die Kanzel stand unweit des Weges an einem Wildacker. Sie war breit genug, um sich auf der Bank ausstrecken zu können. Rick klappte die vier Fenster hoch. Die Bühne war noch leer. Sie hockten sich nebeneinander auf die Bank. Mirja holte Glas und Sandsack aus dem Rucksack, schob das Magazin mit drei Schuss Munition in die Büchse, repetierte durch und sicherte. Dann stellte sie die Waffe in die Ecke des Hochsitzes und harrte der Hirsche, die da kommen sollten.

„Das hier war der Lieblingsplatz meines Vaters", flüsterte Rick ihr ins Ohr. „Es sollte mich wundern, wenn wir keinen Anblick hätten."

Dann schwiegen sie. Die Sonne versank in den Baumkronen. An der Kirrung zankten drei Eichelhäher um ein paar Maiskörner. In einem Strauch am Ende des Wildackers schaukelte ein Eichhörnchen.

Sonst passierte lange nichts. Mirja hatte Mühe, zur Ruhe zu kommen. Die letzte Woche war aufregend gewesen und Rick Schulte-Appelhoff wirkte auf sie auch nicht so einschläfernd wie Onkel Günther. Dazu hatte er sich zu dicht neben sie gesetzt. Die Körperwärme, die er abstrahlte, machte sie hibbelig. Sie fragte sich, ob das unprofessionell sei. An der Uni hatten sie ihr erzählt, dass Journalisten bei allem Einfühlungsvermögen eine gewisse Distanz zu den Menschen, über die sie schrieben, wahren sollten. Theoretisch war das sicher okay und bei einem ältlichen Kaninchenvereinsvorsitzenden aus Trier-Zewen fiel es ihr auch nicht schwer. Der charmante Blonde mit den breiten Schultern, der einen Tick zu nahe neben ihr auf dem Hochsitz saß, machte das Abstandhalten nicht so leicht. Sollte sie ein Stück von ihm abrücken? Mirja fand, das wäre erst recht unprofessionell und prüde noch dazu. Also blieb sie sitzen, wo sie saß, und versuchte, die Jagd mit diesem attraktiven Mann einfach nur zu genießen. An die Wäsche gehen würde er ihr sicher nicht.

Das tat Rick auch nicht. Er knuffte ihr mit dem Ellenbogen in die Seite und flüsterte: „Hinten links in der Ecke."

Mirja nahm das Glas vor die Augen. Unter der Trauf entdeckte sie ein Stück Wildkörper. Haupt und Träger verbarg ein Buchenstamm vor ihrem Blick. Dass der große, rotbraune Klumpen nicht zu einem Reh gehören konnte, war selbst ihr klar. Dann machte das Stück zwei Schritte nach vorn. Mirja sah das Geweih. Sie zählte fünf Sprossen auf jeder Seite.

„Eissprossenzehner", flüsterte Rick ihr ins Ohr. „Machen Sie sich fertig."

Mirja wurde heiß. Sie setzte das Glas ab und griff zur Büchse. Vorsichtig, um nirgendwo anzustoßen, bugsierte sie den Lauf aus dem Fenster, legte den Vorderschaft auf das Sandsäckchen und sah durchs Zielfernrohr. Alles verschwommen. Sie drehte am Okular. Jetzt stand der Hirsch gestochen scharf vor ihr. Sie bewegte die Waffe, bis das Absehen auf dem Blatt stand. Sie zog den Schaft fest in die Schulter, atmete einmal tief ein und nur halb wieder aus und drückte dann auf den Abzug.

Nichts.

Sie sah Rick irritiert an.

„Entsichern", flüsterte er.

Mit dem Daumen schob sie die Sicherung auf dem Kolbenhals nach vorn und sah wieder durchs Zielfernrohr. Der Hirsch stand immer noch brettbreit. Auf 80 Schritt. Das Absehen zitterte ein bisschen auf dem Blatt. Mirja schnaufte noch einmal durch. Dann drückte sie ab.

Der Hirsch quittierte den Schuss mit einem Satz nach vorn. Steifbeinig stand er am Rand der Wildwiese. Mirja repetierte und versuchte, sein Blatt ins Glas zu bekommen. Als sie gerade wieder drauf war, knickte der Hirsch in den Vorderläufen ein. Einen Moment später kippte er langsam um. Wie in Zeitlupe sank sein Rumpf auf die Seite. Die Hinterläufe zuckten noch ein paar Mal. Dann war Ruhe.

„Weidmannsheil!" Rick gab ihr einen Schmatz auf die Backe. „Prima Schuss, Mirja."

Sie sprang auf und hüpfte, dass die Kanzel wackelte. Hirschfieber. Vor dem Schuss hatte es sich in Grenzen gehalten, jetzt wusste sie nicht, wohin mit all dem Adrenalin. Sie plapperte los wie ein Schulmädchen, erzählte Rick in allen Einzelheiten, wie sie den Hirsch zur Strecke gebracht hatte, als hätte er nicht neben ihr gesessen und alles mit angesehen.

Rick zog einen silbernen Flachmann aus seiner Jackentasche, schraubte den Deckel ab und hielt ihn ihr hin. „Auf den ersten Hirsch!"

Mirja nahm einen Schluck. Der Whisky brannte nicht. Er wärmte. Als sie den Flachmann absetzte, fiel ihr Blick auf die eingravierten, verschlungenen Buchstaben. RSA.

„Hat meinem Vater gehört", sagte Rick, „und davor meinem Großvater."

Dann trank er auch einen Schluck. „Eigentlich könnten wir uns jetzt duzen, Mirja. Oder schickt sich das für Journalistinnen nicht?" Sie war viel zu aufgedreht, um sein Angebot abzulehnen. Mirja küsste ihn auf die Backe. „Danke für den Hirsch, Rick."

Sie nahmen noch einen Schluck Whisky, ehe sie abbaumten.

„Mein Gott, ist der riesig." Mirja stand vor dem Hirsch und staunte. Sie tätschelte den Träger des Tiers und strich über seine dunklen, glatten Stangen. „Und den soll ich geschossen haben? Unglaublich."

Sie brach einen Fichtenzweig ab und schob ihn dem Hirsch in den Äser.

„Du brauchst auch noch einen Bruch, Mirja." Rick tupfte einen Zweig in den Schweiß am Ausschuss, legte ihn auf seinen Hut und hielt ihn ihr hin.

„Weidmannsdank." Sie steckte den Erlegerbruch an ihre Kappe und fühlte sich 20 Zentimeter größer.

Natürlich brauchte sie ein Foto von ihrem ersten Hirsch. Sie drückte Rick ihr Handy in die Hand und hockte sich neben das Haupt. Rick löste ein paarmal aus. Dann zückte er sein eigenes Handy und machte einige Bilder. Während Mirja verzückt die Fotos durchging, telefonierte er.

„Hallo Herr Leyendecker. Rick Appelhoff. Wir haben einen Hirsch zu bergen. Auf dem großen Wildacker an Vaters Kanzel. Können Sie mit dem Anhänger kommen?" Pause. „Okay. In 20 Minuten. Wir warten hier auf Sie."

Rick steckte das Handy ein. „Hast du schon mal aufgebrochen, Mirja?"

„Einen Knopfbock."

„Der Bursche hier ist einen Tick größer. Aber im Prinzip geht es genauso wie bei deinem Bock."

„Also gut." Mirja wollte sich keine Blöße geben. Sie zog Jacke und Pullover aus und krempelte die Ärmel ihrer Bluse hoch. Dann holte sie das Messer aus dem Rucksack und streifte Einmalhandschuhe über. Zu zweit rollten sie den Hirsch auf den Rücken. Sie spreizte die Hinterläufe des Hirsches und trat darauf, wie Onkel Günther ihr es bei dem Bock gezeigt hatte. Rick hielt die Vorderläufe auseinander. Etwas ratlos stand sie über dem Riesenvieh.

„Zuerst entmannen wir den Kerl", sagte Rick.

Zögernd schärfte sie Brunftrute und Brunftkugeln ab. Dann öffnete sie die Bauchdecke ein wenig und steckte die Klinge mit der scharfen Seite nach oben in die Öffnung.

„Vorsicht mit dem Darm, Mirja. Am besten nimmst du zwei Finger der linken Hand als Führung. Damit drückst du den Darm gleichzeitig etwas nach unten, damit die Klinge nicht dran kommt."

Zum Glück war ihr Messer neu und scharf. Sie hatte bisher nur den Bock damit aufgebrochen. Die Klinge fuhr durch die Bauchdecke wie durch Butter und stoppte erst am Brustbein.

„Jetzt schärfst du am besten die Decke über dem Brustbein von außen auf", riet Rick, „und dann trennst du den Knochen durch. Hast du eine Säge oder Zange dabei?"

Hatte sie natürlich nicht.

„Kein Problem. Geht auch so. Versuch mal, das Brustbein mit dem Messer durchzutrennen."

Mirja murkste an dem Knochen herum. Rick die Arbeit tun zu lassen, ging ihr gegen den Strich. Sie war kräftig, sie konnte das auch. Mit viel Mühe kämpfte sie sich durch das Brustbein. Am Träger ging es wieder leichter. Über dem Kehlkopf schnitt sie Luft- und Speiseröhre ab und zog sie mit viel Kraft Richtung Brustkorb. In der Kammer hatte das Geschoss eine ziemliche Schweinerei angerichtet. Das Herz war zerfetzt, die Lunge auch. Rick fasste die Rippenbögen und zog sie auseinander, damit Mirja das Zwerchfell abschärfen konnte.

„Hast du schon mal geringelt?", fragte er.

„Nur zugeguckt."

„Dann zeig' ich es dir nochmal. Gib mir bitte das Messer."

Rick schob den Wedel des Hirsches zur Seite und führte einen kreisrunden Schnitt um das Weidloch. Ein paar Kotpillen purzelten heraus.

„Jetzt ist der Darm frei und man kann den ganzen Mist von innen rausziehen. Schaffst du das?"

Ohne zu antworten, griff Mirja die Luftröhre und zog daran, bis alle Organe seitlich aus der Kammer quollen. Körniger Schweiß schwappte auf den Waldboden. Dann griff sie in das Darmpaket und wuchtete es heraus.

Sie bestaunte den Berg Innereien, suchte die Leber und schärfte sie ab. Immerhin hatte sie einen Gefrierbeutel eingesteckt. Rick hielt ihn auf, Mirja ließ die Leber hineinplumpsen und schloss die Tüte mit einem Clip. Sie streifte die Handschuhe ab, strich sich die Haare aus dem Gesicht und war glücklich. Sie hatte ihren ersten Hirsch mit einem sauberen Schuss erlegt und sich bei der roten Arbeit nicht blamiert. Was wollte sie mehr?

Sie hörten Leyendeckers Wagen, bevor sie ihn sahen. Der Anhänger hüpfte scheppernd über den Waldweg. Mirja hatte den Jagdaufseher in Aktion erlebt, nachdem sie über die Leiche im Wald gestolpert war. Sie hatte Leyendecker im Ordner „Granatenarschlöcher" abgelegt. Jetzt war der Kerl wie ausgewechselt. Nach einem Blick auf den Hirsch schüttelte er ausgiebig ihre Hand, wünschte Weidmannsheil und lobte ihren perfekten Schuss. „Da hast du aber eine prima Jungjägerin eingeladen, Rick."

Mirja fragte sich, warum Leyendecker seinen Jagdherren duzte. Wahrscheinlich kannte er Rick von klein auf und hatte den richtigen Zeitpunkt, um aufs Sie umzuschalten, verpasst. Und Rick war wohl nicht der Typ, der darauf bestand. Sie fand das sympathisch.

Leyendecker war ein drahtiger, kleiner Mann. Mit erstaunlich großen Schritten stiefelte er über den Wildacker, blieb unter der Kanzel stehen, schaute zu den Autos und kam dann zurück.

„Wir müssen ihn zum Weg ziehen. Mit dem Anhänger komm' ich hier nicht rein", sagte er.

Rick gab ihm Recht. Sie packten den Hirsch bei den Geweihstangen und schleiften ihn über die Wiese Richtung Wagen. Mirja schulterte Rucksack und Büchse und schwebte hinterher. Dass der Tod des Tieres sie so glücklich machte, konnte sie sich selbst nicht erklären. Vielleicht muss man auch nicht immer alles erklären können, dachte sie. Vielleicht reicht es manchmal, seinen Gefühlen zu vertrauen und den Augenblick zu genießen. Zwei Männer, die einen Hirsch bargen. Schnaufend zogen sie ihn durch den Wald. Weiße Atemwölkchen über den Köpfen. Im Hintergrund glühte der Himmel rot und pink und golden.

Mirja suchte nach dem Wort, das die Szene am besten beschrieb. Archaisch? Ob ihre Leser verstünden, was sie damit meinte? Schwer zu sagen. Fremdwörter versuchte sie zu vermeiden, wo es ging. Aber ursprünglich hörte sich nicht so gut an. Archaisch hin, ursprünglich her. Wer weit weg war von der Natur, fände den Anblick der Männer, die den toten Hirsch durch die Botanik schleiften, vermutlich brutal. Vor ein paar Jahren wäre es ihr sicher ähnlich ergangen. Erst als sie mit Onkel Günther ein paar Mal auf der Jagd gewesen war, hatte sie Freude daran gefunden, Tiere zu beobachten, ihr Verhalten zu verstehen, sie zu überlisten und ja, auch zu erbeuten. In letzter Zeit entdeckten immer mehr Frauen die Jagd für sich. Vielen ging es um das Fleisch von glücklichen Tieren. Gesundes Essen für die lieben Kinder. Das sagten sie jedenfalls. Mirja war keine Fleischjägerin. Dafür kochte sie viel zu selten. Sie liebte das Jagen um seiner selbst willen.

Sie brachten den Hirsch zur Wildkammer hinter dem Jagdhaus. Die Männer bugsierten den Anhänger direkt neben den Flaschenzug und machten die Kette an den Hinterläufen fest. Auf Leyendeckers Knopfdruck schwebte der Hirsch in die Höhe. Als er kopfüber von der Decke hing, spritzte der Jagdaufseher ihn mit dem Wasserschlauch aus.

„Morgen koche ich das Haupt für Sie ab", schleimte er. „Wohin soll ich die Trophäe bringen?"

Mirja gab ihm ihre Karte. „Bringen ist nicht nötig. Rufen Sie bitte an, dann hole ich sie ab." Sie wollte den Mann auf keinen Fall in ihrer Wohnung haben.

Es war dämmrig geworden. Am tintenblauen Himmel tauchten die ersten Sterne auf. Die Mondscheibe war transparent wie Milchglas.

„Nehmen wir noch einen Drink?", fragte Rick. „Jeder nor einen wönzigen Schlock?"

Mirja nickte. „Gern." Abzulehnen wäre unhöflich gewesen. Tottrinken war ein Muss. Onkel Günther hatte das Jäger-Ritual mit ihr zelebriert, als sie den Knopfbock geschossen hatte. Am Ende der Veranstaltung war der Onkel toter gewesen als der Bock.

In der Eingangshalle zogen sie ihre schlammigen Jagdstiefel aus und gingen auf Strümpfen ins Kaminzimmer. Jemand hatte Holz nachgelegt. Die Scheite knisterten und knackten unter den Flammen.

„Wie hat dir der Whisky aus dem hip flask geschmeckt? Sollen wir dabei bleiben?" Rick stand vor der Anrichte und hielt eine Karaffe hoch. Mirja hatte keine Ahnung von Whisky und dass ein Flachmann in Ricks Kreisen hip flask hieß, war ihr auch neu. Sie ließ sich das nicht anmerken und stimmte zu. Rick goss deutlich mehr als einen wönzigen Schlock in die Gläser, stellte sie und ein Kännchen mit Wasser auf den Glastisch und ließ sich neben Mirja ins Sofa plumpsen. Sie hüpfte hoch und nutzte die Gelegenheit, ein bisschen mehr Abstand zu gewinnen.

Er merkte das natürlich und grinste. Sie tranken nochmal auf den Hirsch. Rick hatte den Hut in der Halle gelassen, ein kreisrunder, platter Ring in seinem Haar verriet, wo er gesessen hatte. Mirja kicherte.

„Du siehst aus, als hättest du einen Heiligenschein", sagte sie. Rick strubbelte seine blonde Mähne mit den Fingerspitzen. „Zum Heiligen tauge ich nicht." Er grinste sie an und rückte ein Stück näher. „Heilige sind langweilig."

Mirja war hin- und hergerissen. Als Frau konnte sie dem Charme dieses Mannsbilds kaum widerstehen. Als Journalistin wollte sie es auf keinen Fall zum Äußersten kommen lassen.

„Ich habe den Eindruck, dass wir heute auch auf den neuen Chef der Familie Schulte-Appelhoff trinken können", sagte sie.

„Mach' ich den Eindruck?"

„Ja."

Rick lachte. „Verstellen konnte ich mich noch nie."

Sie nippten an ihrem Whisky. Rick stellte sein Glas klirrend auf den Glastisch. „Nein", sagte er, „Clan-Chef bin ich noch nicht." Die Betonung lag auf noch.

„Also hat dein Vater dir seine Anteile vererbt?"

„Wird das jetzt ein Interview, Frau Journalistin?"

„Nennen wir es einfach ein Gespräch, Rick."

Er goss sich ein bisschen Wasser in den Whisky. „Möchtest du auch einen Schluck? Öffnet angeblich das Aroma."

„Ich fänd's schade um den tollen Alk."

Er lächelte. „Also gut, Mirja. Irgendwann steht es eh in der Zeitung. Dann gebe ich lieber dir die Info. Bei dir kann ich sicher sein, dass du die korrekt berichtest, oder?"

„Natürlich."

„Schön. Ich nehme dich beim Wort." Er trank einen ordentlichen Schluck Whisky. „Ja, mein Vater hat mir seine Firmenanteile vererbt. Meine Mutter und meine große Schwester bekommen sein Privatvermögen. Zu gleichen Teilen."

„Glückwunsch."

„Danke. Vorsitzender der Appelhoff-Holding bin ich deshalb aber noch nicht. Ich halte zwar die meisten Anteile, aber eben nicht die Mehrheit. Ich bin auf Stimmen aus der Verwandtschaft angewiesen."

„Ist das nicht Formsache?", fragte sie. „Dein Vater hatte doch auch nicht mehr Anteile als du jetzt."

Rick schüttelte den Kopf. „Mein Vater war der Inbegriff eines Netzwerkers. Außerdem konnte er sich auf zwei enge Verwandte mit großen Anteilen blind verlassen. Bei mir ist das anders. Ich habe noch kein Standing bei der Verwandtschaft."

„Okay", dehnte Mirja und strich sich die Haare aus dem Gesicht.

Rick sah ihr fasziniert zu. „Hast du eigentlich schon einen Abnehmer für deine Geschichte, Mirja?"

„Nicht wirklich."

„Ich könnte dir helfen, einen zu finden. Einer meiner Münchner Freunde arbeitet bei der Bayerischen Zeitung. Im Wirtschaftsressort. Das würde doch passen."

„Ehrlich?" Mirja war elektrisiert. Das war ihre Chance. Die durfte sie nicht vermasseln. „Würdest du mir einen Kontakt machen, Rick?"

„Kein Problem."

„Toll."

Er hielt ihr die Backe hin. Sie gab ihm einen Schmatz und prostete ihm zu. Wenn sie noch länger bliebe, konnte sie für nichts garantieren. Aber Mirja hatte nicht die geringste Lust, nach Hause zu fahren. Sie blieb auf dem Sofa sitzen.

Kapitel 22

Smokie freute sich ein Bein ab, als Schreiber ihn abholte. Er sprang einen Meter hoch, schnappte nach seiner Hand, wuselte um seine Beine und fiepte. Dann warf er sich auf den Rücken und streckte alle Viere in die Luft. Hannes kraulte ihm den unbehaarten Teil des Bauchs und erzählte ihm, was für ein großartiger Hund er sei. Smokie hörte mit geschlossenen Augen zu und gab ihm Recht.

„Gibt's was Neues, Mattes?"

„Net dat isch wat weiß. So lang warst du ja net fort."

„In der Mosel-Zeitung hat auch nix gestanden?"

„Doch. Die Weinkönigin von Trotthem hat geheirot. En Banker aus Frankfurt. Schad um dat scheen Mädschen."

Schreiber holte sein Laptop aus dem Bürorucksack und klappte es auf. „Ich muss dir was zeigen, Mattes."

Er klickte das letzte Foto der Wildkamera an. Das Eichhörnchen auf dem Hochsitz.

Frühauf verzog das Gesicht. „Willst du misch ärgern, oder wat?"

„Guck dir mal den Hintergrund genauer an. Siehst du den Mann neben der Buche?"

„Wo du dat sess."

„Kennst du den, Mattes?"

„Nä, den kann ken Mensch erkennen, so unscharf wie de is."

„Das Bild hat deine Kamera aufgenommen, kurz nachdem Kasimir Schulte-Appelhoff erschossen wurde."

Frühauf pfiff durch die Lücke zwischen seinen Schneidezähnen. „Isch hann dat Ding uffgehangen. Wenn isch nachher uff Sauen rausgeh, kucken isch mal, ob wat Neues druff is."

„Wo willst du dich denn ansetzen?"

„An Monzels Weide. Da hann se alles frisch uffgebroch."

Hannes wünschte ihm Weidmannsheil und fuhr auf den Berg. Der Herbsttag lag in den letzten Zügen. Die Sonne berührte schon die Baumkronen in Appelhoffs Wald. Auf einem Weidezaunpfahl hockte der schneeweiße Mäusebussard, der sich oft im Revier herumtrieb.

Schreiber hob die Hand zum Gruß. „Hallo, Whitey, schön dich zu sehen."

Der Bussard ließ den Wagen bis auf ein paar Schritte herankommen, dann warf er sich in die Luft und strich mit ruhigem Schwingenschlag ab. Das weiße Gefieder vor dem Himmelsblau erinnerte Hannes an die wilden Schwäne seiner Heimat an der Ruhr. Er fuhr langsam, um die Landschaft in sich aufzusaugen. Kein Haus weit und breit, nur Wiesen, Wälder und Wein. In der Ferne fiel ein Schuss.

In Hamburg war es gelaufen wie immer. Borchert und er hatten sich zusammengesetzt und die Geschichte gemeinsam geschrieben. Das funktionierte nicht mit jedem Kollegen, aber Dieter und Hannes tickten, was das Schreiben anging, sehr ähnlich. Sie lösten sich am Computer ab und hatten ihren Spaß daran, den Erbfolgekrieg der Schulte-Appelhoffs in schmucken Sätzen zu schildern. Die Kollegen aus dem Münchner Büro des Magazins lieferten noch ein paar Schwabinger Schmankerl über Rick Appelhoff zu. Gatzke fand die Geschichte großartig. Bartelmus auch. Aber er hatte keinen Platz dafür im nächsten Heft. Sie passe nicht in die Mischung, sagte er. Schreiber hasste dieses Spiel. Erst schickten sie einen los, um die wichtigste Geschichte der Welt zu schreiben, und wenn man mit der wichtigsten Geschichte der Welt zurückkam, war kein Platz. Gatzke, Borchert und er belagerten Bartelmus' Büro und fochten wie die drei Musketiere, als er sie endlich einließ. Stefan leistete hinhaltenden Widerstand, versprach am Ende aber doch, die Appelhoff-Story mitzunehmen.

Der Rest war Routine. Der Textchef wollte seine Existenzberechtigung nachweisen und formulierte drei Sätze um. Die Dokumentation klopfte die Geschichte auf ihren Wahrheitsgehalt ab und fand nichts Falsches. Selbst das juristische Lektorat passierte der Text ungeschoren. Gegen den Testamentsentwurf, den sie aus Küsnacht mitgebracht hatten, konnten die Bedenkenträger nicht an. Danach war Hannes zurückgeflogen.

Er freute sich auf die Hütte. Fünf Nächte im Hotel und drei Tage in der Redaktion hatten ihm gereicht. Er fuhr an Monzels Weide vorbei. Die Sauen hatten tatsächlich ziemlich gewütet. An einem Dutzend Stellen war die Grasnarbe auf links gedreht. Ob sie allerdings in der kommenden Nacht, wenn Frühauf auf der Kanzel hockte, wiederkämen, stand in den Sternen. „Dat Scharzwild is ene Zijeuner", hatte Schreibers rheinischer Lehrprinz gesagt, wenn es um die unstete Lebensweise der Wildsau ging.

Schreiber merkte, dass er unruhiger wurde, je näher er der Hütte kam. Wie früher, wenn er nach Wochen in Hamburg an die Mosel zurückkehrte. Was, wenn jemand eingebrochen hatte, während er weg war? Feinde hatte er sich in letzter Zeit genug gemacht. Leyendecker fiel ihm als Erster ein, und natürlich die Veggies aus Klüssert. Wer Hochsitzleitern ansägte, schreckte auch nicht davor zurück, Jagdhütten abzufackeln. Schreiber gab Gas, sauste um die Kurven, dass der Splitt flog, nahm am Schlammloch auf dem Feldweg kaum Tempo raus und seufzte erleichtert, als er vor der Hütte hielt. Alles im grünen Bereich. Die Fensterläden verriegelt, die Eingangstür auch.

Er stieg aus, nahm seine Tasche vom Rücksitz und ließ Smokie aus dem Heck. Der Hund hüpfte aufs Holzdeck, Hannes hinterher. Als er das Zahlenschloss, mit dem Mattes die aufgebrochene Tür gesichert hatte, öffnen wollte, merkte er, dass etwas nicht stimmte. Das Schloss war nicht mehr da. Er hätte schwören können, es bei der Abreise eingehängt und verstellt zu haben. Außer ihm kannte nur

Frühauf die Kombination. Mit fahrigen Fingern öffnete er die Tür, atmete tief durch und trat ein. Auf den ersten Blick schien alles an seinem Platz zu sein. Er ging von Raum zu Raum und fand nichts verwüstet oder verrückt. Selbst der Waffenschrank, ein altes Modell, das Schreiber nicht für besonders sicher hielt, stand verschlossen in seiner Ecke. Hannes öffnete ihn. Der Repetierer und seine gute, alte Querflinte, für die es nur noch wenig zu tun gab, standen friedlich nebeneinander.

Das weiße Din-A-4-Blatt fiel ihm erst auf, als er sich an den Küchentisch setzte, um nachzudenken. Es hing aufgespießt an einer Augsprosse seines Hirschs. Schreiber stand auf und griff danach. Die Lesebrille brauchte er nicht aufzusetzen. Die Buchstaben waren groß genug:

VERPISS DICH, DU MÖRDER!

Seine Hände zitterten. Die Wörter hüpften auf dem Papier. Er legte den Schrieb auf den Tisch und machte, um sich zu beruhigen, erst einmal Feuer. Sorgfältig zerlegte er eine Ausgabe der Mosel-Zeitung in ihre Bestandteile, zerknüllte die Bogen, stopfte sie in den Ofen und legte eine Handvoll Anmachholz und einen Hartholzpressling darauf. Harzröllchen hatte er keine mehr und zum Zapfensammeln war er noch nicht gekommen. Vielleicht konnte er Siggi, dem Sammler, ein Körbchen voll abschwatzen, wenn er ihn das nächste Mal traf. Hannes hielt ein Streichholz an das Zeitungspapier und ließ die untere Ofenklappe offen. Die Mosel-Zeitung fing Feuer, das Anmachholz knisterte. Schreiber setzte sich wieder hin.

Leyendecker? Zutrauen würde er dem Giftzwerg die Drohung. Der war nicht einmal davor zurückgeschreckt, ihm einen Mord anzuhängen, oder zumindest eine fahrlässige Tötung. Andererseits hatte der kleine Gott von Hummeroth zur Zeit sicher andere Probleme. Sein alter Jagdherr war tot und ob der neue Clan-Chef ihn in Amt und Würden ließe, war noch nicht ausgemacht. Neue Besen kehrten gut und Rick Schulte-Appelhoff war ein sehr neuer Besen. An Leydeckers Stelle würde Hannes versuchen, den Ball so flach wie möglich zu halten.

Die Bambibeschützer aus Klüssert? Mit dem Seitenschneider das Schloss an der Hüttentür abknipsen, den Drohbrief auf das Geweih spießen und wieder in der Nacht verschwinden, war kein Akt. Dazu brauchte man keine fünf Minuten. Was gegen die Tierrechtler sprach, war das Wort Mörder in dem Drohbrief. Diese Leute begnügten sich nicht damit, Jäger als Mörder zu brandmarken. Unter Lustmörder taten sie es nicht.

Schreiber sah auf die Uhr. Halb fünf. Er holte sein Handy aus der Jacke und rief Lex an. Unter der Dienstnummer meldete sich niemand. Er versuchte es mobil und obsiegte.

„Schreiber. Hallo, Herr Lex. Ich bin aus Hamburg zurück und melde mich wie versprochen wegen Kasimir Schulte-Appelhoff."

„Worüber hatten Sie mit dem Mann noch gesprochen?"

„Bären, Menschenfresser und Gin und Tonic."

„Okay", dehnte Lex. „Dann schießen Sie mal los."

„Vielleicht komme ich besser zu Ihnen. Ich muss Ihnen auch noch was geben."

„Was denn?"

„Einen Drohbrief. Den hab' ich bei meiner Rückkehr in der Hütte gefunden. Bei mir ist eingebrochen worden."

Der Kommissar war einen Moment lang still. „Wissen Sie was?", sagte er dann. „Ich komme am besten bei Ihnen vorbei. Ich bin gerade in der Gegend und wollte mir Ihre Einsiedelei schon lange mal ansehen."

Hannes beschrieb ihm den Weg zur Hütte.

„Die GPS-Daten haben Sie wohl nicht?"

Schreiber stöhnte. „Ich bin ein alter Mann und hinke der digitalen Revolution weit hinterher."

„Ich finde Sie auch analog. Zur Not rufe ich an."

Hannes packte seine Reisetasche aus und fütterte den Hund. Dann schnappte er sich den Besen und fegte durch die Hütte. Es trug sich immer Schmutz herein und der Holzofen machte mehr Dreck als ihm lieb war. Gespült hatte er vor der Abreise auch nicht. Er setzte Wasser auf und machte sich, als der Kessel pfiff, an die Arbeit. Wie immer sang er beim Spülen. Ein passendes Dylan-Lied für seine Lebenslage war schnell gefunden. „I Believe In You" aus der christlichen Schaffensperiode des Meisters.

„They look at me and frown. They'd like to drive me from this town. They don't want me around. 'Cause I believe in you."

Hannes glaubte nicht an den Heiland, schmalzte aber voller Inbrunst.

„And I walk out on my own. A thousand miles from home. But I don't feel alone. 'Cause I believe in you."

Lex' Auto hatte er beim Singen überhört. Er fuhr zusammen, als es an der Tür klopfte.

„Störe ich?" Der Kripobeamte trat lächelnd ein.

Schreiber wischte sich die nassen Hände an der Hose ab. „Überhaupt nicht." Er deutete auf die Stühle am Küchentisch.

Lex setzte sich. „Nett haben Sie es hier. Vielleicht einen Tick einsam gelegen. Aber das ist wohl Geschmackssache."

Hannes bot dem Kommissar einen Wein an. Zu seiner Überraschung lehnte er nicht ab. Er goss einen feinherben Riesling von Kirsten ein und prostete Lex zu.

„Wo soll ich anfangen?"

„Vorne."

„Also gut." Schreiber berichtete von seinem Telefonat mit Kasimir Schulte-Appelhoff. Lex hatte einen Notizblock aufgeschlagen, schrieb aber nicht mit. Er lächelte auf seine feine Art. Als Hannes bei den Hunden namens Gin und Tonic angekommen war, lachte er sogar.

„Kann es sein, dass manche Jäger einen Sprung in der Schüssel haben?"

„Gut möglich", meinte Schreiber. „Aber das soll ja auch bei Kriminalbeamten vorkommen. Wenn ich an meinen Freund Leyendecker denke …"

„Der ist auch Jäger."

„Fragt sich nur, woher er den Sparren hat. Von der Kripo oder vom Weidwerk?"

Lex schob seine auf die Nasenspitze gerutschte Brille zurück vor die Augen. Weil er dazu den Mittelfinger benutzte, wirkte es wie eine obszöne Geste, war aber wohl nur eine Gedankenlosigkeit. Für einen Stinkefinger war der Kommissar viel zu korrekt.

„Was haben Sie sonst noch über die Schulte-Appelhoffs herausbekommen?"

Schreiber hatte keine Lust, Lex alles zu erzählen, was er wusste, ohne selbst irgendetwas Neues zu erfahren. „Sie haben das mit dem Geben und Nehmen falsch verstanden", sagte er. „Ich gebe und Sie nehmen, so wird das nichts mit uns, Herr Lex. Bevor ich meine Recherchen über die Appelhoffs ausbreite, würde ich gern wissen, was Sie zu Kasimirs Tod herausbekommen haben. Zum Beispiel, ob Sie einen Selbstmord oder Jagdunfall ausschließen können?"

Lex zögerte einen Augenblick. „Das LKA sagt, dass der tödliche Schuss nicht aus unmittelbarer Nähe abgegeben wurde. Er stammte auch nicht aus Kasimirs Waffe. Das Opfer führte wohl eine Großwildbüchse. Die hätte ein viel größeres Einschussloch hinterlassen."

„Hat die Spurensicherung das Geschoss gefunden?"

„Nein. Die Spusi hat ein paar Sachen gefunden, aber nichts, was uns jetzt weiterhilft. Fremde Faserspuren sind ja schön und gut. Aber die helfen mir erst weiter, wenn ich einen Tatverdächtigen habe, mit dessen Zeug ich sie vergleichen kann."

„Und den gibt's nicht?"

„Noch nicht. Dieser Kasimir galt in der Familie als harmloser Trottel. Seine Frau ist vor Jahren an Krebs gestorben. Die Ehe war kinderlos. Wie fast alle Schulte-Appelhoffs war Kasimir finanziell unabhängig. Ein Motiv ist nirgends erkennbar."

„Merkwürdig." Hannes nahm einen Schluck Riesling. „Zu Kasimir habe ich auch nichts herausgefunden. Zum Rest der Familie schon. Wenn Sie morgen früh das Magazin kaufen, können Sie es nachlesen."

„Ich wüsste es gern heute schon."

Hannes überlegte einen Moment. Dass Lex seine Geschichte der Konkurrenz noch heute Abend steckte, glaubte er nicht.

„Wenn Sie bis morgen dicht halten."

Lex lächelte. „Großes Indianerehrenwort."

Schreiber streckte sich auf dem Stuhl aus und berichtete vom Erbfolgekrieg im Hause Schulte-Appelhoff. Wie immer beim Reden, nahm er rasch Fahrt auf. Er erzählte die Geschichte vom Testament des toten Familienoberhaupts in Leuchtfarben. Hannes nannte alle Namen – bis auf einen. Konrad Schulte-Appelhoff blieb bei seinen Ausführungen außen vor.

Lex merkte das natürlich. „Ihren Informanten werden Sie nicht preisgeben, oder?"

„Auf keinen Fall."

Schreiber legte ein Scheitholz in den Ofen. Draußen dunkelte es schon. An die langen Winterabende in der Hütte würde er sich gewöhnen müssen.

„Wir haben jetzt einen Mann mit einem Motiv", sagte er und setzte sich wieder an den Küchentisch.

„Ein Mann mit Motiv ist noch lange kein Mörder."

„Das hat mir vor kurzem schon jemand gesagt, Herr Lex. Aber ein Mann mit Motiv ist besser als nix. Haben Sie Richard junior eigentlich schon einmal vernommen?"

Der Kommissar verdrehte die Augen. „Wir haben alle vernommen, die in der Nähe saßen. Als Zeugen natürlich. Dabei ist nichts herausgekommen. Keiner will etwas bemerkt haben."

„Dann vernehmen Sie Rick Appelhoff doch noch mal. Diesmal als Beschuldigten."

„Glauben Sie im Ernst, dass der sich als Beschuldigter vernehmen lässt? Der macht das genau wie Sie. Nimmt sich einen Anwalt und sagt kein Sterbenswort."

Hannes nippte an seinem Glas. Es war leer. Er goss nach. „Aber nervös wird er werden, wenn Sie ihn vorladen. Und wer nervös wird, macht Fehler."

„Ich kann's ja mal versuchen."

Lex kam Schreiber vor wie ein Hund, den man zum Jagen tragen musste. Er hatte offensichtlich keine Lust, sich mit der Familie Appelhoff anzulegen. Also warf Hannes ihm einen anderen Knochen hin.

„Ich hab' da noch was für Sie. Ein Foto aus unserer Wildkamera." Er holte sein Laptop, fuhr es hoch und klickte das verräterische Eichhörnchen an. „Das Bild ist 20 Minuten, nachdem Frau Thelen den Hochsitz verlassen hatte, entstanden. Sehen Sie den Menschen da im Hintergrund? Der muss die Schüsse auf Kasimir mindestens gehört haben."

Lex rückte die Hornbrille zurecht und starrte auf das Display. „Verdammt unscharf."

„Können Ihre Kriminaltechniker daraus nichts machen? Diese IT-Fuzzys tun doch immer so oberschlau."

„Die können nur umgekehrt: aus einem scharfen Foto ein unscharfes machen. So wie Sie von der Presse heute gepixelte Gesichter drucken, wo Sie früher den Leuten einen schwarzen Balken über die Augen gelegt haben. Ein unscharfes Foto ist ein unscharfes Fotos und das bleibt es vermutlich auch. Ziehen Sie es mir trotzdem mal auf meinen USB-Stick. Dann sollen sich die Techniker das mal ansehen."

Lex fischte einen Stick aus den Tiefen seiner Aktentasche. Schreiber überspielte das Bild.

„Und was war jetzt mit Ihrem Einbruch?" Der Kommissar sah sich in der Hütte um. „Sieht doch alles ganz ordentlich aus hier. Oder haben Sie schon wieder aufgeräumt?"

Hannes holte den Schrieb aus dem Schlafzimmer. Er hatte ihn in eine Klarsichthülle gesteckt.

„Das habe ich heute gefunden. Es steckte auf einer Sprosse des Hirschgeweihs da drüben. Deshalb das Loch. Es ist übrigens der Hirsch, den ich bei der Drückjagd der Appelhoffs geschossen habe. Die Leute, die den Wisch da hingehängt haben, müssen das Vorhängeschloss an der Tür abgeknipst haben, um reinzukommen. Es fehlte, als ich zurückkam."

Lex warf einen Blick auf das Blatt. „Kann ich das mitnehmen? Vielleicht finden wir Fingerabdrücke."

„Meine vermutlich", sagte Schreiber. „Ich glaube nicht, dass jemand so dumm war, den Brief mit bloßen Händen anzufassen."

„Haben Sie einen Verdacht?"

„Leyendecker will mich hier weghaben. Diese Tierrechtler aus Klüssert sicher auch. Deren Namen hatte ich Ihnen neulich gemailt. Haben Sie die mal gescannt?"

Lex nickte. „Der Mann ist ein unbeschriebenes Blatt. Die Frau hatten die Kollegen mal in Verdacht wegen eines Einbruchs in eine Pelztierfarm. Hat sich aber nie erhärtet, der Verdacht."

„Na dann." Schreiber hatte genug. Wenn er noch einen Wein mehr tränke, hätte er dem Kommissar vermutlich gesagt, für was für einen Lahmarsch er ihn hielt. Also ließ er sein leeres Glas leer und war froh, als Lex endlich ging.

Kapitel 23

Brötchen. Dies war ein Morgen für frische Brötchen. Nichts gegen Vollkornbrot. Aß sie jeden Tag. War lecker. Machte satt. Aber manchmal mussten es Brötchen sein. Erst ein normales mit Butter und Erdbeermarmelade, danach ein Mohnbrötchen mit Käse. Dazu eine Schale Milchkaffe und die Morgenzeitung. Mirja schlüpfte in Jogginganzug und Sneakers und rannte zur Bäckerei. Wenn schon Brötchen, dann vernünftige. Nicht diese Teiglinge von der Tanke. Auf dem Rückweg bremste sie beim Tabakladen und kaufte die Bayerische Zeitung und das Magazin. An gewöhnlichen Tagen las sie die Online-Ausgaben der Blätter beim Frühstück auf dem iPad. Nur wenn sie Zeit und Lust hatte, kaufte sie sich die Print-Versionen. War ziemlich old school, aber sie liebte die langen Geschichten, und das Rascheln der Zeitungsblätter beim Umblättern erinnerte sie an ihren Opa, der sich beim Frühstück hinter der Bayerischen verschanzte, wenn die Oma ihm auf die Nerven ging. Irgendwann ging Oma jedem auf die Nerven, selbst Mirchen. Sie nahm dann einen Teil der Zeitung und schaute sich die Bilder an. Lesen konnte sie damals noch nicht.

Rick hatte ihr den Namen seines Buddys bei der BZ nicht genannt und sie hatte vergessen, ihn danach zu fragen. Sie hatten anderes zu tun gehabt auf dem Sofa vor dem Kamin. My god, konnte der Kerl küssen. Keinen Moment hatte sie an etwas anderes gedacht als an seine großen Hände auf ihrer Haut, zärtlich und zupackend zugleich. Sie war gar nicht schnell genug aus den Klamotten gekommen, um ihn überall zu fühlen. Rick hatte auch beim Vögeln Stil. Mirja hatte manchmal Mühe, zum Orgasmus zu kommen, besonders in der allseits beliebten Missionarsstellung. Rick erkannte das schnell und drehte sie mit seinen Pranken auf den Bauch. Sein Finger zwischen ihren Beinen gab ihr den Rest. Wie Wogen überspülte sie die Lust, immer wieder, bis die Flut langsam verebbte. Ihr wurde warm, wenn sie daran dachte.

Mirja warf die Kaffeemaschine an, machte Milch warm und deckte den Frühstückstisch. Rick hatte sie eingeladen, über Nacht bei ihm im Jagdhaus zu bleiben. Abgesehen von den nächtlichen Freuden wäre es sicher lehrreich gewesen, mit ihm aufzuwachen und zu frühstücken. Von ein paar One-Night-Stands wusste sie, dass man einen Mann am besten am Morgen danach kennenlernte. Mirja war dennoch abends nach Hause gefahren. Allzu eng sollte sie Rick nicht an sich heranlassen, sagte ihr der Verstand.

Sie setzte sich an den Tisch und zelebrierte ihr Frühstück. Biss in das Brötchen und leckte sich die überschüssige Marmelade von den Lippen. Trank Kaffee und blätterte in der Bayerischen. Auf der Seite Zwei hatten sie eine Gerichtsreportage über den NSU-Prozess. Es ging mal wieder um den Streit der Hauptangeklagten mit ihren Verteidigern. Davon hatte sie inzwischen fünf. Auf halber Strecke flog Mirja aus einer der vielen Kurven des Textes. Der Autor war einer jener Faktenhuber, die vor lauter Detailwissen vergaßen, welche Geschichte sie der Leserin eigentlich erzählen wollten. Das durfte ihr mit dem Schulte-Appelhoff-Text nicht passieren. Andererseits fand sie es beruhigend, dass auf der Zwei der BZ nicht nur Kisch-Preis-verdächtige Storys standen.

Sie schob die Zeitung weg und belegte ihr Mohnbrötchen mit mittelaltem Gouda. Ein französischer Landwirtschaftsminister hatte mal hochgenäselt, mit Käse aus Holland würde er nicht mal Mäuse fangen. Mirja schmeckte der Gouda, obwohl er „Pikantje von Antje" hieß. Sie nahm einen Schluck Kaffee und griff zum Magazin. Auf dem Titel sangen sie mal wieder eine Abnehm-Arie. Mirja konnte die Magazin-Diäten, die ihre Mutter schon gemacht hatte, nicht mehr zählen. Ma trug immer noch schwer an ihren 15 Kilo Übergewicht.

Sie klappte den Umschlag auf und schaute ins Editorial. Chefredakteur Stefan Bartelmus, ein gutaussehender Mann Ende 50, führte durchs Programm. Mirjas Blick blieb an einem anderen Gesicht hängen. Es gehörte Hannes Schreiber. Er grinste mit einem Kollegen namens Dieter Borchert um die Wette. Mirja vergaß zu kauen. Mit fahrigen Fingern blätterte sie zur Seite 28:

„Erbfolgekrieg bei Appelhoffs. Von Borchert & Schreiber"

Die Geschichte begann mit einem doppelseitigen Familienfoto. Alle vier Schulte-Appelhoffs in bayerischer Tracht. Mutter Luisa und Tochter Carmen trugen Dirndl, Vater Richard einen Janker. Ein etwa zehnjähriger Rick lümmelte in kurzer Lederhose auf dem Teppich. Er lag quer vor dem Rest der Familie. „Dieses Bild schickten die Schulte-Appelhoffs vor fast 20 Jahren als Weihnachtsgruß an die Verwandtschaft", hieß es in der Bildunterschrift. „Damals lag Richard junior in der Gunst des Vaters noch vorn. Am Ende wollte er Tochter Carmen als Familienoberhaupt inthronisieren. Dazu kam er nicht mehr."

Mirja schluckte den Bissen Brötchen herunter. Er schmeckte schrecklich. Sie überflog die Geschichte wie im Fieber. Jemand hatte dem Magazin den Entwurf eines Testaments zugespielt, das Ricks Vater kurz vor seinem Tode aufgesetzt hatte. Darin war Carmen als Erbin seiner Anteile an der Familienholding vorgesehen, nicht Rick.

„Dass Richard junior der richtige Mann für den Job seines Vaters ist, wird nicht nur in der weitläufigen Familie bezweifelt", schrieben die Magazin-Reporter. „Jung-Richard, der sich gern Ricardo oder Rick nennen lässt, studiert Forstwissenschaft in München – und das schon ziemlich lange. Das Einzige, das er sich bisher selbst erarbeitet hat, ist sein Ruf als Gaudi-Bursch' und Womanizer in der Schwabinger Schickeria."

Mirja merkte, dass ihre Hände feucht wurden. Sie fuhr sich durchs Haar. Ohne hinzugucken, griff sie nach der Kaffeetasse. Leer. Sie ging zum Spülbecken, warf sich eine Handvoll Wasser ins Gesicht und trank aus dem Kran. In gierigen Schlucken. Danach fühlte sie sich ein bisschen ruhiger. Sie setzte sich an den Tisch und las weiter.

„Das Erbe wird dem feschen Rick niemand nehmen können. Sein Vater hat ihm in einem fast 20 Jahre alten Testament seine Firmenanteile zugedacht. Dieses Vermächtnis gilt als sein letzter Wille. Richard Schulte-Appelhoff ist nicht mehr dazu gekommen, das ausformulierte neue Testament mit Tochter Carmen als Erbin zu unterschreiben. Bei der traditionellen Familienjagd kam er auf mysteriöse Weise ums Leben. Die Trierer Kripo geht von einem Jagdunfall aus. Eine verirrte Kugel soll den Clan-Chef ins Herz getroffen haben. Der Schütze konnte bisher nicht ermittelt werden. Auch eine bewusste Tötung ist nicht ausgeschlossen. ‚Selbstmord scheidet auf Grund der Spurenlage aus', sagte Hauptkommissar Thomas Lex von der Kriminaldirektion Trier dem Magazin. ‚Ansonsten ermitteln wir in alle Richtungen.'"

Mirja geriet in Rage. Sie sprang auf und tigerte durch die Küche. „You bloody asshole", schrie sie den Kühlschrank an. Schreiber hatte, ohne ein Wort über seine eigene Festnahme zu verlieren, Rick als möglichen Mörder hingehängt. Als Mann mit Motiv. Als verbummelten Studenten. Als Playboy. Wahrscheinlich hatten die Magazin-Reporter das neue Testament irgendeinem zu kurz gekommenen Appelhoff abgekauft. Mit Geld konnte jeder Depp einen Scoop landen. Sogar dieser Waldschrat von Schreiber, der seinen faltigen Arsch im Freien wusch und dabei Hits für 100-Jährige sang.

Mirja zwang sich an den Tisch zurück. Sie musste die Magazin-Geschichte zu Ende zu lesen.

„Den Clan-Chef wird sich Rick Schulte-Appelhoff vermutlich abschminken müssen. Zwar gehören ihm mehr als ein Drittel der Anteile an der Familienholding. Um die notwendige absolute Mehrheit der Stimmen zu erreichen, braucht Ricardo jedoch Verbündete.

Zwei Mehrheitsbeschaffer seines Vaters, enge Vertraute des alten Appelhoff, sollen bereits abgesprungen sein. Sie halten Rick für unfähig, das traditionsreiche Unternehmen zu führen, heißt es im Kreise der Familie."

Ende der Story. Unter dem Bericht klemmten zwei fingernagelkleine Fotos der Autoren. „Dieter Borchert ist der Magazin-Spezialist für Wirtschaftskriminalität. Reporter Hannes Schreiber lebt zur Zeit in seiner Jagdhütte an der Mosel. Nebenan jagen die Schulte-Appelhoffs."

Mirja stöhnte auf. Fachmann für Wirtschaftskriminalität der eine, Jagdnachbar der Schulte-Appelhoffs der andere. Las sich hervorragend. Klang nach Sachverstand und Erfahrung. Borchert & Schreiber. Erinnerte ein bisschen an Bernstein & Woodward von der Washington Post, die den Watergate-Skandal aufgedeckt hatten. Natürlich waren die Amis ein ganz anderes Kaliber. Aber Borchert & Schreiber waren große Jungs. Mit dem Renommee und der Knete des Magazins im Rücken hatten sie dem kleinen Mirchen mal kurz gezeigt, wie Journalismus ging.

Sie hätte vor Wut in die Tischkante beißen mögen. Wut auf diesen satten, selbstgewissen Schreiber, der es sich leisten konnte, ein Sabbatjahr an der Mosel einzulegen, während junge Journalistinnen wie sie keine Chance auf eine Festanstellung bekamen. Wut auf sich selbst, weil sie, statt anständig zu recherchieren, mit der zentralen Figur der Geschichte gepennt hatte. Dem Mann, der zumindest ein Mordmotiv hatte. Investigative journalism, Enthüllungsjournalismus im wahrsten Sinne des Wortes. Mit vollem Körpereinsatz. Mirja pfefferte das angebissene Käsebrötchen in die Mülltonne. Der Appetit war ihr vergangen.

Sie zog ihre Laufschuhe an, stülpte die Kopfhörer auf die Ohren und rannte los. Zur Mosel und dann flussabwärts an der Stadt vorbei. Auf dem Uferweg, den von April bis Oktober die Fahrradtouristen okkupierten. An diesem Spätherbsttag hatte Mirja ihn für sich allein. Die Alabama Shakes dröhnten in ihren Ohren. You got to hold on. Sie hatte die Truppe auf YouTube gesehen. Die Leadsängerin sah zehn Jahre jünger und 20 Kilo schwerer aus als sie. Aber was für eine Stimme! Der stampfende, rollende Sound der Band passte wunderbar zum Rhythmus ihrer Schritte. Mirja lief nicht mehr, die Musik lief sie. Sie vergaß den Fluss und die Stadt und die Arbeit. Sie rannte und schwitzte und rannte. Die Foo Fighters waren jetzt an der Reihe. Langhaarige Jungs mit einem tollen, blonden Schlagzeuger. Aufs Stichwort blond tauchte Rick in ihrem Kopf auf. Aber nur kurz. Sie forcierte einfach das Tempo und weg war der Kerl.

Bei der Kaiser-Wilhelm-Brücke machte sie kehrt. Sie war länger nicht mehr gelaufen. Ihre Waden brannten. Sie wurde langsamer und war am Ende froh, wieder vor der Haustür zu stehen. Auf welchen Wegen sie hingekommen war, wusste sie nicht mehr. War auch egal. Sie nahm die Treppe in den zweiten Stock, schloss auf und warf sich aufs Sofa. So!

Nach dem Duschen zog Mirja sich frische Sachen an, die neue Jeans und den bunten Norweger-Pulli, den sie bei Hasi & Mausi geschnappt hatte. Sie setzte sich an den Schreibtisch und überlegte, wie es weitergehen sollte mit der Schulte-Appelhoff-Geschichte. Sie rief ein neues Word-Dokument auf, nannte es „To-Do-Liste S-A", starrte auf die leere Seite und grübelte. Wenn sie eine Chance bei der BZ haben wollte, dann musste sie schnell sein. Sie musste auf den Magazin-Artikel reagieren, solange das Heft mit Schreibers Geschichte überall auslag. Es musste eine Art Konter werden. Der Tod im Hause Appelhoff. Was nicht im Magazin stand. Oder so ähnlich. Es durfte nicht um die Erbfolge gehen, sondern um den Tod von Richard und Kasimir Schulte-Appelhoff. Darum, dass Magazin-Reporter Hannes Schreiber wegen der ersten Tat festgenommen und nur aus Mangel an Beweisen wieder freigelassen worden war. Darum, dass die BZ-

Mitarbeiterin Mirja Thelen bei der Recherche Kasimirs Leiche gefunden und die Polizei dorthin geführt hatte. Darum, dass weit und breit kein Motiv für den Mord an Kasimir Schulte-Appelhoff zu erkennen war. Jedenfalls nicht der angebliche Erbfolgekrieg in der Familie. Dass also etwas anderes dahinterstecken musste. Eine tolle Crime-Story konnte das werden. Sie brauchte nur ein paar passende Quotes von der Kripo. Und den Kontakt zur Bayerischen, den Rick ihr versprochen hatte.

Mirja mochte ihn jetzt nicht anrufen. Sie stieg aufs Bike und radelte zum Polizeipräsidium in der Salvianstraße. Der Pressesprecher war ein cooler Typ. Sie kannte ihn von der Arbeit für die Mosel-Zeitung, und – vielleicht noch wichtiger – er kannte sie. Das Trierer Polizeipräsidium war ihre comfort zone, nicht Schreibers.

Im Foyer stand noch immer der lebensgroße Playmobil-Polizist. Mirja ließ sich bei der Pressestelle melden. Kant holte sie persönlich am Empfang ab. Er trug seit ein paar Monaten einen Hipster-Bart, was wegen seiner Vollglatze ein wenig gewollt aussah und ihm den Spitznamen „Der Ajatollah" eingetragen hatte. Aber Kant war okay.

Den Magazin-Artikel hatte er natürlich gelesen. Er fand ihn „nicht schlecht".

„So?"

Kant blickte auf. „Sie nicht?"

„Unser Prof nannte so was Scheckbuch-Journalismus. Das neue Testament haben die sicher irgendwem abgekauft."

„Neidisch?"

„Überhaupt nicht", log Mirja. „Was ich unredlich finde, ist, dass dieser Schreiber mit keiner Silbe erwähnt, dass er in den Fall verwickelt ist. Mir kommt der ganze Artikel vor wie ein Entlastungsangriff."

„Wir haben nichts gegen Schreiber in der Hand, Frau Thelen. Die Leichenschneider haben das Geschoss mit einer Zange aus der Wirbelsäule gerissen und dabei alle Spuren verwischt. Wäre mir übrigens lieb, wenn Sie genau das schrieben."

Mirja nahm ihren Block und notierte den Satz. „Gehen Sie bei Richard Schulte-Appelhoff wirklich von einer verirrten Kugel aus, so wie es im Magazin steht?"

„Das ist das Wahrscheinlichste. Bei der Jagd sind ungefähr 200 Schüsse gefallen. Zur Strecke kamen knapp 100 Kreaturen. Macht round about 100 Kugeln, die ihr Ziel verfehlten. Vermutlich hat ihn eine davon erwischt. Auf welchem Weg oder Umweg auch immer."

„Und Sie sehen keinen Zusammenhang zum Mord an Kasimir Schulte-Appelhoff?"

Kant strich sich durch den Bart. „Jetzt mal langsam zum Mitschreiben", sagte er. „Mord ist ein Tatbestand aus dem Strafgesetzbuch. Paragraf 211. Niedrige Beweggründe, verwerfliche Begehungsweise, Zielsetzung. Sie können die Mordmerkmale im Internet nachlesen. Wenn keines davon vorliegt, ist es kein Mord sondern Totschlag, fahrlässige Tötung oder sonst was. Bei Kasimir können wir nur Selbstmord ausschließen. Er ist aus einer gewissen Distanz erschossen worden, sagt die Spusi. Das kann er nicht selbst gemacht haben. So lange Arme hatte er meines Wissens nicht."

Mirja hasste es, von Männern belehrt zu werden, gestand sich aber ein, dass sie Kant mit ihrem „Mord" das Stichwort gegeben hatte.

„Okay", dehnte sie. „Formulieren wir es halt anders. Sehen Sie einen Zusammenhang zwischen beiden Todesfällen?"

Kant überlegte lange, ehe er antwortete. „Es gibt ein paar Hinweise in diese Richtung. Beide Opfer sind verwandt, wenn auch nur weitläufig. Beide Todesfälle ereigneten sich im selben Wald. Beide bei der Jagd. Und in beiden Fällen waren Schusswaffen im Spiel. Abschließende Aufzählung. Einen Zusammenhang sehen die Kollegen von der Kriminaldirektion beim gegenwärtigen Stand der Ermittlungen trotzdem nicht. Dazu sind die Umstände zu verschieden."

„Darf ich Sie so zitieren?"

„Ja. Aber bitte mit den beiden letzten Sätzen, Frau Thelen. Sonst gibt's Ärger."

Mirja hatte das Präsidium gerade verlassen, als ihr Handy erzitterte. Ein Blick aufs Display. Rick Schulte-Appelhoff. Sie drückte den Anruf weg und radelte nach Hause. Kaum angekommen, meldete er sich wieder. Diesmal nahm sie an.

„Morgen, Mirja. Hier ist der Schlawiner aus Schwabing. Gut geschlafen?"

„Gut geschlafen und schlecht gefrühstückt. Ich hab' die Magazin-Geschichte gelesen. Mir ist das Brötchen aus dem Gesicht gefallen."

„Armes Hascherl."

„Ist dir die Story nicht auf den Magen geschlagen?"

„Nicht wirklich. Da will irgendein Loser aus der Familie Stimmung gegen mich machen."

„Weißt du wer?"

„Noch nicht."

„Was hast du jetzt vor? Willst du gegen die Geschichte vorgehen? Ich meine, die haben dich ziemlich unfair behandelt."

„Sinnlos", sagte Rick. „Lass uns lieber journalistisch kontern, Mirja. Ich schick' dir gleich die Kontaktdaten von meinem Buddy bei der Bayerischen. Hab' schon mit ihm telefoniert. Der ist ganz heiß auf deine Geschichte. Ruf ihn am besten sofort an."

Das tat sie. Oder vielmehr, sie versuchte es. Thomas Mahlendorf sei nicht am Platz, beschied sie der Kollege, der sich unter seiner Nummer meldete. Ob er zurückrufen könne? Mirja hinterließ ihre Festnetznummer. Sie nahm ihren Notizblock und blätterte ihn durch. Eigenes Material für eine Geschichte hatte sie genug. Aus den Artikeln der Mosel-Zeitung konnte sie auch einiges verwursten. Die Frage war, wie sie die Story erzählen sollte. Dazu brauchte sie eine klare

Ansage aus München. Vor allem wegen der Länge. Sie griff zur Bayerischen und zählte nach, wie viele Zeilen der NSU-Prozess auf der Seite Zwei hatte. 300 Zeilen à 40 Anschläge. Machte 12 000 Zeichen inklusive Leerzeichen. 12 000 Zeichen! Ihr längster Artikel in der Mosel-Zeitung hatte 2 900 Zeichen gehabt. Ganz schön mutig, sich mit so wenig Erfahrung auf ein Qualitätsblatt zu stürzen.

Bevor die Angst vor der eigenen Courage sie lähmen konnte, bimmelte das Telefon. 089. Eine Münchner Nummer. Es war dieser Mahlendorf.

„Sorry, Frau Thelen. Ich war in der Konferenz", sagte er. „Man verhockt da manchmal wertvolle Zeit."

„Kein Problem", sagte Mirja. Etwas Besseres fiel ihr nicht ein. Sie war nervös.

„Rick Schulte-Appelhoff hat mir von Ihnen vorgeschwärmt. Toughe Journalistin aus Trier. Für wen schreiben Sie da?"

„Für die Mosel-Zeitung."

„Nie gehört."

„Das ist die Regionalzeitung hier an der Mosel. Allein auf dem Markt und manchmal etwas verschnarcht."

„Trauen Sie sich zu, für uns eine Seite Zwei zu schreiben, Frau Thelen?"

Mirja sagte: „Ja." Was hätte sie sonst sagen sollen?

„Prima. Dann erzählen Sie mir bitte, wie Sie sich die Geschichte vorstellen. Die Magazin-Geschichte kenne ich."

Mirja versuchte, sich so kurz wie möglich zu fassen. Wenn sie den Redakteur langweilte, überlegte er es sich vielleicht nochmal mit dem Auftrag. Sie trimmte die Geschichte auf Crime, schilderte Schreibers Verwicklung in den Fall, erzählte von ihrem Leichenfund bei der Recherche und den Gesprächen mit der Trierer Polizei.

„Hört sich spannend an. Wie viel Platz brauchen Sie?"

„So viel, wie Sie mir geben."

Mahlendorf lachte. „Übertreiben Sie es mal nicht mit der Professionalität. Bei uns kämpft jeder um möglichst viel Platz für seine Geschichte."

„Das mach' ich dann beim nächsten Mal, Herr Mahlendorf."

„Sie lernen schnell. Also sagen wir 10 000 Zeilen. Kürzen können wir immer noch. Wann können Sie liefern?"

„Morgen Mittag", sagte Mirja, ohne nachzudenken.

Kapitel 24

Schreiber fuhr hoch. Smokie stand an der Hüttentür und bellte. Er tastete nach seinem Handy. 02:11. Schritte auf dem Holzdeck. Klopfen an der Tür.

„Wer ist da?"

„Isch sinn et."

Mattes Frühauf. Hannes stieg aus dem Schlafsack, machte Licht und entriegelte die Hüttentür.

„Konntest du mich nicht anrufen, Mattes? Ich hab' gedacht, die Bullen wären wieder da."

„Hann isch doch. Aber du biss net drangegangen."

Schreiber sah auf sein Handy. Verpasster Anruf. Verpennter Anruf wäre richtiger gewesen.

„Was ist los, Mattes?"

„Isch brauchen Hilf, Hannes. Isch hann uff den dicken Keiler geschuss. Aber er liegt net. Kannst du mit den Hund kummen?"

„Jetzt? Ich such' doch kein dickes Schwein im Dunkeln nach, Mattes. Ich bin doch nicht lebensmüde. Lass uns warten, bis Licht ist."

„Dat geht net lang, Hannes. Ehrlisch. Am Anschuss is en Million Liter Schweiß."

Schreiber überlegte nicht lange. An einschlafen war ohnehin nicht mehr zu denken. Er zog sich an, schnappte Rucksack, Repetierer und Hund und stieg zu Frühauf in den Daihatsu. Sie fuhren zu Monzels Weide. Mattes hatte auf der Kanzel am Waldrand gesessen und von da die Sau auf 100 Meter beschossen, erzählte er.

„Viel Licht war net. Aber isch sinn gut klargekumm."

Während sie zum Anschuss gingen, setzte Hannes die Stirnlampe auf. Zum Glück hatte er gerade die Batterien gewechselt. Der Lichtstrahl reichte mehr als zehn Meter weit. Das Flatterband, mit dem Frühauf den Anschuss markiert hatte, war gut zu sehen.

„Wohin ist das Schwein weg?"

Mattes zuckte mit den Schultern. „Dat Mündungsfeuer hat misch total geblendet."

Schreiber legte den Hund ab und ging mit Frühauf zum Anschuss. Er lag in einer flachen Mulde. Es gab tatsächlich eine Menge Schweiß. Allzu weit sollte die Sau mit dem Schuss nicht mehr gegangen sein.

„Wann hast du geschossen, Mattes?"

„Kurz nach een."

Hannes sah auf die Uhr. Seit dem Schuss war mehr als eine Stunde vergangen. Wahrscheinlich lag das Schwein mausetot irgendwo auf der Weide. Er holte Schweißhalsung und Riemen aus dem Rucksack und führte Smokie zum Anschuss. Der Hund nahm Witterung auf und fand den Abgang der Fährte. Er legte sich in den Riemen und zog Richtung Waldkante. Schreiber gab ihm fünf Meter Vorsprung.

Wie immer war Smokie zu schnell unterwegs. Er war ein Terrier und kein Schweißhund. Wenn es keine allzu starken Verleitungen gab, fand Smokie normalerweise zum Stück. Es war ein beruhigendes Gefühl, den Hund auf der Jagd dabeizuhaben.

Am Waldsaum angekommen, bog Smokie nach rechts. Zwischen Wiese und Wald zog sich ein kleiner Graben. Den ging es vielleicht 40 Schritte entlang, bis der Schweißriemen schlapp wurde. Smokie war am Stück. Er bellte wie blöd. Hannes nahm die Büchse von der Schulter und repetierte durch. Vorsichtig trat er näher. Im Graben lag das tote Tier. Für eine Sau war es wirklich riesig. Schreiber bewegte den Kopf. Der Lichtstrahl seiner Lampe tastete den Tierkörper ab. Als er am viel zu langen Pürzel anlangte, wusste Hannes, was los war. Er drehte sich um. Mattes Frühauf stand ein paar Schritte hinter ihm und strahlte. Seine Beute konnte er von dort nicht erkennen.

„Isch hann dir et ja gesacht? Et geht net lang", frohlockte er.

Hannes wünschte ihm Weidmannsheil und bekam einen Lachanfall. Frühauf schüttelte den Kopf und ging an ihm vorbei.

„Dat is net wahr. Hannes, sach mir, dat dat net wahr is!"

Im Graben lag eine pechschwarze Kuh. Auf der Suche nach grünerem Gras musste sie durch Monzels maroden Zaun geschlüpft sein. Der Rest der Herde ruhte friedlich auf der Nachbarweide.

Schreiber richtete die Stirnlampe auf Mattes Frühauf. Sein Gesicht war noch viel roter als sonst. Er ließ den Kopf hängen und schaukelte die Backen. Hannes legte ihm den Arm um die Schultern.

„Kopf hoch, Mattes. Du bist nicht der Erste, dem so was passiert. Das Biest hat in der blöden Mulde gestanden. Du hast die Beine nicht gesehen. Bei dem Licht wirkt der Körper dann wie eine grobe Sau."

‚Wie eine Monstersau', dachte Hannes. Aber das behielt er für sich. Wenn man nachts stundenlang auf dem Hochsitz hockte, wurde aus Wünschen und Denken manchmal Wunschdenken. Es waren schon Pferde als Wildschwein erschossen worden.

Mattes nickte. „Genauso war et. Isch hätt schwöre können, dat dat de Keiler is, den isch schon en paar Mal gefährtet hann. Dat waren Trittsiegel wie vonner Kuh."

Hannes lachte laut auf. „Vielleicht stammte die Fährte auch von der Kuh, Mattes."

„Wer den Schaden hat…" Frühauf grinste gequält. „Apropos Schaden. Isch muss den Monzel anrufen."

Es dauerte ewig, bis sich der Bauer meldete. Mattes schilderte ihm die Lage in breitestem Moselplatt. „Er kimmt mit dem Schlepper", sagte er, nachdem er das Gespräch beendet hatte. „Anners kriegen mer die Kuh net fort."

„Und was machen wir dann damit?"

„Die essen mer. Wat sous?"

„Wie willst du das Monstrum denn in deiner Wildkammer zerwirken? Die Kuh passt ja nicht mal durch die Tür."

„Dat Tier bringen isch zum Andi."

Andi war Metzger und schaffte auf dem Schlachthof in Ehrang. Zu Hause in Thörnich hatte er seine Garage als Schlachtraum ausgebaut. Wenn sie ein dickes Schwein schossen, brachten sie es Andi. Er zerwirkte es professionell, schweißte die Bratenstücke ein und machte wohlschmeckende Würste. Wahrscheinlich behielt er auch ein bisschen was für die eigene Küche. Aber das gehörte zum Deal.

Frühauf rief Andi gleich an. Es war immer noch tiefe Nacht und entsprechend begeistert schien der Metzger zu sein. Mattes brauchte ein paar Minuten, um ihn von der Notwendigkeit einer Nachtschicht zu überzeugen. „Et soll dein Schaden net sinn, Andi."

Dann kam Monzel. Die Scheinwerfer seines alten Treckers fingerten über die Felder. Er wusste, wohin er fahren musste und hielt direkt auf Frühauf und Schreiber zu. Sein ohnehin stets mürrisches Gesicht spielte ins Terroristische, als er ausstieg.

„Wo is die Kuh?"

Mattes zeigte in den Graben.

„Dat kommt disch teuer zu stehn, Frühauf. Dat sagen isch dir. Du elenien Hund has meine best Kuh erschoss."

Mattes stammelte eine Entschuldigung, aber Monzel hörte ihm nicht zu. Er stieg in den Traktor und rangierte so lange, bis die große Schaufel, die vorne auf der Gabel saß, direkt vor der toten Kuh lag.

„Sieht zu, wie ihr dat Tier da rinkriegt", brüllte er über das Motorgeräusch.

Frühauf und Schreiber zerrten an der Kuh. In die Schaufel kriegten sie sie nicht. Am Ende zog Monzel das Rind mit dem Traktor aus dem Graben und schob anschließend die Schaufel darunter. Auf Knopfdruck schwebte die Kuh in die Höhe.

„Wohin?", brüllte Monzel.

„Bei de Metzger nach Thörnich." Mattes hastete zum Auto und sprang hinein.

Schreiber blieb zurück. Den Rest sollten die Herren von der Mosel unter sich ausmachen. Er schulterte Rucksack und Büchse und machte sich mit Smokie auf den Heimweg. Der Terrier rannte sich das Jagdfieber aus dem Leib. Selbst in der Nacht war sein weißes Fell weithin zu erkennen. Der Mond hielt sich hinter einer Wolke verborgen. Das Land lag still.

Hannes war hellwach. Warum sollte er sich jetzt noch ins Bett legen und bis zum Frühstück hin- und herwälzen? Er holte das Nachtglas aus dem Rucksack und hängte es sich um. Zum Pirschen war das 8 × 56 eigentlich zu schwer, aber für einen bewaffneten Spaziergang sollte es gehen. Mehr hatte er nicht vor. Ein wenig über die Waldwege bummeln und nach den Schweinen schauen. Er hatte lange keins mehr geschossen. Nächtelange Ansitze waren nicht sein Ding. Meist blieb er zwei, drei Stunden hocken und wartete darauf, dass nichts passierte. Dann war seine Geduld erschöpft. Er streckte sich auf dem Hochsitz aus und fiel in einen unruhigen Schlaf. Gegen zwei wurde er wieder wach, warf einen Blick auf die unberührte Kirrung und hatte genug. Er packte seine Sachen ein und fuhr zur Hütte zurück. So ging das jedes Mal.

Dann schon lieber Pirschen. Wenn der Wind passte und genug Licht war, standen die Chancen gar nicht schlecht. Und spannender war es ohnehin. Wie anders der Wald bei Nacht aussah. Geheimnisvoll und ja, auch ein bisschen beängstigend. Schreiber konnte sich noch so oft klarmachen, dass der nächtliche Wald ein viel sicherer Ort war als die nächtliche Großstadt. Es nutzte nichts. Sein Verstand kam nicht an gegen das mulmige Gefühl, das ihn nachts im Wald beschlich. Er schob es auf sein äffisches Erbe. Die Angst des Schimpansen vor dem nächtlichen Leopard. Oder so was in der Art. Angst war einfacher zu ertragen, wenn man eine Ausrede hatte.

Langsam gewöhnten sich seine Augen an die Dunkelheit. Das Mondlicht tat ein Übriges. Die Wolkendecke war aufgerissen. Auf den Schneisen, die der Vollernter in den Bestand gefräst hatte, hätte er jede Sau gesehen. Wenn eine dagewesen wäre. War sie aber nicht.

Hannes fiel auf, dass er zu schnell unterwegs war. „Pirschen gehen heißt pirschen stehen", hatte ihm sein Lehrprinz einst eingetrichtert. Er verlangsamte seine Schritte, hielt an und nahm das Nachtglas vor die Augen. Gut, dass er sich das teure Ding gekauft hatte. Ihm kam es vor, als hellte es den Wald auf. Er konnte sogar den Holzpolter erkennen, den die Waldarbeiter 100 Schritt vor ihm am Wegesrand aufgeschichtet hatten. Und den Mann, der daran lehnte.

Schreiber machte ein paar schnelle Schritte zur Seite, um außer Sicht zu kommen. Hinter einer Buche verdeckt, hob er wieder das Glas und lugte um den Stamm. Der Mann hatte sich von dem Polter gelöst und kam auf ihn zu. Ein Gewehrlauf überragte seine Schulter. Ein Fernglas hing vor seiner Brust. Der Kerl war relativ klein und als er auf 50 Meter heran war, erkannte Hannes, wer es war. Smokie wurde unruhig. Er zog die Kippohren hoch. Auf Hannes' Handzeichen ging er ins Down.

Langsam kam der Mann näher. Schreiber blieb bewegungslos hinter seiner Buche. Er ließ den Typ ein paar Schritte vorbei. Dann brüllte er ihm in den Rücken.

„Halt, Jagdschutz!"

Ferdi Leyendecker fuhr herum. Er starrte Hannes mit offenem Mund an.

„Was erlauben Sie sich, nachts bewaffnet in unserem Revier rumzuschleichen? Was Sie hier treiben, ist Jagdwilderei, Leyendecker. Legen Sie Ihre Waffe auf den Boden und gehen Sie fünf Schritte zurück."

Leyendecker blieb stehen.

„Na, wird's bald?"

„Du kannst mich am Arsch lecken, Schreiber."

„Das bisschen Arsch ist schnell geleckt."

Leyendecker schnaubte. „Deine Schweine interessieren mich einen Scheißdreck, Schreiber. Wir haben selbst genug im Revier. Da kann ich mich jagdlich austoben, wann ich will. Euer mickriges Abstauberrevier kannst du dir sonst wohin schieben. Ich hab' es nur betreten, weil ich einen Wilderer verfolgte."

Hannes lachte auf. „Und ich hab' sogar einen auf frischer Tat ertappt", sagte er, „dich!"

Die beiden Jäger standen sich gegenüber. Der lange Schreiber und der kleine Leyendecker. Seit der Drückjagd waren sie sich spinnefeind. Hannes hasste den Giftzwerg, der ihn in den Polizeiknast gebracht hatte. So weit, dass er ihn mit der Waffe bedrohte, ging sein Hass nicht. Er nahm sein Handy aus der Tasche und fotografierte. Ferdi Leyendecker mit geschulterter Büchse morgens um kurz nach drei in einem fremden Revier. Prima Beweisfotos für eine Anzeige wegen Wilderei.

Als das Blitzlicht zuckte, rastete Leyendecker aus. Er rannte auf Schreiber zu und schlug ihm das Smartphone aus der Hand. Im hohen Bogen flog es auf den Boden. Leyendecker bückte sich danach. Schreiber holte aus und trat ihm mit aller Macht in den Hintern. Der Jagdaufseher fiel vornüber. Hannes warf sich auf ihn. Der Lauf der fremden Büchse schlug ihm ins Gesicht. Er kümmerte sich nicht darum, drückte Leyendeckers Gesicht gegen den Waldboden, ließ kurz nach und knallte den Kopf wieder auf den Grund.

„Was erlaubst du blöde Sau dir eigentlich?", brüllte er. „Was meinst du eigentlich, wer du bist, du mieses Arschloch? Dein Beschützer ist tot und bei der Kripo bist du lange nicht mehr. Den kleinen Gott kannst du in Hummeroth spielen, aber nicht hier. Nicht in unserm Revier."

Schreiber sprang auf, nahm die Büchse hoch, ging in Anschlag und repetierte durch.

„Verschwinde jetzt. Sofort. Wenn du es wagst, an deine Waffe zu packen, schieß' ich dir in die Beine. Und falls du mir das nicht zutraust: Dich würd' ich liebend gern in Notwehr erschießen, Leyendecker. Dich schon!"

Mühsam kam Leyendecker hoch. Er sah Schreiber nicht an. Er drehte sich ab und ging weg. Die Büchse geschultert. Mit großen Schritten stapfte er in die Richtung, aus der er gekommen war. Nach 150 Metern verschmolz er mit der Dunkelheit.

Schreiber schnaufte durch. Er setzte die Stirnlampe auf, suchte den Waldboden nach seinem Handy ab. Als er es endlich gefunden hatte, löschte er das Licht wieder und schlich auf Umwegen Richtung Hütte. Er traute Leyendecker zu, ihm unterwegs aufzulauern. Der Kerl war größenwahnsinnig. Der würde versuchen, sich für die erlittene Schmach zu rächen. So oder anders. Jetzt oder später.

Am Ende des Waldes angekommen, hörte Schreiber einen Schuss. Der Knall kam aus der Ecke, in der er gerade gewesen war, meinte er. Das konnte auch täuschen. Hannes sah zu, dass er nach Hause kam.

Kapitel 25

Es wurde elf, ehe Schreiber aufstand. Er hatte schlecht geschlafen und wirres Zeug geträumt. Sein Schlafsack war schweißnass. Beim Frühstück überlegte er, ob er Leyendecker wirklich wegen Wilderei anzeigen sollte. Viel herauskommen würde dabei sicher nicht. Die Geschichte vom Wilderer, den er angeblich verfolgt hatte, machte sich nicht schlecht. Als amtlich bestätigter Jagdaufseher konnte Leyendecker weiter ein bisschen Polizei spielen.

‚Aber nur in seinem Revier‘, dachte Schreiber, ‚nicht in unserem.‘

Er musste dem Kerl Grenzen setzen, sonst war er auf Dauer verloren. Also setzte er sich nach dem Gang mit Smokie hin und schrieb Lex eine Mail. Das nächtliche Foto von Leyendecker hängte er an.

Die Antwort kam postwendend. „Wollen Sie den Kleinkrieg mit Leyendecker wirklich weiterführen?", fragte der Kommissar.

Schreiber: „Ich sehe das nicht als Kleinkrieg, sondern als Abwehrschlacht gegen einen übergriffigen Nachbarn."

Lex: „Ich leite Ihre Anzeige an die zuständigen Kollegen weiter."

Hannes ließ es damit gut sein. Er fuhr zu Mattes Frühauf, um das weitere Schicksal der Kuh zu erkunden. Vielleicht fiel ein Stück Fleisch für den nächtlichen Nachsuchenführer und seinen treuen Hund ab.

Mattes' Gattin wimmelte ihn an der Haustür ab. „De Bestussde schläft noch." Sie trug das zu ihrer grauen Kittelschürze passende Gesicht.

„Wer schläft, der sündigt nicht, Gisela."

„Da wär isch mir bei dem Kerl net sischer", sagte sie und knallte die Tür zu.

Schreiber stand auf der Dorfstraße und dachte nach. Irgendwas außer Rindfleisch hatte er von Frühauf gewollt. Nach einigem Überlegen kam er darauf: die Wildkamera am angesägten Hochsitz. Mattes wollte sie wieder aufhängen. Hannes fuhr zurück ins Revier. Er nahm den Grenzweg, die Forststraße, auf der das ganze Unheil angefangen hatte. Und alles wegen eines jungen Hirschs, wegen einer vergleichsweise mickrigen Trophäe an der Hüttenwand und 200 Euro vom Wildbrethändler. Hätte er sich bloß nicht an der Abstauberjagd beteiligt. Sollten sie doch glücklich werden in ihrem Rotwildpuff, die Schulte-Appelhoffs und ihr Leyendecker! Wenn die sich gegenseitig auf der Jagd erschossen, wäre das nicht sein Problem gewesen. Aber er hatte sich ja unbedingt an die Grenze setzen müssen.

Hätte, wenn und aber, alles nur Gelaber. Hannes konnte die Uhr nicht zurückdrehen, er konnte den Schuss nicht ungeschehen machen. Weder den ersten noch den zweiten. Ist der Schuss erst aus dem Lauf, hält ihn weder Tod noch Teufel auf. Noch so ein Spruch seines Lehrprinzen. Vor 25 Jahren hatte Schreiber den im Pulverdampf ergrauten Nimrod und seine Sprüche belächelt. Nun dachte er manchmal mit Wehmut an Ewald, den längst der grüne Rasen deckte.

Schreiber hatte einen Hang zum Selbstmitleid. Er kannte sich lange genug, um zu wissen, wie der endete. „Sometimes my burden seems more than I can bear. It's not dark yet, but it's getting there." Es gab Zeiten, in denen er beim Autofahren nur diesen einen Dylan-Song spielte. Not dark yet als Endlosschleife.

So weit durfte er es nicht wieder kommen lassen. Statt zu lamentieren, musste er zusehen, wie er aus der Sackgasse herauskam. Wenn er sein Sabbatjahr an der Mosel durchstehen wollte, musste er mit den Leuten hier klarkommen. Nicht nur mit Mattes Frühauf.

Er stellte den Subaru am Grenzweg ab und ging zum Hochsitz. Die neuen Latten waren noch dran. Vorsichtig bestieg er die Leiter. Die Schnitte in den neuen Sprossen waren von vorn kaum zu erkennen. Jemand musste eine feine Säge benutzt haben. Es lag auch kein Sägemehl am Boden. Man hatte sich richtig Mühe gegeben.

„Hinterhältige Arschlöcher", schrie Schreiber. Smokie sah ihn fragend an.

Die Wildkamera hing noch an ihrem Stammplatz. In drei Metern Höhe. An eine Leiter hatte Schreiber natürlich nicht gedacht. Er holte das dreiteilige Alu-Ding von der Hütte, zog die Teile auseinander, lehnte sie an den Baum und schnallte die Kamera ab. Mit dem Wagenheber durchschlug er die angesägten Sprossen. Es reichte, dass er sich hier fast den Hals gebrochen hatte.

Zurück in der Hütte fuhr Hannes das Laptop hoch und schloss die Speicherkarte der Kamera an. Dieses Mal hatte sie keine Eichhörnchen fotografiert, sondern ein junges Paar, das die Leiter ansägte. Schreiber kannte die Leute nicht, aber er nahm an, dass es die Bambibeschützer aus Klüssert waren. Sie hatten in der Dunkelheit zugeschlagen. Dennoch waren ihre Gesichter auf den Fotos gut zu erkennen.

„Es wird eng für euch, Leute. Ganz eng." Smokie wunderte sich, warum der Alte in letzter Zeit redete, auch wenn kein Mensch da war und er nicht diese kleine, sprechende Schachtel ans Ohr hielt. Der Hund konnte sich darauf keinen Reim machen. Von menschlicher Einsamkeit hatte er noch nichts gehört.

Hannes überlegte, was er machen sollte. Lex schon wieder eine Mail schreiben und eins von den Fotos dranhängen? Er wusste nicht mal, wer die Leute auf dem Bild waren. Und wie viele Strafanzeigen wollte er eigentlich noch stellen? Er hatte das Gefühl, als ob er inzwischen mit der halben Mosel im Clinch läge. Was er brauchte, war nicht mehr Ärger, sondern weniger. Diese Sägewerker würden ihm das Jagen zur Hölle machen, wenn sie nur wollten. Einen angesägten Hochsitz konnte er verschmerzen. Aber was war mit der Hütte? Die stand allein und unbeschützt in der Botanik, wenn er unterwegs war. Er dachte an den Drohbrief, den er in der Hütte gefunden hatte, und bekam weiche Knie.

Dann hatte er eine seiner gefürchteten Ideen. Bevor er sie zergrübeln konnte, zog Schreiber sein städtisches Outfit an und machte sich auf nach Klüssert. Er parkte das Auto weit weg vom Haus der kleinen Tierfreunde, ließ Smokie im Heck und schlenderte zum Alten Wingert Nr. 3.

Schreiber schellte. Es dauerte eine Weile, aber dann öffnete man ihm. Im Türrahmen stand der junge Mann, der die Leitersprossen angesägt hatte. Dieselben langen Locken, derselbe breite Mund und vor allem dieselben vorspringenden Glubschaugen wie auf den Fotos der Wildkamera.

„Sie wünschen?", fragte er.

„Ich bin Hannes Schreiber. Reporter beim Magazin in Hamburg. Ich möchte gern mit Ihnen reden, Herr Meinold."

„Worum geht's?"

„Um Tierrechte."

„Wie kommen Sie da ausgerechnet auf mich?"

„Sie kämpfen doch für die Rechte der Tiere, oder?"

„Ja, schon. Aber bei Ihnen in Hamburg gibt's doch auch eine Menge Tierrechtler, oder?"

„Wenn wir bei jeder Geschichte nur Hamburger vorstellen, kauft uns im Rest der Republik bald keiner mehr."

Meinhold lächelte vorsichtig. „Eigentlich haben wir gerade wenig Zeit", sagte er. „Wir stehen kurz vorm Examen."

„Ich will Sie auch nicht tagelang belagern. Nur ein kurzes Gespräch, damit ich mir einen Eindruck machen kann, wie Tierrechtler denken. Was sie umtreibt. Wie sie ticken, sagt man heute wohl."

„Dann kommen Sie mal rein."

Schreiber hatte hoch gepokert. Er hatte darauf gehofft, dass die Bambibeschützer weder seinen Namen noch sein Aussehen kannten. Das war riskant, besonders nach Frühaufs Auftritt mit der Motorsäge vor ihrem Haus. Zum Glück war er damals im Auto sitzengeblieben. Man erkannte ihn leicht wieder. Wegen seiner Länge, redete er sich ein. Es lag aber auch an der Glatze und seinem krummen Rücken.

Er folgte Meinold durch einen engen Flur in eine geräumige Wohnküche. Altgediente Elektrogroßgeräte, eine selbstgebaute Arbeitsfläche, in der Mitte ein alter, runder Eichentisch mit vier zusammengewürfelten Stühlen. An der Wand hing ein Plakat. Es zeigte einen umstürzenden Hochsitz. „Alle Tage Jagdsabotage" stand darunter. Hannes hockte sich an den Küchentisch.

„Sophie, kommst du mal runter", rief Meinold. „Wir haben Besuch."

Über ihren Köpfen rumorte es. Jemand kam die knirschenden Treppenstufen herunter. Eine junge Frau mit blau gefärbten Haaren und allerlei Altmetall in den Ohrmuscheln. Dabei hatte sie eigentlich ein hübsches Gesicht. Schreiber stand auf, gab ihr die Hand und stellte sich und seine Legende vor.

„Wir haben keine Zeit", sagte sie. „Außerdem weiß man nie, was Sie anschließend daraus machen."

„Erzählen Sie mir ein bisschen über Ihren Kampf für die Tiere, Frau Herres. Sie wollen doch andere Leute überzeugen. Das Magazin hat fast eine Million Leser."

Zögernd setzten sie sich zu Hannes an den Tisch. Stockend begannen sie zu sprechen. Sophie Herres führte das Wort. Sie redete sich schnell in Rage. Massentierhaltung. Labortiere. Jagd. Schreiber ließ sie reden. Erst als sie bei den Tierrechten angekommen war, stellte er eine Zwischenfrage.

„Und was halten Sie von den Menschenrechten?"

„Ich verstehe nicht, worauf Sie hinauswollen", sagte Herres. Sie warf ihrem Freund einen schnellen Blick zu.

„Sie machen keinen Unterschied zwischen Menschen und Tieren, Frau Herres. Das kann ich verstehen. Biologisch gesehen, gehören wir zu den Tieren. Tiere darf man nicht quälen. Menschen also auch nicht. Jeder hat das Recht auf Leben und körperliche Unversehrtheit. Steht im Grundgesetz. Artikel zwei glaube ich. Jedenfalls ganz weit vorn. Und jetzt zeige ich Ihnen mal etwas."

Hannes holte sein Laptop aus dem Rucksack und klappte es auf. Er hatte es nicht ausgeschaltet, um beim Vorführen keine Zeit zu verlieren. Er klickte das beste Foto aus der Wildkamera an, das Bild, auf dem beide zu sehen waren. Meinold an der Säge, Herres lächelnd an der Leiter. Er drehte das Notebook um und zeigte ihnen das Bild. Sie starrten darauf und schwiegen.

„So weit zum Thema Körperliche Unversehrtheit", sagte Schreiber. „Diese Hochsitzleiter haben Sie zweimal angesägt. Beim ersten Mal habe ich es nicht gemerkt und bin runtergefallen. Ich habe mir dabei das Schultergelenk ausgerenkt. Zum Glück ist nicht mehr passiert. Meinem Hund übrigens auch nicht. Den hatte ich unter dem Arm, als die Sprossen brachen."

„Geschieht Ihnen recht", sagte Meinold.

„Lustmörder", zischte Herres.

„Nennen Sie mich, wie Sie wollen. Das ist mir egal. Setzen Sie sich meinetwegen für die Abschaffung der Jagd ein. Das ist Ihr Recht. Dies ist ein freies Land. Aber lassen Sie mich persönlich in Ruhe. Ich habe Ihnen nichts getan. Dass ich Tiere töte und aufesse, mag Ihnen ein Gräuel sein. Mir sind blaue Haare auch ein Gräuel. Das gibt mir nicht das Recht, sie Ihnen abzuschneiden, Frau Herres, und Ihnen nicht das Recht, mir tödliche Fallen zu stellen."

Die beiden Tierrechtler standen auf. „Wir möchten, dass Sie sofort gehen", sagte der Mann.

„Kein Problem." Hannes klappte das Laptop zu. „Eins will ich vorher noch loswerden. Ich werde dieses Foto jetzt nicht der Polizei übergeben. Aber sobald in unserm Revier wieder irgendetwas in Richtung Jagdsabotage passiert", er zeigte auf das Plakat an der Wand, „stelle ich Strafanzeige gegen Sie. Wegen schwerer Körperverletzung und versuchten Mordes. Sie sollten sich überlegen, ob Sie Ihr Leben ruinieren wollen."

Er steckte sein Notebook in den Rucksack und verließ schnell und grußlos das Haus.

Auf dem Berg angekommen, ließ Schreiber das Auto stehen und strolchte mit Smokie über die Felder. Monzel war mit dem Traktor unterwegs. Er pflügte den Stoppelacker, auf dem Hannes im August den 80-Kilo-Keiler geschossen hatte. Morgens um sechs, bei bestem Licht. Schreiber wartete, bis Monzel mit dem Pflug an der Straße angekommen war, und hob die Hand zum Gruß. Der Bauer stellte den Motor ab und stieg aus. Er schaute nicht mehr ganz so grimmig aus dem Overall wie in der vergangenen Nacht. Vermutlich war er mit Frühauf über den Preis der Kuh einig geworden und hatte kein schlechtes Geschäft gemacht.

„Ich wollte euch für morgen Nachmittag zum Grillen einladen", sagte Hannes. „Ich hab' noch Bratwurst von dem Keiler und ein Stück Nacken für Schwenkbraten."

Monzel strich die Hände an der Hose ab. „Isch sinn am Pflug fahren."

„Bis morgen ist das erledigt, oder? Das Wetter soll halten."

„Kimmt de Mattes och?"

„Sicher. Dann trinken wir einen Trester auf die Kuh und alles wird gut."

Der Bauer grinste in eine Ecke. „Mit eenem Trester is dat net getan, Schreiber. Dat war en groß Kuh."

„Wir treffen uns um vier an der Hütte. Ich seh' zu, dass genug Schabau für das Rindvieh da ist."

Monzel brummte in seinen rötlichen Stoppelbart, was man – wenn man ihn länger kannte – als Zustimmung deuten konnte. Er stieg in den Traktor, wendete und pflügte weg.

Auf dem Rückweg zum Wagen stieß Schreiber auf Siggi, den Sammler.

„Ich hab' gehört, Frühauf hatte heute Nacht Weidmannsheil", sagte der mit Unschuldsmiene.

„Das hat sich aber schnell rumgesprochen."

Siggi lächelte. „Die halbe Mosel lacht sich schlapp über euch. In Trotthem wollen sie einen Karnevalswagen mit Hochsitz und Kuh bauen."

„Fehlt nur noch, dass die Mosel-Zeitung darüber schreibt."

„Soll ich die mal anrufen?"

„Muss nicht sein. Komm lieber morgen Nachmittag um vier an die Hütte. Dann trinken wir die Kuh tot und vergessen die ganze Geschichte. Schwenkbraten gibt's auch."

„Wäre unverzeihlich, bei dem Ereignis zu fehlen", sagte der Sammler, tippte an den Mützenschirm und ging seiner Wege.

Fehlte nur noch Frühauf. Hannes rief ihn an. Er war ziemlich kleinlaut. „Dat Vieh hat misch en Stang Geld kost, Hannes."

„Glaub' ich dir gerne. Ich hab' gerade den Monzel getroffen. Der war bester Laune. Für seine Verhältnisse."

„Den aalen Schmeerlabben."

„Lass gut sein, Mattes. Komm morgen Nachmittag um vier zur Hütte. Wir machen Schwenkbraten. Bring 'nen anständigen Wein mit."

„Kimmt de Monzel och?"

„Klar. Den Sammler hab' ich gerade auch noch eingeladen."

„Isch kummen aber nur, wenn ihr misch net de ganzen Zeit verarscht."

„Machen wir bestimmt nicht", log Schreiber.

Es ärgerte ihn, dass er die Jungs nicht schon viel früher mal eingeladen hatte. So kontaktstark er im Job war, so eigenbrötlerisch war er im Privatleben. Kein Wunder, dass er sich für sein Sabbatjahr in eine einsame Jagdhütte verkrochen hatte.

Kapitel 26

Mirja konnte es nicht abwarten. Der Tabakladen machte erst um acht Uhr auf und sie war schon um sechs hellwach. Sie stand auf und schlüpfte in die Klamotten, die sie gestern getragen hatte. Duschen konnte sie später.
Sie stürmte durch das Treppenhaus, als ob die Bude brannte, hüpfte in den Fiat und brauste zum Hauptbahnhof. Natürlich gab es keinen freien Parkplatz. Sie quetschte den Cinquecento irgendwo hin, rannte zum Zeitungsstand, kaufte die BZ und schlug sie auf. Auf der Zwei stand ihre Geschichte:
„Der Wald der toten Jäger. Von Mirja Thelen."
Sie konnte nicht anders, sie musste ihn lesen, den Einstieg, an dem sie so lange gebastelt hatte. „Ein Wald, wie er in Buchen steht. Baumriesen ragen empor. Mächtig wie die Familie, der dieser Wald gehört. Der Familie Schulte-Appelhoff aus Trier." Sie hätte sich küssen können für den Einstieg.
„Ihr Wechselgeld, junge Frau." Mirja ließ die Zeitung sinken. Die Frau an der Kasse zeigte auf die Schale mit den Münzen.
„Sorry." Mirja steckte das Geld ein und machte Platz für die Leute hinter ihr in der Schlange. Sie ging zum Stand der Bäckerei, kaufte Cappuccino und Croissant und erklomm einen der Hocker an den Stehtischen. Kauend und Kaffee schlürfend las sie ihren Text. Zum wievielten Mal wusste sie nicht. Am Computer hatte sie ihn immer wieder überarbeitet. Gedruckt war es ein völlig anderes Ballspiel. Jetzt war ihre Geschichte in der Welt. Hunderttausende würden sie heute lesen. Ein erhebendes Gefühl. Mirja ging zurück zum Zeitungstand und kaufte noch drei Ausgaben der BZ. Die Frau an der Kasse schüttelte den Kopf.

Natürlich fand sie ein Knöllchen an der Windschutzscheibe, als sie zum Auto kam. Was sie sonst ärgerte, perlte an diesem Morgen an ihr ab. Sie warf den Strafzettel auf den Beifahrersitz und fuhr auf den Petrisberg. Ihre Eltern hatten sich dort vor ein paar Jahren eine Eigentumswohnung gekauft, in dem schicken Quartier, das nach der Gartenschau entstanden war. Hatte Mirja ihnen gar nicht zugetraut. Sie sah in den Eltern die Reihenhaus-Family aus Suburbia, die sie in ihrer Kinderzeit gewesen war. Dass Rolf und Rita Thelen sich mit den Zeiten geändert hatten, war ihr entgangen. Seit ihrem Auszug besuchte sie die Eltern selten.

Heute musste es sein. Das war sie ihnen schuldig. Sie hatten eine Menge Geld in die Ausbildung ihres einzigen Kindes gesteckt und sahen mit Sorge, dass ihr Mirchen trotz abgeschlossenen Studiums keinen festen Job hatte. Da kam der BZ-Artikel gerade recht.

Ihr Vater war schon im Betrieb. Ma saß noch am Frühstückstisch, als Mirja eintraf. Sie hatte ihren Bürojob aufgegeben, als Mirja geboren wurde, und später im Berufsleben nie mehr richtig Fuß gefasst.

„Mirchen, was treibt dich denn am frühen Morgen zu uns?", fragte sie. Ma trug einen kuscheligen, rosa Bademantel, der ihr gut zu Gesicht stand. Ihr Haar wirbelte in Büscheln. Es war immer noch kastanienbraun. Ma ging stramm auf die 60 zu.

„Ich wollte euch was zeigen." Mirja legte die Bayerische auf den Küchentisch und schlug die Seite Zwei auf.

„‚Der Wald der toten Jäger. Von Mirja Thelen.' Toll." Ma tätschelte ihr die Schulter. „Wie hast du denn das geschafft, Mirchen?"

„Lies erst mal."

Ma rückte ihre Lesebrille zurecht und buchstabierte sich durch die Geschichte. Bei der Stelle mit dem Leichenfund stoppte sie.

„Was machst du denn für Sachen, Mädchen? Hattest du denn überhaupt keine Angst? Der Mörder muss doch ganz in der Nähe gewesen sein."

„Wenn ich das vorher gewusst hätte, wäre ich da nicht hingegangen, Ma. Und als ich es gemerkt habe, bin ich gerannt wie ein Hase."

Ma guckte sie an, wie nur besorgte Mütter gucken können. „Journalismus hab' ich mir anders vorgestellt", sagte sie. „Ich seh' so gerne die Susanne Daubner in der Tagesschau. Willst du nicht lieber so was machen, Mirchen?"

„Nachrichten vom Teleprompter ablesen? Mit Journalismus hat das wenig zu tun, Ma. Du musst nur gut aussehen, seriös angezogen sein und stotterfrei lesen können."

„Na und? Du siehst doch nicht schlecht aus. Und lesen konntest du schon, bevor du in die Schule kamst."

Mirja lachte auf. Ihre Ma war eine ganz liebe, lebte aber in einer anderen Welt als sie. Als Mirja noch zu Hause wohnte, hatten sie sich oft gezofft. Inzwischen nahm sie ihre Mutter, wie sie war. Seitdem lief es besser zwischen ihnen.

„Wo ich einmal hier bin. Kann ich mal eure Badewanne benutzen? Ich hab' schon ewig nicht mehr gebadet."

Ma strahlte. „Du warst schon als kleines Mädchen nicht aus der Wanne zu kriegen. Ich hab' immer warmes Wasser nachlaufen lassen, damit du nicht frierst."

Mirja ging ins Bad. Sie kippte einen ordentlichen Hieb von dem Shampoo ihrer Mutter in die Wanne. Baden ohne Schaum war wie Pflaumenkuchen ohne Sahne. Sie schnappte sich das Feuilleton der BZ, zog sich aus und stieg in die blauen Fluten. Es war himmlisch.

Sie las die abseitigen Geschichten, für die der Kulturteil der Bayerischen bekannt war. My God, konnten die Locken auf der Glatze drehen! Mirja malte sich aus, wie es wäre, in der Redaktion so eines Blattes zu arbeiten. Blitzgescheite Kolleginnen, hoch fliegende Diskussionen, investigative Recherchen.

Mitten in den Tagtraum bimmelte ihr Smartphone. Es lag auf dem Wannenrand. Ein Blick: Rick Schulte-Appelhoff. Sie nahm an.

„Hallo Mirja. Tolle Geschichte. Glückwunsch."

„Danke für die Blumen. Und für den Kontakt zu Mahlendorf. Ohne deine Hilfe stände ich heute nicht auf der Zwei."

„Stolz?"

„Schon ein bisschen. Ist ein ziemlicher Senkrechtstart. Von der Mosel-Zeitung zur Bayerischen."

„Deine Stimme hört sich so hohl an, Mirja. Wo steckst du?"

„Ich stecke in der Badewanne."

Rick lachte laut. „Soll ich vorbeikommen und dir den Rücken waschen?"

„Ich weiß nicht, ob ich dich meiner Mutter zumuten kann. Ich bin bei meinen Eltern."

„Bin ich nicht vorzeigbar?"

„Meine Mutter hat das Magazin abonniert. Vermutlich hat sie gelesen, was für ein schlimmer Finger du bist."

„Ich könnte sie vom Gegenteil überzeugen."

„Das trau' ich dir zu. Wo bist du, Rick?"

„Im Family Office in Luxemburg."

„Können wir uns zum Mittagessen treffen?"

„Nichts lieber als das."

Sie verabredete sich für eins in der Weinstube Kesselstatt am Dom und gab sich wieder den Badefreuden hin.

Irgendwann setzte sich Ma zu ihr auf den Wannenrand.

„Du könntest ruhig ein bisschen zunehmen, Mirchen. Ganz so dünne Mädels mögen die Kerle auch nicht."

„Hast du wieder Sorgen, dass ich keinen mehr mitkriege, Ma?"

„Früher war man mit 28 eine alte Jungfer."

„Früher war alles viel früher."

Ma plätscherte mit einer Hand im Badewasser. „Mit wem hast du denn gerade telefoniert, Mirchen? Du hast dich so aufgekratzt angehört."

„Hast du etwa wieder gelauscht?"

„Brauchte ich gar nicht, so laut wie du geredet hast. Komm schon, erzähl deiner Ma ein bisschen was. Wie sieht der Knabe denn aus? Oder lass mich raten. Er ist groß und blond."

Mirja wurde rot. Ihre Mutter kannte sie verdammt gut.

„Ist es was Ernstes, Mirchen?"

„Dazu kenn' ich ihn noch nicht lange genug. Ich sag' dir Bescheid, wenn's ernst wird."

Sie blieb fast eine Stunde in der Wanne, plauderte dann noch ein bisschen mit Ma über ihren Vater und die Rente, der er zustrebte. Sie schien sich darauf zu freuen. „Dann hab' ich Pa ganz für mich", sagte sie. Und meinte das offensichtlich ernst.

Zurück in der Saarstraße checkte Mirja ihre Mails. Es gab Glückwünsche von Freundinnen und Lob von Kommilitonen für die Geschichte in der Bayerischen. Udo Kant bedankte sich für den fairen Umgang mit der Trierer Polizei und sogar der Lokalchef der Mosel-Zeitung hatte sich zu einem Schulterklopfen hinreißen lassen. Jetzt wisse er auch, warum sie sich in letzter Zeit so rar gemacht habe. Man müsse sich mal zusammensetzen.

Mirja konnte sich nicht vorstellen, dass all die Leute heute Morgen die Bayerische gekauft hatten und ging auf BZ-Online. Da stand ihr Artikel. Gekürzt, aber immerhin auf zwei Seiten. Sie las ihn noch einmal und ging dann auf YouTube. Bob & Earl. Harlem Suffle. Soul aus den 1960ern. Sie tanzte dazu durch die Bude. „Yeah, yeah, yeah. Shake a tail feather, baby." Mirja ließ sich nicht lange bitten und wackelte mit dem Hintern wie ein verrücktes Huhn.

Eine halbe Stunde verbrachte sie vor dem Spiegel und begutachtete sich in wechselnden Outfits. Klamotten, die sie seit Monaten nicht mehr getragen hatte. Am Ende entschied sie sich für die Jeans und den neuen Pullover. Aufgebrezelt wollte sie auf Rick nun überhaupt nicht wirken.

In der zweiten Novemberhälfte blieben die Touristen weg. Die Cafés am Hauptmarkt hatten Tische und Stühle reingeholt. Sie warteten auf den Weihnachtsmarkt, wenn die Deutsche Glühweinkönigin die herbeiströmenden Massen in Trier willkommen heißen würde. Mirja hatte Her Majesty Sara von der Mittelmosel den Leserinnen der Mosel-Zeitung bereits vorgestellt. Sara war eine Winzertochter aus Bernkastel. Sie war stolz auf ihr hohes Amt. „Weinkönigin wär' noch geiler gewesen", meinte Sara. „Aber Glühweinkönigin ist auch nicht schlecht, oder?"

Die Weinstube Kesselstatt bot noch reichlich Platz. Rick saß an einem Tisch beim Fenster. Er stand auf, als Mirja kam, umarmte sie fest und küsste ihren Mund.

„Na, wie fühlt man sich als BZ-Autorin?", fragte er.

„Gut." Sie hing ihre Jacke weg und setzte sich zu ihm.

„Deine Geschichte ist heute der Hype. Ich werde mit SMS, Mails und Anrufen bombardiert."

„Und?"

„Und was?"

„Und was schreiben die Leute?"

„Tolle Geschichte. Du hättest es den Magazin-Reportern aber so was von gezeigt."

Mirja ging das natürlich runter wie Öl. „Ich bin gespannt, ob Schreiber sich bei mir meldet", sagte sie.

„Der sitzt bestimmt in seiner Hütte und weint leise vor sich hin."

„Der nicht, Rick. So lange, wie der schon im Geschäft ist, kennt er sich mit Gegenwind aus. Passiert ihm bestimmt nicht zum ersten Mal, dass er ausgekontert wird."

Rick wiegte skeptisch seine blonden Locken. „,Auch als der zweite Schulte-Appelhoff tot aufgefunden wurde, war der Magazin-Reporter in der Nähe', hast du geschrieben. Das steckt der doch nicht einfach weg, Mirja."

„Natürlich nicht. Der denkt nach. Wenn ich Schreiber wäre, würde ich zum Beispiel versuchen, herauszukriegen, wer Kasimir erschossen hat. Von da führt vielleicht eine Spur zu deinem Vater. Wenn es bei der verirrten Kugel als Todesursache bleibt, wird Schreiber immer als Schütze gelten. Schließlich haben sie ihn deshalb festgenommen, nicht dich oder sonst wen aus der Jagdkorona. Damit wird der nicht leben wollen."

„Respekt, Frau Thelen. Übrigens: Wollten wir nicht was essen?"

Mirja hatte vergessen, dass man beim Reichsgrafen von Kesselstatt an der Theke bestellen musste. Sie gingen hin und orderten Himmel und Erd'. Beide. Ihren Riesling nahmen sie gleich mit an den Tisch.

„Auf deine erste BZ-Geschichte, Mirja." Rick prostete ihr zu. An seine köterbraunen Augen konnte sie sich vielleicht doch gewöhnen.

„Eigentlich ist es unsere Geschichte", sagte sie.

„Na gut. Dann auf uns." Er strahlte sie an wie eine LED-Lampe.

‚Dieser Kerl hat einen entwaffnenden Charme', dachte Mirja und stieß mit ihm an.

Rick nahm einen ordentlichen Schluck. „Was hast du jetzt vor? Wie ich dich kenne, wirst du nachlegen wollen. Oder kenne ich dich noch nicht gut genug?"

„Man kennt niemanden gut genug, Rick."

„Wir arbeiten daran."

Die Kellnerin brachte das Essen. Gebratene Blutwurst, Äpfel, Zwiebeln und Kartoffelpüree. Himmel und Erd' war Kult im Kesselstatt. Zwischen zwei Scheiben Blutwurst kam Mirja auf seine Frage zurück.

„Klar möchte ich nachlegen, Rick. Fragt sich nur, womit."

„Du hast doch gerade gesagt, was du machen würdest, wenn du dieser Schreiber wärst. Warum machst du das nicht selbst?"

„Kasimirs Mörder finden?"

Rick sagte ja und aß seelenruhig weiter. Zuerst die Blutwurst und dann alles andere.

„Dann erzähl mir was von Kasimir. Wenn ich Schreibers Artikel glauben darf, war er eine Art Vollpfosten."

Rick machte die Stampfkartoffeln nieder, nahm einen Schluck Wein und wischte sich den Mund mit der Serviette, die auf seinen Oberschenkeln lag.

„Onkel Kasimir war ein lausiger Jäger. Leyendecker musste ihm die Hirsche fast anbinden, damit er zu Schuss kam. Aber auf Reisen erlebte er scheinbar die tollsten Jagdabenteuer. Jeder in der Familie kannte Onkel Kasimirs Geschichten von menschenfressenden Löwen in Afrika und Schlagbären in den Karpaten. Und keiner glaubte sie ihm. Selbst die Kinder verdrehten die Augen, wenn er mal wieder damit anfing."

Mirja fischte ihren Block aus der Handtasche und machte sich Notizen. „Würdest du einer Jungjägerin erklären, was ein Schlagbär ist?"

„Die Ausbildung des jagdlichen Nachwuchses ist mir eine Herzenssache", sagte Rick und schmachtete sie so übertrieben an, dass sie lachen musste. „Ein Schlagbär schlägt Haustiere. In den Karpaten vor allem Schafe auf den Almen."

„Wieder was gelernt. Und was machte der gute Kasimir im richtigen Leben? Niemand ist nur auf der Jagd."

„Im richtigen Leben war Onkel Kasimir gar nicht so blöd. Mit den Jahren hat er sich immer mehr Anteile an der Familienholding unter den Nagel gerissen. Immer, wenn jemand verkaufen wollte, war Kasimir zur Stelle."

„Wer verkauft denn Appelhoff-Anteile bei der Rendite?"

„Manche Leute können einfach nicht mit Geld umgehen, Mirja. Unsere Family ist weitläufig. Irgendwer ist immer gerade klamm. Dann muss er Anteile verkaufen. Aber nicht an irgendwen. Appelhoff-Anteile dürfen nur in der Familie gedealt werden. Onkel Kasimir wusste oft vor dem Office, wenn jemand verkaufen wollte. Frag mich nicht, woher. Er war eine Art Aasgeier. Der Typ, der auftaucht, wenn es zum Himmel stinkt."

Mirjas Kuli flog über die Seite. „Freunde macht man sich auf die Tour nicht, oder?"

„Nein."

„Kennst du konkrete Fälle? Leute, die sauer auf ihn sind?" Mirja klimperte mit den Augen. Was Rick konnte, konnte sie auch. Sie mussten beide grinsen.

„Ich hab' mich in den letzten Jahren nicht viel ums Geschäft gekümmert. Das wird sich jetzt ändern. Ich werde mich umhören."

Er machte ein wichtiges Gesicht. Es wirkte nicht gespielt, aber unpassend.

„Sorry, Rick. Als Chef der ruhmreichen Familie Schulte-Appelhoff kann ich mir dich nicht vorstellen."

„Ehrlich gesagt, ich auch nicht." Er guckte wie ein Kobold und musste über sich selbst lachen. Mirja lachte mit.

„Weißt du, wer mir nicht aus dem Kopf geht?", fragte sie.

„Ich etwa?"

Sie zog einen Flunsch. „Jetzt hör mir mal zu, Braunauge. Auch wenn deine italienische Oma dir was anderes erzählt haben sollte: Im Leben dreht sich nicht alles nur um dich."

„Scusi, Signora!" Rick tat zerknirscht. Ob er es auch war, wusste Mirja nicht. Sie kannte ihn wirklich noch nicht gut.

„Also", sagte sie. Er hatte sie aus dem Konzept gebracht. Mirja hasste Leute, die ihre Sätze mit „Also" anfingen. „Euer Jagdaufseher, dieser Leyendecker, was ist das eigentlich für ein Typ? Ich hab' ihn zum ersten Mal erlebt, als wir Kasimirs Leiche gefunden haben. Da hat er rumgebrüllt wie Rumpelstilzchen. Aber als wir meinen Hirsch geborgen haben, war er handzahm."

„Nach oben buckeln, nach unten treten. Das ist Ferdi Leyendecker. Uns Appelhoffs gegenüber ist er devot. Bei allen anderen spielt er den Sheriff. Genau dafür hat mein Vater ihn als Jagdaufseher installiert."

„Traust du Leyendecker zu, dass er mal richtig austickt?"

„Und Onkel Kasimir erschießt? Warum sollte er das tun, Mirja?"

Sie zog die Schultern hoch. „Weiß ich nicht. War nur 'ne Frage."

„Okay. Leyendecker ist ein Alpha-Männchen. Wenn dem jemand in die Quere kommt, wird er aggressiv. Es gibt Pilzsucher an der Mosel, die können ein Lied davon singen. Einem hat mein Vater viel Geld geben müssen, damit er seine Anzeige zurücknimmt. Den hatte Leyendecker aus unserm Wald geprügelt. Aber der wilde Ferdi wird sich hüten, einen Schulte-Appelhoff zu attackieren."

Mirja horchte auf. Einen Schulte-Appelhoff. Bei aller Kritik an seinem Vater und all seiner Flapsigkeit schien Rick doch stolz auf seine Familie zu sein. ‚Ist halt auch ein Schulte-Appelhoff', dachte sie und nahm den letzten Schluck Riesling.

„Wirst du diesen Leyendecker eigentlich als Jagdaufseher behalten?", fragte sie.

Rick schüttelte den Kopf. „Auf keinen Fall. Ich möchte jemanden einstellen, der nicht nur in Trophäen denkt. Am liebsten den Schilling, den wir neulich im Busch getroffen haben. Wir haben deutlich zu viel Rotwild und wegen unserer Sauen laufen rundherum die Bauern Sturm. Wir müssen aufhören mit der Schweinemast. Punkt." Rick guckte wildentschlossen aus dem Pullover. „Nur jetzt kann ich das noch nicht tun."

„Warum nicht?"

„Weil ich noch nicht der Familienvorstand bin, Mirja. Wenn sich in der Sippe herumspricht, dass ich den mühsam hochgepäppelten Wildbestand deutlich reduzieren will, stimmen beim Family-Meeting alle Jäger gegen mich. Und das sind einige. Die wollen, dass nach der Familienjagd 100 Kreaturen auf der Strecke liegen. Bei 80 werden sie missmutig, bei 50 beklagen sie lauthals den Niedergang des deutschen Weidwerks."

Mirja verkehrte nicht in den Kreisen der Herrenjäger. Sie kannte Onkel Günter und die Leute aus dem Jungjägerlehrgang. Das waren normale, naturverbundene Leute von der Mosel, die sich freuten, wenn sie einen Bock schießen konnten, und sich den Hintern viereckig saßen, um bei Vollmond einen Frischling auf die Schwarte zu legen. Sie selbst war vermutlich die Einzige aus dem Lehrgang, die schon einen Hirsch erlegt hatte. Von Norman Schulte-Appelhoff einmal abgesehen.

Rick sah auf die Uhr. „Sorry, Mirja. Aber ich muss zurück ins Office. Wann sehen wir uns mit ein bisschen mehr Zeit?"

„Wenn du deine Hausaufgaben gemacht hast, Braunauge."

„Welche Hausaufgaben?"

„Schon vergessen? Du wolltest dich umhören, wen Kasimir beim Anteilskauf über den Tisch gezogen hat."

„I'll do my very best", sagte Rick und küsste sie zum Abschied.

Kapitel 27

Schreiber war morgens draußen gewesen. Auf der Großen Kanzel an Monzels Weide. Da lief eine Ricke mit zwei Kitzen. Hinter den dreien war er schon seit September her. Zu Schuss kam er nie. Die Weide war einfach zu lang. Wenn Hannes auf der großen Kanzel saß, traten die drei oben am Koppelsitz aus. Und umgekehrt. Irgendwann baute er sich auf halber Strecke einen Schirm und hockte sich hinein. Da blieben sie ganz weg.

Ende Oktober hatte er es aufgegeben. Andere Ricken hatten auch hübsche Kitze. Nachdem er zwei erlegt hatte, fühlte er sich nervenstark genug, es noch einmal auf der Großen Kanzel zu versuchen. Die alleinerziehende Ricke trat um halb acht aus dem Wald. Vor dem Koppelsitz. Sie äste langsam auf Schreiber zu, ihre Kitze im Schlepp. Bevor sie auf Schussentfernung heran waren, verschwanden die Rehe wieder im Wald.

Hannes grinste schief in den Spiegel, als er beim Rasieren an die Nummer dachte. Natürlich musste man auch mal zweiter Sieger sein können. Aber diese Bande führte in regelrecht vor.

Er setzte sich an den Computer, checkte seine Mails und schaute auf expectingrain.com nach, was es Neues vom Meister gab. Bob Dylan tourte durch Italien und sang viel Schmalzgebackenes von Frank Sinatra. „I'm a fool to want you", schmachtete Hannes. Nicht ganz so schön wie Sinatra, dafür schräger als Dylan.

Anschließend klickte er sich durch die Nachrichtenseiten. SPIEGEL ONLINE, FAZ.NET, BAYERISCHE. Auf Magazin.de ging er nicht. Sabbatjahr war Sabbatjahr.

Die Seite der Bayerischen wollte er schon schließen, als er über eine Schlagzeile stolpert. „Der Wald der toten Jäger." Er las den Teaser. Im Forst der Industriellenfamilie Schulte-Appelhoff sind zwei Jäger erschossen worden. Clan-Chef Richard und sein Vetter Kasimir starben auf der Jagd. Von Mirja Thelen.

„Schau an, die Kleine hat's geschafft", sagte Schreiber laut und klickte auf mehr …

Ihren ersten Satz hätte er auch gern gehabt. „Ein Wald, wie er in Buchen steht." Die Frau hatte Talent. Leider nutzte sie es für eine Geschichte, die ziemlich daneben lag. Der Schulte-Appelhoffsche Hochwildpuff: in Thelens Schreibe ein wildreiches Revier. Die Jagdnachbarn: Abstauber. Seine Entlassung aus dem Polizeigewahrsam: aus Mangel an Beweisen. Hannes wurde wütender, je länger er las. Als er beim toten Kasimir angekommen war, trat er gegen das Tischbein. Dass die Autorin sich selbst für das Auffinden der Leiche lobte – geschenkt. Andere hatten einen toten Politiker in der Badewanne gefunden und das Foto auf den Titel gedruckt. Perfide fand Schreiber, dass Madame Mirja ihn in die Nähe des Mordes rückte. Er las den Satz noch einmal: „Auch als der zweite Schulte-Appelhoff tot aufgefunden wurde, war der Magazin-Reporter in der Nähe."

Mattes Frühauf und er waren hinzugekommen, als die Suchhunde endlich die Leiche gefunden hatten. Zu dem Zeitpunkt hatte Kasimir Schulte-Appelhoff allerdings schon lange tot im Wald gelegen. „Da waren die Wildschweine schon dran", hatte Lex gesagt. Diesen nicht ganz nebensächlichen Fakt verschwieg die junge Kollegin. Mit der Folge, dass man Schreiber für einen Doppelmörder halten konnte. Wenn man flüchtig las und naiv genug war, alles zu glauben, was in der Bayerischen Zeitung stand. Auf deren renommierte Seite Zwei verwies die Geschichte im Internet nämlich.

Schreiber sprang ins Auto, fuhr zur Tankstelle, kaufte sich das Blatt und einen Becher braune Brühe, die in Hetzerath als Cappuccino durchging. Er setzte sich ins Auto und studierte den Artikel. Es war eine Langfassung des Online-Textes. Weitere Schweinereien fanden sich nicht. Hannes rief die Rechtsabteilung des Magazins an. Die Damen und Herren seien alle im Gespräch, beschied ihn die Sekretärin. Er bat um Rückruf und fuhr zurück zur Hütte. Der Hausjurist meldete sich kurz darauf. Schreiber schilderte ihm den Fall. Beim Reden merkte er selbst, dass gegen den Text nichts auszurichten war. Er war hinterfotzig geschrieben. Hinterfotzigkeit war nicht justiziabel. Der Jurist wollte sich den Artikel trotzdem in Ruhe anschauen. „Viel zu machen scheint mir aber nicht zu sein, Herr Schreiber."

Hannes tigerte durch die Hütte und überlegte, ob er Mirja Thelen zur Rede stellen sollte. Ihm war danach, seiner Wut Luft zu machen. Außer Schreierei am Telefon würde dabei nichts herauskommen. Das war ihm klar. Also steckte er das Handy weg.

„Man sieht sich immer zweimal, Mädchen", sagte er laut. Smokie, der noch in seinem Körbchen lag, sah ihn verpennt an. Vor lauter Ärger hatte er vergessen, eine Runde mit dem Hund zu drehen. Er nahm Leine und Pfeife vom Haken und zog mit ihm los.

Hannes war froh, dass seine Hütte auf der Höhe lag. Nebel hatte das Moseltal eingesargt. Wie so oft im Herbst. Schreiber schaute von oben auf die eisgraue Watte. Ein Ausblick wie vom Flugzeugfenster über den Wolken.

Über den Dingen stehen, das hatte er immer gewollt und selten geschafft. In seinem Sabbatjahr wollte Hannes Abstand gewinnen, sich darüber klar werden, was ihm der Job noch bedeutete. Zur Ruhe kommen. Das Magazin eine Zeit lang vergessen. Fröhlich jagen. Das Hüttenleben genießen. Stattdessen stritt er sich mit den Nachbarn und der Polizei, flog durch die Weltgeschichte und schrieb Artikel, ärgerte sich über eine unerfahrene Kollegin, die den Einflüsterungen ihres Informanten erlegen war.

„I've got a couple more years on you, baby, that's all", sang er vor sich hin. „I had more chances to fly and more places to fall." Den Rest des Textes hatte er vergessen. War vielleicht auch besser so.

Smokie fand eine Hasenspur und legte den Turbo ein. Mit tiefer Nase raste er über die Wiese in den Wingert. Schreiber ließ ihn rennen. Er hatte keine Lust, den Hund ins Down zu trillern. Den Hasen würde er ohnehin nicht erwischen.

Ein merkwürdiges Leck-mich-doch-Gefühl machte sich in ihm breit. Sollten sie doch alle machen, was sie wollten. Er hatte Bartelmus einen anständigen Artikel geliefert und fertig. Für die Mördersuche war Lex zuständig. Er nicht. Er hatte einen Fehlschuss abgegeben, wie viele andere auf der Jagd bei Appelhoffs. Und nicht nur dort. Im Gegensatz zu den anderen hatte er eine Nacht im Polizeigewahrsam verbracht. Von wem die tödliche Kugel stammte, würde vermutlich nie herauskommen. Lex würde den Fall irgendwann zu den Akten legen. Schreiber nahm sich vor, das auch zu tun. Ablegen im Ordner „Shit happens". Und dann weiterleben. Sich nichts mehr beweisen müssen. Anderen auch nicht.

Er freute sich auf das Treffen mit den Alten vom Berge. Mattes und Monzel, Siggi, der Sammler, und Hannes, der Schreiber. Ein Vogel schräger als der andere. Eine Kuh totgetrunken hatte wohl noch kein deutscher Jäger. Jedenfalls war darüber in keiner Jagdzeitschrift berichtet worden. Und was nicht in der Jagdpresse gestanden hatte, gehörte nicht zum jagdlichen Brauchtum.

Irgendwann tauchte Smokie wieder auf. Er strahlte. Hannes kraulte das Kinn des Terriers und machte sich auf den Rückweg. Er musste sich um den Schwenkbraten kümmern.

Mattes Frühauf kam schon um drei. Er lud eine Kiste Wein aus dem Wagen, stellte vier Flaschen in den Kühlschrank und den Rest hinter die Hütte. Wichtiger als der Wein waren ihm die Rebknorzen.

„Die hann isch immer uff Vorrat. Isch grillen net mit dem schwatzen Geschär aus dem Beutel. Dat macht kenen, der Ahnung hat. Schwenkbroten uff Holzkohle, dat geht gar net."

Ein Dreibein samt Ketten und Rost hatte Mattes auch im Gepäck. Er suchte lange nach einem Platz für den Schwenker, prüfte Windrichtung und Bodenbeschaffenheit. Schreiber ließ Mattes machen. Er hatte kein Händchen fürs Grillen. Es war ein Sport für Jungs, die nicht kochen konnten. Fand er.

Als seine Rebknorzen brannten, inspizierte Mattes das Fleisch. Hannes hatte den Wildschweinnacken am Vortag in Scheiben geschnitten und nach einem Schwenkbratenrezept aus dem Internet in Öl mariniert. Jede Menge Zwiebelringe kamen dazu, ein bisschen Knoblauch, Thymian, Oregano, Paprika, zerriebene Lorbeerblätter und Wacholderbeeren.

Frühauf bewindete das Fleisch wie ein Schweißhund den Anschuss. „Da fehlt Mouster."

„Von Senf stand nix im Rezept."

„Muss aber rein. Isch kucken mal, ob isch dat Schwein noch retten kann." Mattes holte das Senfglas aus dem Kühlschrank, fischte die Fleischscheiben aus der Marinade, bestrich sie dünn mit Senf und legte sie zurück in die Schüssel.

„Ob dat noch wat nützt, weeß isch net. Isch hann getan, wat isch kunnt."

Als Beilage hatte Schreiber Brötchen und ein Eimerchen Kartoffelsalat gekauft. Mit Grünzeug konnte man den Kerlen nicht kommen, glaubte er. Er deckte den Tisch vor der Hütte. Die Sonne hatte sich gegen den Nebel durchgesetzt. Ein, zwei Stunden würden Naturburschen wie sie es draußen aushalten können, wenn der Grill in der Nähe stand.

Monzel kam mit dem Traktor. Gegen die Zugmaschinen, mit denen moderne Landwirte über Felder und Straßen heizten, wirkte der wie ein Spielzeug. Der Bauer trug seinen unvermeidlichen Overall und sah aus wie frisch aus dem Kuhstall gekrochen. Ein Strohhalm steckte auf seinem Hinterkopf wie eine Indianerfeder.

„Tach", sagte er. Sonst nichts.

Mattes stocherte in der Glut, als sei das die wichtigste Sache der Welt, bei der er auf keinen Fall gestört werden dürfte.

Schreiber holte die Flasche Trester, die für Notfälle in der Hütte bereitstand, schüttete drei Gläser voll und stellte sie auf den Gartentisch.

„Hier, ihr alten Grimmbärte. Trinkt einen auf die Kuh und dann ist gut."

„Und was trink' ich?" Siggi, der Sammler, war hinter den Weiden aufgetaucht.

Schreiber füllte ein viertes Glas. „Auf die unverbrüchliche Freundschaft zwischen Bauern und Jägern", sagte er feierlich und hängte den Trinkspruch seines heimatlichen Ruhrpotts an. „Hau weg, die Scheiße."

Die Männer kippten den rauen Schnaps. Siggi schüttelte sich wie ein Retriever nach der Wasserarbeit.

„Wo hass du dann heut deine Rucksack, Siggi?"

„Ich bin nicht im Dienst."

Mattes gab keine Ruhe. „Vielleischt bleibt wat übrig. Dat hättse gut damit fortschaffe könne."

Hannes drückte ihm die Würstchen in die Hand. „Hier Mattes, grill und quassel nicht. Ich hab' Hunger."

Sie setzten sich an den Tisch und tranken noch einen Trester.

„Auf die Kuh", sagte Schreiber.

„Dat arm Vieh." Monzel schüttelte den Kopf.

„Hatte die eigentlich noch ihr Kalb?"

„Nä, dat hann isch zum Glück letzt Woch verkooft."

„Da bis du ja gut bei Kasse, Monzel. Erst dat Geld vom Händler und dann noch dat von mir."

„Isch hann dir en Freundschaftspreis gemacht. Da bis du noch günstig wegkumm."

„Find' ich auch", sagte der Sammler. „Andere Leute müssen nach Afrika fliegen, um Rinder zu schießen. Deine schwarze Kuh war so 'ne Art Mosel-Büffel."

Smokie fand auch Gefallen an der Party. Er scharwenzelte von einem zum anderen und hüpfte am Ende auf Monzels Schoß. Hannes wollte den Hund schon herunterkommandieren. Als er sah, wie selbstvergessen der Bauer Smokie den Bart kraulte, ließ er es bleiben.

Mattes kam mit den Würstchen. Sie waren klein und stark gewürzt, für Schreibers Geschmack etwas zu stark.

„Den Metzger hätt isch an deiner Stell och eingeladen", meinte Mattes.

„Richtig. Den hab' ich vergessen. Hat der Andi dir eigentlich den Kuhkopp gegeben, Mattes? Den könntest du dir doch abkochen und als Trophäe fertig machen. Hat nicht jeder so 'n kapitales Stück Wild an der Wand."

„Da hört de Spaß aber uff." Frühaufs Gesicht glühte. „Isch sagen nur Stachelschwein!"

Hannes tat beleidigt. „Dir kann man auch nix anvertrauen, Mattes."

„Gefährlich ist's, den Leu zu wecken."

„Weißt du auch, wie das Gedicht weitergeht? Nee? Hab' ich mir gedacht. Gefährlich ist's, den Leu zu wecken. Verderblich ist des Tigers Zahn. Jedoch der Schrecklichste der Schrecken, ist eine Katz am Arsch zu lecken."

Der Schnack, den Schreiber von seinem Alten geerbt hatte, funktionierte immer noch. Die Jungs hatten Freude.

Siggi hakte nach. „Was war denn nun mit dem Stachelschwein, Schreiber?"

„Also gut." Hannes schenkte noch eine Runde Trester ein und erzählte die Geschichte von seinem ersten Schwein. Er hatte es direkt nach der Jägerprüfung in Italien geschossen. Nachts vom Sitzstock.

„Ich hab' noch keine halbe Stunde gesessen, da kommt das Schwein durchs Altgras. Nix Großes. Aber in Italien sind die Sauen eh kleiner als hier."

„Bergmannsche Regel", warf Siggi ein.

„Wat is dat dann für en Rejel?" Monzel kratzte sich am Kopf, stieß dabei auf den Strohhalm in seinem roten Schopf und benutzte ihn als Zahnstocher.

„Ganz grob gesagt: Je kälter das Land, desto dicker das Wild", sagte Siggi.

Dass der Sammler sich in Biologie auskannte, war Hannes neu. Im Grunde wusste er wenig über Siggi. Er nahm sich vor, mal in Ruhe mit ihm zu reden, und machte weiter mit seiner Geschichte.

„Also ich hocke da auf meinem Sitzstock und denke: Überläufer. Der zieht quer zu mir durch den Hang. Auf 50 Schritt. Licht reicht. Aber Zielen ist in dem hohen Gras schwierig. Da verhofft das Schwein und grunzt. Klingt komisch, aber egal. Vielleicht grunzt die Sau italienisch. Ich halt' das Absehen aufs vordere Drittel. Da, wo das Blatt sein muss. Schweine laufen schließlich nicht rückwärts. Nicht mal in Italien. Und dann lass ich fliegen."

Wie viele Jäger nahm er beim Erzählen die nicht vorhandene Waffe hoch und rief „Bauz!". Nichtjägern kam das merkwürdig vor, aber manche Männer spielten beim Tanzen ja auch Luftgitarre.

„Die Sau liegt im Knall. Ich warte noch ein bisschen, sicher ist sicher, und geh' dann hin. Wahrscheinlich hab' ich genauso blöd geguckt wie Mattes bei seiner Kuh. Vor mir im Gras liegt ein totes Stachelschwein."

„Sind die nicht viel kleiner als Wildschweine?"

„Doch. Meins wog 15 Kilo. Aber wenn die die Stacheln aufstellen, wirken sie ganz schön groß."

Monzel hatte eine praktische Frage. „Kann man so en Tier och essen?"

„Klar", sagte Hannes. „Als Schmorbraten. Schönes, dunkles Fleisch. Fast wie Hase. Schmeckt gar nicht schlecht."

„Sach bloß, dat hass du gegessen?" Mattes schüttelte sich.

„Sicher. Du musst bloß die Flüssigkeit beim Anbraten abschütten. Hat mir eine alte italienische Hausfrau gesagt. Die soll bitter sein."

„En Schwenkbraten is mir liewer. Da weeß ma, wat man hat."

Mattes legte die Nackenkoteletts auf den Rost und setzte ihn in Schwung. Hannes holte den Wein aus der Kühle und schenkte allen ein. Vom Trester hatte er mehr als genug. Der Schnaps zeigte zunehmend Wirkung.

Sie quatschten eine Weile über Essen und Trinken und Gott und die Welt und kamen am Ende auf die Schulte-Appelhoffs. Schreiber erzählte, was er in der Schweiz erfahren hatte.

„Hab' ich schon im Magazin gelesen", schlaumeierte Siggi.

Hannes musste grinsen. Er hatte den Magazin-Artikel schließlich geschrieben. „Habt ihr denn auch mitgekriegt, was heute in der Bayerischen stand?", fragte er in die Runde.

Mattes und Monzel reagierten nicht. Sie kannten das Blatt wahrscheinlich nicht mal dem Namen nach. Wenn überhaupt, lasen sie die Mosel-Zeitung. Dass der Landmaschinenbauer Hoffmann aus Piesport einen Traubenvollernter für Steillagen entwickelt hatte, war eine Geschichte, die sie brennend interessierte. Sie stand in der Mosel-Zeitung und nicht in der Bayerischen.

Schreiber holte das Blatt aus der Hütte und las ihnen den entscheidenden Satz vor. Monzel sah ihn verständnislos an.

„Un darüber rechst du disch uff?"

„Ja."

„Vergess et, Hannes. De Schwenkbroten is ferdisch." Mattes kam mit den Nackenscheiben vom Grill und verteilte sie auf die Teller.

„Mouster hann isch eben erst druffgemach. De Labbes hat et vergessen."

Schreiber säbelte ein Stück Fleisch ab und steckte es in den Mund. Es war zart wie Butter und hatte das Aroma der Gewürze angenommen. Hannes bildete sich ein, sogar die Rebknorzen durchzuschmecken. War natürlich Quatsch. Wie schmeckten denn Rebknorzen? Er hatte noch nie in einen gebissen.

Siggi lief der Bratensaft aus dem Mundwinkel. Er ließ ihn laufen. „Wie alt war die Sau?", wollte er wissen.

„Knappe zwei Jahre."

Monzel guckte ungläubig. „Woher willst du dat so genau wissen, Schreiber? Hat dat Schwein sein Ausweis vorgezeigt?"

„Kann man in dem Alter gut an den Schneidezähnen erkennen", konterte Schreiber.

Ruhe senkte sich über die Runde. Alle aßen inbrünstig. Selbst der Kartoffelsalat aus dem Supermarkt ging gut weg. Siggi war als Erster fertig, schnappte sich die Bayerische und studierte die Seite Zwei. Mattes schaute nach der zweiten Runde Schwenkbraten, die über dem Feuer baumelte. Bauer Monzel machte ein Bäuerchen.

Hannes nahm noch einen Schluck Riesling und streckte sich in seinem Sessel. So hatte er sich sein Sabbatjahr vorgestellt. Bisher war es anders gekommen. ‚Was nicht ist, kann noch werden', dachte er und machte sich, als Mattes lieferte, über die nächste Portion Schwenkbraten her.

In der Hütte bimmelte sein Handy. Schreiber ließ es bimmeln. ‚Nur Domestiken müssen jederzeit erreichbar sein', hatte er in den Kinderjahren der Mobiltelefone gern verkündet. Tempi passati. Inzwischen ging nichts mehr ohne. Selbst Monzel hatte eins im Overall.

„Willst du net kucken, wer dat wor?", fragte er.

„Wenn's dich interessiert." Schreiber ging in die Hütte, suchte sein Smartphone und fand es auf dem Bett. Ein verpasster Anruf. Von Kommissar Lex. Hannes drückte auf die Antworttaste. Es war Lex' Dienstanschluss.

„Haben Sie Leyendecker in letzter Zeit gesehen?", fragte der Kripo-Mann.

„Ich segne jeden Tag, an dem ich den Giftzwerg nicht sehe."

„Haben Sie ihn nun gesehen oder nicht?"

„Warum fragen Sie ausgerechnet mich?"

„Wir fragen jeden aus seinem sozialen Umfeld. Seine Frau hat Vermisstenanzeige erstattet."

„Seit wann ist er verschwunden?"

Lex räusperte sich. „Ich habe Ihnen eine einfache Frage gestellt, Herr Schreiber. Statt zu antworten, stellen Sie Gegenfragen."

Schreiber hatte genug Alkohol im Blut, um das Gespräch witzig zu finden. „Seien Sie froh, dass ich auf Ihre Fragen überhaupt reagiere. Bei der Polizei darf ich schweigen. Auch wenn's mir schwerfällt."

Lex legte auf. Hannes hüpfte aus der Hütte.

„Das war die Kripo. Leyendecker ist verschwunden."

„Do trinke mer noch einen druff", rief Mattes. Schreiber schenkte gerade ein, als Frühaufs Telefon den Fürstengruß blies. Darunter tat Mattes es nicht.

„Frühauf", sagte Frühauf. „Tach, Herr Kommissar." Dann schwieg er kurz. „Sagen Se bloß! De Ferdi is fort? Seit wann dat dann?"

„Gestern. Aha. Bleibt der länger fort?"

„Isch fragen ja nur, Herr Kommissar. Man will sisch ja net unnötisch Sorjen machen."

„Nä, gesehn hann isch de Ferdi schon lang nimmer. An eurer Stell tät isch et mal in Hummeroth probieren. Der terrorisiert da den Heimatverein."

Strahlend steckte Frühauf sein Handy weg. „Man kimmt net zum Trinken bei dem ganzen Stress." Er hob sein Glas. „Auf dat der Blödmann noch lang fortbleibt."

Sie tranken einen tüchtigen Schluck. Schreiber war inzwischen betrunken genug, um Leyendeckers Verschwinden toll zu finden.

„Monzel, du kriegst doch alles mit, was auf dem Berg passiert", sagte er. „Wann hast du den Kerl zum letzten Mal gesehen?"

„Spielst du Polizist, oder wat? Isch hann zu tun, wenn isch obb de Bersch sinn. Da kann isch net hinter de Leut kucken."

Monzel war eine humorfreie Zone. Daran änderte auch der Alkohol nichts. Schreiber ließ von ihm ab.

Mattes sah die letzte Scheibe Schwenkbraten mitleidig an. „Kumm her, du arm Schwein", sagte er und gabelte es sich auf den Teller. Siggi blieb nur der Rest Kartoffelsalat.

„Wat hältst du dann vom Leyendecker sein Verschwinden?", fragte ihn Frühauf.

„Unkraut vergeht nicht", sagte der Sammler.

Monzel stand auf. „Isch muss noch die Küh füttern."

„Nimmst du mich ein Stück mit?", fragte Siggi.

Monzel brummelte etwas in seinen Fünf-Tage-Bart, das zur Not als Zustimmung durchging.

Der Sammler kippte den Rest Wein, sagte „Danke für die Einladung" und stieg zu Monzel auf den Traktor.

Schreiber staunte ihnen hinterher. „Was ist denn mit dem Monzel los, Mattes?"

Frühauf machte den Rest Fleisch nieder, ehe er antwortete. „Wenn du misch frägst: De hat Schiss. Monzel hätt de Ferdi Leyendecker mal schlimm verhau. Warum weiß isch net. Wahrscheinlich is er ihm dumm kumm. Leyendecker hat ihn deshalb angezeigt."

„Ist was dabei rausgekommen?"

„En hoh Geldstraf."

Hannes dachte an ihren eigenen Krieg mit dem Jagdaufseher. „Mattes", sagte er, „mir ist mulmig um die Rosette."

„Wieso?"

„Wenn der Giftzwerg nicht bald wieder auftaucht, kriegen wir Ärger."

Kapitel 28

Am nächsten Morgen hatte Hannes einen dicken Kopf. Er warf zwei Aspirin ein, trank drei Tassen Kaffee und mümmelte eins von den übriggebliebenen Brötchen. Zum Spülen fühlte er sich zu schwach. Er stellte das Geschirr auf den Berg, der seit abends aufs Abwaschen wartete, und nahm Leine und Pfeife vom Haken. Smokie hüpfte ausgelassen herum. Schreiber überlegte, ob er den Repetierer mitnehmen sollte. „Fuchs kann immer kommen", sagte er dem Hund und machte sich auf ins Revier.

Der Herbstwind blies ihm ins Gesicht. Die letzten Blätter wirbelten von den Bäumen. Der Wald stand kahl im Morgenlicht. Hannes atmete tief durch. Langsam ließ der Kopfdruck nach. In den 1970ern hatten sie manchmal nächtelang durchgesoffen und waren am nächsten Tag wieder zur Arbeit gegangen. Im Rathaus gab es immer einen Grund zum Feiern. Geburtstage, Hochzeiten, Beerdigungen. Egal. Das war 40 Jahre her und Schreiber stellte sich besser nicht vor, was aus ihm geworden wäre, wenn er sein Berufsleben als Beamter vergeudet hätte. Vor ein paar Jahren hatte er auf einer Party einen seiner besten Kumpel aus Rathauszeiten getroffen. Er hatte sich ihm mit „Hannes Schreiber" vorgestellt, weil Herbert Müller nicht wiederzuerkennen war. Hörbi hatte einen Entzug hinter sich und trank keinen Tropfen mehr. Stattdessen fraß er wie nicht gescheit. Schreiber schätzte ihn auf 130 Kilo ohne Knochen.

Wild war im Altholz nicht unterwegs. Den Rehen war es wohl zu windig. Hannes verließ den Weg und pirschte in abgelegene Ecken. Im Revier gab es immer noch Winkel, in denen er noch nie gewesen war. In einem tiefen Graben entdeckte er eine stark frequentierte Suhle. An den Stämmen der Umgebung hatten sich die Sauen geschubbert. Der Dreck an den Malbäumen reichte hoch. Vermutlich stammte er von dem Keiler, als den Mattes die schwarze Kuh angesprochen hatte.

Irgendwann fiel Schreiber auf, dass sein Hund fehlte. Er sah sich um. Nichts. Er nahm die Pfeife in den Mund und blies. Smokie stupste ihm gegen die Wade. Der Terrier hatte wieder mal im toten Winkel gestanden.

„Du kleiner Kerl", gurrte Hannes und kraulte ihm den Bart. „Könntest auch mal wieder was tun für dein Futter."

Sie kamen an einen großen Horst mit brusthohen Buchen. Die Bäumchen trugen noch ihr welkes Laub und standen dicht wie Haare auf dem Hund. Ein idealer Rehwildeinstand. Schreiber versuchte es mit dem Trick, den er bei Bruno Hespeler gelesen hatte. Er legte den Hund ab, umschlug die Jungbuchen, stellte sich auf der anderen Seite an einen Stamm und machte sich schussfertig. Dann pfiff er dem Hund. Sie hatten auf die Tour schon einmal Beute gemacht. Smokie wusste also, was gespielt wurde.

Hannes hörte den Hund in der Dickung. Es raschelte und knackte, aber Smokie blieb stumm. Er kam auch nicht heraus. Schreiber wartete und lauschte in die Stille. Er pfiff noch einmal. Smokie rührte sich nicht. Nur der Wind wisperte in den zimtfarbenen Buchenblättern.

Nach fünf Minuten war Hannes das Warten leid. Er schulterte das Gewehr und drang in die Dickung ein. Zum Glück hatte es länger nicht mehr geregnet. Er blieb trocken, während er sich durch die Buchen zwängte.

Nach 30 Metern stieß er auf seinen Hund. Er stand mit gesträubtem Nackenhaar vor einer Leiche. Oder dem, was die Sauen von der Leiche übriggelassen hatten. Am Kopf fehlte der Unterkiefer. Den Rest des Schädels hatten die Biester entfleischt. Nur die Augen steckten noch in ihren Höhlen und starrten Schreiber hilfesuchend an. Er knickte in den Knien ein und würgte. Ein bisschen bitterer Brei füllte seinen Mund. Er spuckte ihn aus. Smokie drehte sich um, roch daran.

„Aus", brüllte Hannes und legte den Hund an die Leine. Seine Finger zitterten. Er richtete sich auf. Sein Puls raste. Schwindel. Er versuchte es mit Atmen. Tief ein und ganz langsam wieder aus. Waldluft füllte seine Lungen. Das half ein wenig.

Schreiber blieb stehen. Wie lange, wusste er nicht. Sein Zeitgefühl hatte ihn verlassen. Die Gedanken rasten. Er zwang sich, die Leiche noch mal anzusehen. Die Hände fehlten ganz. Zwei blutige Stümpfe ragten aus den Ärmeln der grünen Faserpelzjacke. Die Beine der Cargo-Hose steckten in Gummistiefeln von Aigle. An den Knien war das Gewebe zerfetzt. Darunter lag rohes Fleisch.

Der Mann war klein. So klein wie Leyendecker! Hannes nahm den Hund unter den Arm und taumelte zurück. Raus aus der Dickung. Ins Offene. Er setzte sich auf einen Baumstumpf.

Was sollte er tun? Die Leiche einfach liegen lassen und weggehen? Mit dem Wissen um den Toten im Wald weiterjagen? Ging gar nicht. Außerdem: Er war da gewesen, mit seinem Hund. Smokie hatte Haare gelassen und Hannes Erbrochenes. So was konnten die heute problemlos zuordnen. Per DNA. Und dann hätte er ein Problem.

Schreiber versuchte, sich zu beruhigen. Vielleicht war Leyendecker einen natürlichen Tod gestorben. Herzinfarkt. So wie der sich immer aufgeregt hatte.

Der Gedanke war absurd. Leyendecker war umgebracht worden. An Ort und Stelle oder woanders und dann in die Buchen geworfen worden. Wie Kasimir Schulte-Appelhoff. Es gab nur einen entscheidenden Unterschied: Leyendeckers Leiche lag in Schreibers Revier. Und sie waren Erzfeinde gewesen. Hannes Schreiber war plötzlich ein Mann mit einem Mordmotiv. Lex würde ihn liebend gern grillen. Vielleicht fand er diesmal sogar einen Richter, der ihm einen Haftbefehl unterschrieb.

Hannes holte sein Handy aus der Tasche. Seine Hände zitterten noch. Er brauchte Hilfe. Den Anwalt, der ihn aus dem Polizeigewahrsam geholt hatte. Der Name fiel ihm in der Aufregung nicht ein. Er scrollte durch seine Kontakte. Bärweiler. So hieß der Mann. Er rief ihn an. Eine Angestellte der Kanzlei sagte ihm, der Anwalt sei im Mandantengespräch.

„Dann unterbrechen Sie ihn. Es ist ein Notfall."

Die Frau murrte. Schreiber ließ nicht locker. Schließlich stellte sie ihn durch. Er schilderte Bärweiler seine Lage.

Der Verteidiger wiegelte ab. „Keine Panik, Herr Schreiber. Kommen Sie erst mal zu mir. In einer Stunde bin ich für Sie da."

Hannes stiefelte zur Hütte zurück und zog die Jagdklamotten aus. Zum Duschen blieb keine Zeit. Er stellte sich vors Waschbecken, warf Wasser an die zur Geruchsbildung neigenden Stellen und trocknete sie ab. In Jeans und schwarzer Lederjacke fühlte er sich besser. Sie gaben ihm das Gefühl, ein Reporter bei der Arbeit zu sein. Kein Städter, der beim Waldschratspielen von einer Katastrophe zur nächsten taumelte. Er verrammelte die Hüttentür, ließ Smokie in den Subaru hüpfen und fuhr nach Trier.

Die Kanzlei lag in der Nähe des Landgerichts. Schreiber wurde ins Wartezimmer geschickt. Er suchte das Magazin in der Lesezirkelmappe und blätterte nervös darin herum. Falls Leserbriefe auf die Appelhoff-Geschichte gekommen waren, hatten sie sie nicht gedruckt.

„Morgen, Herr Schreiber." Bärweiler stand in der Tür und streckte ihm die Hand entgegen. Hannes schüttelte sie und folgte ihm in sein Büro. Es war weder modern noch schick. Ein Schreibtisch, auf dem sich Akten türmten, zwei Besucherstühle davor, an der Wand eine Ansicht der Stadt Trier im Mittelalter. Der Anwalt lümmelte sich in seinen Bürostuhl und ließ Schreiber reden.

„Und wo ist Ihr Problem?", fragte er, als Hannes fertig war.

„Ich hab' keinen Bock, wieder im Polizeigewahrsam zu landen, Herr Bärweiler. Das ist mein Problem."

Der Anwalt zog seine buschigen Brauen hoch. „Warum sollten Sie? Sie haben eine Leiche gefunden. Das ist alles. Wie Sie deren Zustand beschreiben, lag die schon länger im Busch. Mindestens eine Nacht. Klar wird die Kripo Sie befragen wollen. Schließlich war Leyendecker nicht Ihr allerbester Freund. Ich gehe davon aus, dass Sie ihn trotzdem nicht erschossen haben. Also wird bei den Ermittlungen gegen Sie nichts rauskommen. Oder gibt es etwas, das Sie mir noch nicht gesagt haben? Sie wissen, ich unterliege der Schweigepflicht."

Schreiber schnaubte. „Dass ich am liebsten morgen am Tag zurück nach Hamburg ginge, hab' ich Ihnen noch nicht gesagt."

Bärweiler grinste. „Das ist verständlich. Raten würde ich Ihnen dazu nicht. Sähe ein bisschen nach Flucht aus, oder? Auf jeden Fall müssen Sie zuerst Lex die Leiche zeigen. Soll ich ihn anrufen?"

„Gerne", sagte Hannes. „Würden Sie auch mit zum Fundort kommen?" Er schämte sich seiner Angst.

Bärweiler schaute in seinen Terminkalender. „Lässt sich machen."

Kapitel 29

Rick rief schon am nächsten Tag an. „Hausaufgaben erledigt", meldete er.

Mirja hätte gern gesehen, welches Gesicht er dabei machte. An Rick war ein Schauspieler verloren gegangen.

„Braver Junge", sagte sie.

„Hat meine Nonna auch immer gesagt. Sei un ragazzo bravo, Ricardo."

„Klingt schöner als Braver Junge."

„Versuch's auch mal. Ragazzo. Mit rollendem R."

„Am Telefon klappt das nicht, Rick. Ich muss sehen, was du mit der Zunge machst."

„Okay. Wann treffen wir uns zum Sprachunterricht? Dann zeig' ich dir, wie das mit der Zunge geht."

Mirja wurde warm. „Erst sagst du mir, wen Onkel Kasimir über den Tisch gezogen hat."

„Ich hab' mich bei den älteren Mitarbeitern im Office umgehört. Es gab in zwei, drei Fällen böses Blut."

„Hast du Kontaktdaten?"

Rick stöhnte. „Jetzt mal im Ernst, Mirja. Was willst du damit anfangen? Etwa die Leute anrufen? ‚Sorry, Ihr Vetter Kasimir hat Sie seinerzeit übers Ohr gehauen. Haben Sie ihn deshalb umgebracht?'" Er sprach mit einer Frauenstimme, die ihrer sogar ähnelte, und antwortete sich im Bass: „Gut, dass ich endlich darüber reden kann. Ja, ich habe diesen Halsabschneider erschossen. Einer musste es ja tun."

Mirja musste lachen. Vielleicht hatte Rick Recht. Vielleicht auch nicht. Sie war viel zu ehrgeizig, um es nicht wenigstens zu versuchen.

„Schick mir bitte die Telefonnummern", sagte sie. „Mehr als auflegen können die Leute nicht."

„Okay. Ich seh' schon, im Job bist du so 'ne Art Terrier."

„Danke für den tierischen Vergleich."

„Und wann treffen wir uns zum Italienischlernen?"

„Mach einen Vorschlag."

„Was hältst du von 18 Uhr in der Villa Waldfrieden?"

„Wann? Heute?"

„Klar. Mit Fremdsprachen kann man ja gar nicht früh genug anfangen."

„Wenn das so ist, bin ich da."

Mirja brauchte nicht lange zu warten. Nach zwei Minuten plinkte ihr Smartphone. Ricks SMS war kurz. Zwei Namen, zwei Telefonnummern. Keine Infos zu den Hintergründen. Die musste sie selbst erfragen. Sie schob es nicht auf die lange Bank. Zuerst wählte sie die Nummer der Frau. Maria Schulte-Appelhoff. Es dauerte, bis die Dame sich meldete. Ihre Stimme klang alt. Mirja sagte das Sprüchlein auf, das sie sich zurechtgelegt hatte. Freie Journalistin. Bayerische Zeitung. Gestern Artikel auf der Seite Zwei. Weiter am Thema interessiert. Ein paar Fragen zu Kasimir. „Ich habe gehört, dass Sie mal Ärger mit ihm hatten."

Was folgte, war ein Redefluss. Maria Schulte-Appelhoff verströmte Sätze, wie wenn ein Damm gebrochen wäre. Von den guten, alten Zeiten erzählte sie, als alle Appelhoffs noch gleich reich waren. Wie die Anteile der Appelhoffs aus kinderreichen Familien durch Erbschaft immer kleiner wurden. Dass manche Stämme („die bevölkerungspolitischen Blindgänger") peinlich darauf geachtet hätten, nur ein Kind zu zeugen. „Jedenfalls mit der eigenen Frau." Wann die reichsten Appelhoffs anfingen, den weniger reichen ihre Anteile abzukaufen. Dass sie jede Notlage schamlos ausgenutzt hätten. „Als mein Mann schwer krank wurde, mussten wir verkaufen. Ich wollte ihn bei einem Spezialisten in Amerika behandeln lassen. Ernst ist trotzdem gestorben und seine Anteile hatte Kasimir. Er wusste von unserer Situation und hat den Preis gedrückt."

Mirjas Stift jagte übers Papier. Hoffentlich konnte sie das nachher entziffern.

„Darf ich Sie fragen, wie alt Sie sind, Frau Schulte-Appelhoff?"

„Ich werde im Dezember 90."

„Ein stolzes Alter. Haben Sie Kinder?"

„Leider nein."

Mirja fragte sicherheitshalber noch, ob die alte Dame zur Jagd gehe.

„Das ist doch nichts für uns Frauen, mein Kind."

Mirja bedankte sich für die Informationen und beendete das Gespräch.

Sie überflog ihre Notizen. Das war Stoff für eine Geschichte, okay. Aber dass eine 90-Jährige aus Rache ihren Vetter erschoss, war eine bizarre Vorstellung. Und den Gedanken an einen Auftragskiller verwarf Mirja sofort. Diese Spezies tummelte sich eher im Tatort als im richtigen Leben. Außerdem fehlten der alten Maria für solche Extravaganzen vermutlich die Kontakte und das Geld.

Mirja wählte die nächste Nummer. Karl-Hanns Schulte-Appelhoff hörte sich ihr Sprüchlein an und legte auf. Sie schrie „Penner" und machte sich auf den Weg zur Mosel-Zeitung, um Geld zu verdienen. Von dem Honorar der Bayerischen konnte sie nicht leben. Jedenfalls nicht lange. Sie wusste nicht einmal, wie hoch es sein würde. Vor lauter Aufregung hatte sie vergessen, den Redakteur danach zu fragen.

Zwölf knackige Lokalmeldungen später wollte sie Feierabend machen, als die Sekretärin ihr noch eine Polizeimeldung brachte. Sie war schon einen Tag alt und in den Tiefen der Lokalredaktion verschüttgegangen. Mirja las die Vermisstenanzeige und wurde blass.

„Seit dem vergangenen Mittwoch wird der 63-jährige Ferdinand Leyendecker aus Hummeroth (Eifel) vermisst. Der pensionierte Polizeibeamte war Jagdaufseher im Revier der Familie Schulte-Appelhoff. Er hat sein Haus gegen 15 Uhr verlassen und wurde seitdem nicht mehr gesehen. Bekleidet war der Vermisste mit einer grünen Faserpelzjacke, grüner Cargo-Hose und Gummistiefeln. Sachdienliche Hinweise nimmt die Polizeiinspektion Schweich, Telefon 06502-91570, entgegen."

Sie griff zum Smartphone und rief Rick an. Er meldete sich nicht. Ein Anruf bei der Pressestelle der Polizei brachte sie auch nicht weiter. Udo Kant erklärte ihr, dass die Kripo eine Nachrichtensperre verhängt habe.

„Aus welchem Grund?"

„Das, liebe Frau Thelen, darf ich Ihnen auch nicht sagen. Die Ermittlungen laufen."

„Und was sollen wir jetzt drucken?"

„Unsere Vermisstenmeldung. Dann sind Sie auf der sicheren Seite."

Genau das tat Mirja schließlich auch.

Um halb sechs verließ sie die Redaktion und quälte sich durch den Feierabendverkehr aus der Stadt. Regen hatte eingesetzt. Die Bremslichter der Autos leuchteten in den Pfützen. Auf der Mosel kroch ein Schlepper gegen die Strömung. Die Weinberge versanken im Dämmerlicht. Der Wald auf der Höhe wankte im Wind. Auf der Straße zur Villa Waldfrieden lag Bruchholz. Mirja nahm Gas raus und umkurvte es. 40 Meter vor ihr kreuzte ein Alttier die Fahrbahn. Sie stieg auf die Bremse. Gerade rechtzeitig, um Schmaltier und Kalb vorbeitraben zu lassen. Das war knapp.

Am Jagdschloss der Schulte-Appelhoffs staute sich das Nichts. Kein Wagen auf dem Parkplatz, kein Licht im Haus. Um zehn nach sechs rief sie Rick an. Er meldete sich immer noch nicht.

Mirja wurde mulmig. Die Schlagzeile ihres BZ-Artikels kam ihr in den Sinn. Der Wald der toten Jäger. Sie verriegelte die Wagentüren von innen und wartete. Warum musste es im November auch so früh dunkel werden? Um viertel nach sechs klappte sie die Lehne des Fahrersitzes zurück und legte sich hin. Sie war nicht müde, natürlich nicht. Sie wollte nicht gesehen werden. Von wem auch immer. Ihr Hirn arbeitete auf Hochtouren. Leyendecker wurde vermisst. Was steckte hinter der Nachrichtensperre? Laufende Ermittlungen, sagte Kant. Sie gab Rick noch zehn Minuten. Um halb sieben würde sie wegfahren. Dieser verdammte Wald ging ihr auf die Nerven.

Der Wind frischte auf. Böen heulten in den Kronen der Buchen. Es knirschte und knackte. Ein starker Ast brach und krachte zu Boden. Keine 20 Meter von ihrem Fiat entfernt. Mirja zuckte, hob den Kopf und lugte durchs Fenster. Zu sehen war nichts. Die Zeit wollte nicht vergehen. Alle paar Sekunden sah sie auf die Uhr. Dadurch wurde es auch nicht später.

Sie hörte den Wagen nicht. Er schoss plötzlich in die Einfahrt. Kies knirschte unter den Reifen. Vorsichtig äugte sie hinaus. Es war der Münchner Volvo. Mirja sprang aus dem Fiat und rannte hin. Rick stieg aus und umarmte sie.

Sie schmiegte sich an ihn. „Ich habe ein paarmal versucht, dich zu erreichen. Leyendecker ist verschwunden."

Rick drückte sie an sich. „Leyendecker ist tot, Mirja. Dieser Schreiber vom Magazin hat seine Leiche heute im Wald gefunden."

Er nahm ihre Hand und führte sie ins Haus. Willenlos taperte sie mit. Die Villa Waldfrieden war dunkel und kalt. Rick machte Licht und Feuer im Kamin. Er schüttete zwei Whiskys ein und hielt ihr ein Glas hin. Mirja stellte sich mit dem Hintern ans Feuer und nippte. Der Schnaps half nicht.

Rick stellte sich zu ihr. „Die Kripo hat mich heute Nachmittag in Luxemburg angerufen. Ich sollte nach Trier kommen und ein paar

Fragen beantworten. Das hab' ich gemacht. Deshalb konnte ich nicht ans Telefon gehen."

„Was ist mit Leyendecker? Ist er erschossen worden?"

„Die Obduktion ist erst morgen früh."

„Man wird doch wohl erkennen können, ob einer erschossen wurde oder nicht?"

Rick trank noch einen Schluck Whisky. „So einfach ist das nicht. Leyendeckers Leiche hat über Nacht im Busch gelegen. Die Sauen waren schon dran."

Mirja setzte sich auf das Ledersofa mit der Fuchsdecke und strich mit den Händen über das Fell. „Was hat das alles zu bedeuten, Rick?"

Er setzte sich neben sie und legte den Arm um ihre Schultern. „Offensichtlich läuft hier einer im Wald rum und erschießt Leute."

„Wo haben sie Leyendecker gefunden?"

„Im Nachbarrevier."

„Bei Hannes Schreiber?"

„Pächter ist dieser Mattes Frühauf. Schreiber hat bei ihm einen Begehungsschein."

„Was hatte Leyendecker bei denen zu suchen?"

Rick zog die Schultern hoch. „Non lo so, ragazza."

Mirja hörte Rick gern italienisch reden. Jetzt ging es ihr auf den Geist. „Ich nehme an, das heißt, du weißt es nicht."

„Du lernst schnell, Mirja. Non – lo – so, ragazza. Nicht – es – ich weiß, Mädchen." Er legte seine Pranke auf ihren Oberschenkel.

Sie legte sie zurück und blitzte ihn an. „Sag mal, spinnst du, Rick? Wir machen heute kein Italienisch oder sonst was. Die Stunde fällt aus wegen Mordes. In eurem Wald läuft ein Killer rum und dir fällt nichts Besseres ein, als mir einen mit der Zunge vorzurollen."

Rick gab sich zerknirscht und süffelte an seinem Whisky.

Mirja dachte nach. Laut. „Deinen Vater lassen wir mal außen vor. Das kann ein Jagdunfall gewesen sein. Glaube ich zwar nicht, aber egal. Bei Onkel Kasimir liegt die Idee nahe, dass jemand aus der Familie ihn getötet hat. Besonders, wenn dein Vater ermordet worden sein sollte. Wie hat Schreiber so schön gedichtet? ‚Erbfolgekrieg bei Appelhoffs.' Aber Leyendeckers Leiche ändert alles. Leyendecker hat mit eurem Erbfolgekrieg überhaupt nichts zu tun. Wenn du mich fragst, läuft hier ein ganz anderer Film. Es geht nicht um eure Familie, Rick. Es geht um euer Revier."

Sie hätte sich küssen können für diese Erleuchtung. Rick sie wahrscheinlich auch. „Klingt verdammt logisch, Mirja", sagte er.

„Dann lass uns mal überlegen, wer ein Interesse daran hat, das Revier aufzumischen."

„Schreiber", sagte Rick. „Der hasste Leyendecker wie die Pest. Täte ich übrigens auch, wenn der mich in den Polizeiknast gebracht hätte."

„Und warum sollte Schreiber Kasimir umgebracht haben? Und vielleicht auch deinen Vater?"

„Gehen wir mal davon aus, dass mein Vater von einer verirrten Kugel getroffen wurde. Vielleicht aus Schreibers Waffe. Vielleicht auch nicht. Schreiber ist dafür jedenfalls in den Knast gekommen. Wenn auch nur kurz. Seitdem hasst er uns Appelhoffs. Er erschießt erst Kasimir und dann seinen Intimfeind Leyendecker."

Mirja schüttelte den Kopf. „Hannes Schreiber ist Journalist, Rick. Der rächt sich nicht mit der Wumme. Das hat der nicht nötig. Der rächt sich mit Worten. ‚Der Erbfolgekrieg bei Appelhoffs.' Geschichtenschreiben ist seine Art, sich zu rächen."

„Weißt du, was ich mich gerade frage?" Rick grinste sie an.

„Noch nicht."

„Dann jetzt. Wenn du von Schreibers Unschuld überzeugt bist, warum schreibst du dann so bissig über ihn?"

Mirja wusste, was er meinte. Sie kannte ihren BZ-Artikel nahezu auswendig und rasselte den Satz runter. „‚Auch als der zweite Schulte-Appelhoff tot aufgefunden wurde, war der Magazin-Reporter in der Nähe.' Die Stelle meinst du, oder?"

„Genau die."

„Das hab' ich dir doch gerade erklärt, Braunauge. Journalisten rächen sich mit Worten. Journalistinnen auch." Sie erzählte Rick von ihrem Auftritt an Schreibers Hütte, wie er ihre Legende von der Autopanne durchschaut und sie abblitzen lassen hatte. Dass sie ihn unter der Dusche überrascht hatte, ließ sie weg.

„Ihr Zeitungsleute seid ganz schön territorial."

„Wie Wölfe am Riss", sagte Mirja, nur halb im Spaß. Sie nahm noch einen Schluck Whisky. Er ging runter wie nichts. „Außer Schreiber fällt dir niemand ein?"

Rick lehnte sich im Sofa zurück und streckte die Beine. „Doch", sagte er. „Schilling."

Der Name sagte ihr nichts.

„Der Mann, den wir neulich im Wald getroffen haben, als du deinen Hirsch geschossen hast."

Mirja erinnerte sich vage. „Was ist mit dem?"

„Schilling war bei uns Förster. Lange gehalten hat er sich nicht. Ein Jahr vielleicht. Er ist eigentlich ein guter Typ. Ein Jäger, der nicht in Trophäen denkt. Der hat als Erstes eine Art Waldinventur gemacht. Wie viel Bäume geschält und verbissen waren, hat er auch untersucht. Die Zahlen haben meinem Vater nicht geschmeckt. So genau wollte er das gar nicht wissen."

„Waren die Wildschäden so schlimm?"

„Gigantisch."

„Und wie ging's weiter?"

„Schilling hat ein Jagdkonzept entwickelt und vorgestellt. Grob gesagt wollte er alle Wildfütterungen schließen und die Bestände auf die Hälfte runterschießen. Dazu hatte er revierübergreifende Drückjagden mit den Nachbarn im Plan. Du kannst dir den Aufschrei in der Familie vermutlich vorstellen. Das edle Rotwild der Appelhoffs! Gemeuchelt von den Abstaubern in der Nachbarschaft! Never!"

Rick süffelte noch ein wenig Whisky. „Vor fünf Jahren hat Leyendecker für viel Geld ein paar kapitale Hirsche aus Ungarn importiert."

„Im Jungjägerlehrgang haben sie uns erzählt, dass man Schalenwild nicht aussetzen darf."

Rick grinste. „Die Hirsche wurden ja auch nicht ausgesetzt. Sie kamen in ein Rotwildgatter hinter der Villa. Just for fun. Wie beim englischen Landadel. Beim nächsten Herbststurm ist dann leider ein Baum auf den Zaun gestürzt und die Hirsche sind ab in den Wald. So 'n Pech aber auch."

Mirja kaute auf den Neuigkeiten herum wie auf einem zähen Stück Fleisch. Dass Leute mit Geld und Einfluss sich einen Dreck um die Jagdgesetze scherten und damit auch noch durchkamen, war für eine junge Jägerin schwer verdaulich. Aber warum sollte es auf der Jagd anders zugehen als im richtigen Leben? Bei der Arbeit für die Mosel-Zeitung hatte sie Sachen erfahren, die ganz ähnlich liefen. Kein Wunder, dass es unter Journalisten so viele Zyniker gab. Leute wie Schreiber, der lieber wie ein Alpöhi in seiner Hütte hauste statt in Hamburg den Wichtigmann zu mimen.

Mirja drückte die Gedanken weg. ‚Wer so denkt, kriegt Krebs', sagte sie sich. Zynisch sein konnte sie auch in 30 Jahren noch. Dann wäre sie so alt wie Schreiber. Eine schreckliche Vorstellung.

„Weißt du mehr über diesen Schilling?", fragte sie Rick.

„Im Grunde nicht viel. Er ist ziemlich schnell bei uns rausgeflogen. Ob er einen neuen Job hat, weiß ich nicht. Förster sind nicht gerade gesucht. Überall werden Stellen abgebaut."

„Und warum studierst du dann Forstwissenschaft?"

Er gab wieder den Kobold, lachte und guckte dabei sturzbetroffen. „Weil es mich interessiert, Mirja. Auf einen Job als Förster bin ich nicht erpicht. Ich will doch keinem armen Schlucker die Planstelle wegschnappen."

Mirja verkniff sich einen Kommentar. „Wo kann ich mehr über diesen Schilling erfahren?"

„Vielleicht bei ‚Wald vor Wild'. Da war er Mitglied."

Sie hatte schon von dem Förster-Verein gehört. Für traditionelle Jäger war „Wald vor Wild" ein rotes Tuch.

„Okay", dehnte sie. „Ich ruf' die mal an. Und du solltest auch versuchen, etwas mehr über den Mann rauszukriegen."

Sie trank ihren Whisky aus und stand auf. Rick blieb sitzen.

„Kein Italienischunterricht heute?"

Mirja streichelte ihm über den Kopf. „Ich bin nicht in Stimmung, Ricardo", sagte sie mit halbwegs rollendem R. Sie hatte zu Hause geübt.

Kapitel 30

Sie hatten ihn nicht festgenommen. Schreiber war mit Bärweiler nach Schweich gefahren und von dort samt Polizeieskorte ins Revier. Kommissar Lex war angespannt, als Hannes ihn zum Fundort der Leiche führte.

„Werden Sie dieses Mal eine Aussage machen?", fragte er Schreiber.

„Das kommt auf den Charakter der Vernehmung an", antwortete Bärweiler für ihn. „Für eine Zeugenvernehmung steht mein Mandant zur Verfügung. Für eine Beschuldigtenvernehmung auf keinen Fall."

Lex lächelte sein feines Lächeln. „Wie kommen Sie darauf, dass ich Herrn Schreiber als Beschuldigten vernehmen will?"

„Soll ja schon vorgekommen sein", sagte Bärweiler.

Am Ende wurde es eine korrekte Zeugenvernehmung. Sie fand in der Polizeiinspektion Schweich statt. Hannes beschrieb, warum er die Leiche wann, wo und wie gefunden hatte. Lex wollte wissen, wann Schreiber den Jagdaufseher zuletzt lebend gesehen habe.

„Vor zwei Tagen in unserm Revier. Mitten in der Nacht. Bewaffnet. Ich hab' Ihnen am nächsten Morgen eine Anzeige wegen Wilderei geschickt."

Lex lächelte wieder. ‚Irgendwer wird ihm mal eine reinhauen wegen dieses Lächelns', dachte Schreiber. ‚Der Mensch kann auf mein Verständnis rechnen.'

„Danach haben Sie Leyendecker nicht mehr gesehen?", fragte der Kommissar.

„Zum Glück nicht."

Damit war der Drops gelutscht. Man verabschiedete sich höflich. Schreiber bedankte sich bei Bärweiler für die Hilfe und kehrte zur Hütte zurück.

Es war halb sechs. Die Sonne war vor mehr als einer Stunde untergegangen. Gesehen hatte man nichts davon. Es regnete und der Wind bog die Weiden. Hannes zog die Gummigartengaloschen an und ging mit dem Hund einmal um den Block. Smokie mochte keinen Regen. Er kniff die Augen zusammen und schüttelte sich alle zehn Meter. Schließlich kreiselte er, kackte in die Wiese und machte sich selbstständig auf den Heimweg. Schreiber schlappte hinterher. Das warme Licht aus den Hüttenfenstern lockte.

Drinnen fütterte er den Hund, aß ein paar Butterbrote und trank eine Flasche Bier dazu. Mit seiner Esskultur ging es bergab. Er hatte sich schon seit Tagen nichts Anständiges gekocht. Auf der Spüle wartete seit dem bunten Nachmittag mit den Herren vom Berge ein Stapel Geschirr. Schreiber setzte Wasser auf und machte sich, als der Kessel pfiff, an die Arbeit. Es gab ein Leben ohne Spülmaschine. Schließlich war nicht alle Tage Party in der Hütte.

Nach einer halben Stunde sah die Küche wieder bewohnbar aus. Schreiber schaute aus dem Fenster und sah nichts außer kohlschwarzer Nacht. Was sollte er anfangen mit dem Rest dieses verdorbenen Tages? Gelangweilt durchwühlte er den Stapel mit den alten Zeitschriften. Zwischen „Spiegel" und „Wild und Hund", „Stern" und „National Geographic" stieß er auf das Magazin mit dem Wald-Titel. Lustlos blätterte er darin herum, las sich dann aber doch an der Titelgeschichte fest. Am meisten verblüfften Schreiber die Hilfeschreie der Nadelbäume, die der durchs Programm führende Förster zu hören wähnte. „Wenn sie viel Durst haben, fangen Bäume an zu schreien", behauptete der Mann. „Ihre Schreie atme ich mit der Waldluft ein."

Hannes fröstelte. Das Ofenfeuer war weit heruntergebrannt. Er legte Holz nach, las weiter und erfuhr, was für eine Untat er gerade begangen hatte. „Die Holzscheite, die in Ihrem Ofen knistern, sind die Leiche eines Baumes, die in Brand gerät", schwadronierte Förster Mayer. Schreiber kratzte sich am Kopf. Womit sollte er in Zukunft die Hütte warm halten, wenn nicht mit Leichenholz? Thomas Mayer wusste Rat. Man dürfe Holz nutzen, aber nur, wenn die Bäume artgerecht gelebt haben. Hannes nahm sich vor, in Zukunft nur noch mit freilaufenden Bäumen zu heizen.

Das Problem an diesem Apostel des Waldes war, dass er keinen Unterschied zwischen Pflanzen, Tieren und letztlich auch Menschen machte. Bäumchen schrien vor Schmerz, wenn ein Reh ihre Triebe abknabberte. Hannes hätte gern gewusst, was die Bambibeschützer aus Klüssert von Mayers steilen Thesen hielten. Wenn Pflanzen Schmerz empfanden, durften Veggies eigentlich auch keinen Salat mehr essen.

Bevor er anfing, sich den Kopf seiner Feinde zu zerbrechen, holte Hannes die Karten raus, mischte gründlich und legte eine Patience. Er trank dazu ein Glas Trester und aß ein wenig Schokolade. Schnaps und Schoko passten gut zusammen. Trotzdem ging sein Spiel nicht auf. Schreiber versuchte es noch einmal und scheiterte erneut. Es war einfach nicht sein Tag. Er ging schon um neun Uhr ins Bett.

Morgens um vier wachte er wieder auf. Sieben Stunden Schlaf, mehr konnte man nicht verlangen, jedenfalls nicht in seinem Alter. Senile Bettflucht war das wohl noch nicht. Er quirlte eine halbe Stunde im Schlafsack. Liegenbleiben oder jagen?

Wenn er ehrlich war, hatte er Angst, in den Wald zu gehen. Leyendeckers Leichenaugen hatten ihn angestarrt, bevor er eingeschlafen war. Entsprechend schlecht hatte er geträumt. Wüstes Zeug bar jeder Logik. Wie ein Dylan-Song aus dessen Drogenphase. „The ghost of electricity howls in the bones of her face, where these visions of Johanna have now taken my place." Was hatte das zu bedeuten? Schreiber wusste es nicht.

Was er tun sollte, wusste er noch weniger. Er konnte nicht den Rest seines Sabbatjahres aus Angst in der Hütte verhocken. Falls ihn jemand killen wollte, bot er auch hier ein gut beleuchtetes Ziel. Die RAF hatte Detlev Rohwedder aus 60 Metern durchs Fenster erschossen. Mit einem Sturmgewehr im Kaliber 7,62 × 51. Über die Verschwörungstheorie von dem Scharfschützen, der durch den Rhein geschwommen und den Treuhand-Chef mit professioneller Präzision abgeknipst haben sollte, konnte Schreiber nur lachen. Wer auf 60 Meter sitzend aufgelegt nicht traf, hatte als Terrorist den falschen Beruf ergriffen.

Rauszugehen in den Wald der toten Jäger, traute er sich auch nicht. Da lief irgendein Psychopath herum, der sich einen Spaß daraus machte, Jäger zu erschießen. Es schien dem zwar eher um die Schulte-Appelhoffs und ihren Anhang zu gehen. Doch die letzte Leiche hatte in Schreibers Revier gelegen. Der Killer trieb sich auch hier herum. Sicher war man nirgends auf dem Berg.

Schreiber stand auf und machte Feuer. Als Papier nahm er den Magazin-Artikel mit dem Förster, der die Bäume schreien hörte. Er riss die Seiten raus, stopfte sie in den Ofen und legte Leichenholz darauf. Zapfen hatte er noch immer nicht gesammelt. Es brannte auch ohne.

Als die Bude warm wurde, machte Schreiber Frühstück und ließ den Terrier vor die Tür. Er hatte keine Lust mitzugehen. Es schiffte schon wieder und Smokie kam schnell zurück.

Nach der zweiten Tasse Kaffee stand Schreibers Entschluss fest. Lieber einen Tag lang feige als den Rest des Lebens tot. In seine Hamburger Wohnung konnte er nicht zurück. Sie war für ein Jahr an dieses Schweizer Ehepaar vermietet. Hannes rief seinen Kumpel Wolfgang in Wattenscheid an und fragte, ob er eine Zeit lang bei ihm unterkommen könne. Wölfi war die Frau weggelaufen. Er hatte viel Platz in seinem Reiheneigenheim in der Konradstraße und freute sich auf Gesellschaft. „Wir machen eine Männer-WG auf, Hannes. Wie in den alten Zeiten."

Hannes begann zu packen. Es kam eine Menge zusammen. Er verstaute alles im Wagen. Wie immer hatte Smokie Sorge, den Abflug zu verpassen. Er sprang ins Heck und kuschelte sich in seine Box. Am Ende kümmerte sich Hannes um die Hütte. Er drehte Gas und Wasser ab, klappte die Schlagläden vor die Fenster und sicherte sie mit den Vorhängeschlössern. Die Tür, die das SEK ruiniert hatte, war immer noch nicht repariert. Mattes' Konstruktion musste reichen. Es gab nichts Haltbareres als Provisorien.

Schreiber warf einen letzten Blick auf seine Jagdhütte und stieg ins Auto. Langsam fuhr er weg. Über Monzels Weiden, wo die Rinder sich um den Unterstand scharten und einen Rundballen Heu verschlangen. Durch die kahlen, grauen, vor Nässe triefenden Weinberge. Zur Mosel, die sich braun und breit durchs Tal wälzte.

Mattes Frühauf staunte nicht schlecht, als Hannes in Jeans und Lederjacke vor seiner Tür stand. „Wat is, Hannes? Muss du nomol nach Hambursch? Soll isch den Hund halten?"

Schreiber schüttelte den Kopf. „Nee, Mattes. Ich fahr' dahin, wo ich herkomme. Nach Wattenscheid. Ich hab' keine Lust, mich auf dem Berg totschießen zu lassen."

„Kumm rin, du Labbes. Mer trinke en Glas Riesling. Da sieht die Welt ganz anners aus." Mattes führte Hannes in sein Jagdzimmer, in dem man vor lauter Trophäen die Wand nicht mehr sah. Was vielleicht auch besser war. Gisela Frühauf hatte eine Vorliebe für großblumige Tapeten.

Schreiber ließ sich in einen Eichensessel fallen und bestaunte die Rehgehörne, während Mattes den Wein aus dem Kühlschrank holte. In Frühaufs Jägerleben waren eine Menge guter Böcke zusammengekommen. Die Keiler, deren Waffen auf runden Brettern klebten, hätte Hannes auch gern geschossen.

Mattes hockte sich neben ihn, goss die Gläser viel zu voll und schaute Hannes an wie ein Dackel. Sie tranken schweigend. Es war der Wein mit dem Hirsch auf dem Flaschenetikett, ein Säuerling, den Frühauf gern an Jagdgäste verkaufte. Er passte perfekt zu Schreibers Stimmung.

Mattes versuchte, ihn aufzumuntern. „Lass uns morjen en klen Treibjagd machen. Im Sonnenhang hann isch die Sauen gefährtet. Den Achim geht mit seinen Hund dursch. Mer stelle uns mit en paar Schützen vor. Da kummen sischer Sauen zur Streck."

„Lass gut sein, Mattes. Ich brauch' 'ne Pause. Grüß Monzel und den Sammler von mir. Ich hätte denen gerne Tschüss gesagt. Aber der Monzel war nicht bei den Kühen und den Siggi trifft man eh nur durch Zufall."

„Monzel is uff seinem Hof. De Schlepper is weidwund. Un Siggi hätt bestimmt war anners zu tun. De kriegt vielleischt sein Stell nomal."

„Welche Stelle?"

„Als Förster bei Appelhoffs. Da war er doch vor Jahren schon mal."

Schreiber glaubte, er höre nicht recht. „Der Siggi war Förster bei Appelhoffs? Und warum weiß ich davon nix?"

„Isch hann gedacht, du wusstest dat, Hannes."

„Woher soll ich das wissen? Mir hat keiner was erzählt."

„Häss du den Sammler denn nie gefragt, wat er denn macht?"

Hannes sagte „Nee" und ärgerte sich über sich selbst. Seine verfluchte Einzelgängerei hatte ihm mal wieder einen Streich gespielt. Statt sich mit Siggi zu unterhalten, wenn sie sich auf der Höhe getroffen hatten, war er seiner Wege gegangen. Dass der Sammler mehr im Laden als im Schaufenster hatte, war ihm erst beim Grillen an der Hütte aufgefallen, als Siggi Bauer Monzel die Bergmannsche Regel erklärt hatte.

„Erzähl mir alles, was du über den Sammler weißt, Mattes. Alles, hörst du?"

„Isch sinn ja net taub." Frühauf genehmigte sich noch einen Schluck Riesling. „Warum willst du dat iewerhawwt wissen?"

Schreiber wurde ungeduldig. „Sag' ich dir später. Und jetzt mach voran!"

Mattes verdrehte die Augen. „Journalisten sinn en komischen Menscheschlach."

Was er über Siggi wusste, war mehr als erhofft. Der Sammler kam nicht von der Mosel. Klar, darauf war Hannes anhand der Sprache auch schon gekommen. Er hatte Forstwirtschaft studiert und dann hier und da im Privatwald gearbeitet. Nirgendwo war er lange geblieben. „Wat dat Wild angeht, is de Siggi extrem. Siggi hat Hasen mit der großen Kugel zu Klump geschuss, damit se net de Buchensämling offressen." Deshalb hatte er überall Ärger bekommen. Mit den privaten Jägern sowieso. Oft aber auch mit seinen Kollegen vom Forst. „De Siggi glaubt, er hätt de Weisheit mit dem Scheimleffel gefräß. Un alle Anneren net."

Bei Appelhoffs war der Sammler natürlich als Erstes mit Leyendecker aneinandergeraten. „De Kleene Gott von Hummeroth und Siggi, de Kluchscheißer. Dat war dat Paar des Jahres." Und danach mit Clan-Chef Richard. „De Siggi hat dem Alten vorgeschlagen, dat Rotwild um de Hälft zu reduzieren. Da hat König Richard ihn rausgeschmoss." Das war vor fünf Jahren gewesen und seitdem hatte Siggi nirgendwo mehr einen Job gefunden.

„Und warum kriegt der jetzt seine Stelle wieder zurück?", fragte Schreiber.

„Dat hann isch mer so gedacht, Hannes. De junge Schulte-Appelhoff studiert doch auf Förster. Er hat den Siggi domols dem alten Richard empfohlen. Glaubst du, dat de Rick demnächst im Wald rumkriescht un Bäum auszeischnet? Isch net. De sitzt doch schon im Familljebüro in Luxebursch. Un wen wird er holen für de Job? Wenn du misch fräß: de Siggi. Aber misch fräscht ja keinen."

„Doch, Mattes. Ich frag' dich was. Kannst du dir vorstellen, dass der Siggi Leute erschießt?"

Frühaufs Gesichtszüge entgleisten. „Meenst du...", sagte er und rutschte mit dem Hintern bis vorn auf die Sesselkante.

„Ich mein' gar nix, Mattes. Ich hab' dich was gefragt."

Mattes wusste nicht wohin mit seinen Händen. Gewohnheitsmäßig griff er nach dem Glas und leerte es. Dass es Schreibers Wein war, den er da soff, fiel ihm nicht auf.

„De Siggi is en Fanatiker", sagte er. „Siggi schießt uff alles, wat sisch bewescht. Aber och uff Leut? Dat is doch wat ganz anners als Hirsche, Hannes."

„Wem sagst du das."

„Am besten du frägst de Monzel. De is de ganzen Tag obb em Bersch. Den entgeht nix, wat da passiert."

Schreiber schnaubte. „Der mag ja alles sehen, Mattes. Aber reden tut der Monzel nicht."

Frühauf blinzelte mit seinen Schweinsäugelchen. „Du hass mer mal ganz stolz erzillt, dat du als Reporter die meest Leut zum Reden gebracht hass. De Monzel is en hart Nuss. Aber en hart Nuss kann man och knacken, Hannes."

Schreiber fuhr zu Monzels Hof am Ende des Dorfes. Der Bauer war nicht da. Sein Traktor auch nicht. „De Friedhelm is uff em Bersch", sagte seine Frau. Hannes kurvte durch den Steilhang nach oben. Der Regen hatte aufgehört. Richtung Trier zeigte sich ein blauer Fleck im Himmelsgrau.

Monzels Traktor sah er von weitem. Er stand mitten auf dem Teersträßchen, das an der Scheune vorbeiführte. Scheune war ein großes Wort für den halboffenen Unterstand, den der Bauer für seine Rinder zusammengeschustert hatte. Er bestand aus rostigem Wellblech, angefaulten Brettern und schiefen Pfosten. Daneben türmte sich der Mist meterhoch. Schwarzes Wasser sickerte aus dem Haufen, staute sich in Pfützen und rann über die Straße.

Schreiber stoppte den Subaru und stieg aus. Der Bauer war nicht zu sehen, aber tief im Dunkel der Scheune rumorte es. Hannes wartete. Monzel mochte es nicht, wenn man ihn bei der Arbeit störte. Mit Menschen redete er nur, wenn er Zeit und Lust hatte. Also so gut wie nie. Monzel musste Hannes kommen gehört haben. Wahrscheinlich konnte er ihn auch sehen. Trotzdem ließ er ihn warten. Als es Schreiber zu lang wurde, ließ er den Hund aus dem Auto. Smokie schnupperte an der Güllepfütze, auf der ein Ölfilm schillerte. Hannes brüllte „Aus!". Der Hund rannte in den Unterstand. Nach einer ganzen Weile kam er mit Monzel heraus. Er hüpfte dem Bauern um die Beine und sprang neben ihm hüfthoch in die Luft.

„So en Kleen könnt isch och gebrauchen", sagte Monzel. Seinen alten Hund, der früher mit ihm auf dem Traktor unterwegs gewesen war, hatte er vor zwei Jahren einschläfern lassen müssen.

„Warum holst du dir keinen neuen Hund?", fragte Schreiber.

Monzel zuckte mit den Schultern. „Isch hann Malässen mit dem Herz."

Das Wort Malässen erinnerte Hannes an seine Jugend im Ruhrpott. Damals hatten die Leute dort auch keine Beschwerden gehabt, sondern Malässen. Halb unbewusst rutschte er in den Slang seiner Heimat. Er tat das oft, wenn er im Job mit Leuten redete, die Dialekt sprachen. Es schaffte Nähe.

„Ich auch", sagte er. „Ich werf' jeden Morgen wat für'n Blutdruck ein und jeden Abend wat gegen Cholesterin."

„Un? Nützt dat wat?"

„Den Löffel abgegeben hab' ich jedenfalls noch net."

Monzel lachte tatsächlich. „Mehr kann isch in unserm Alter net verlangen."

„Wie alt bis du denn?"

„Jahrgang 59."

„Halbes Kind. Ich bin Baujahr 58."

„En Jahr älter wie isch? Dat hann isch jetzt net gedacht."

Schreiber auch nicht. Die harte Arbeit hatte bei Monzel Spuren hinterlassen. Er hatte Hände wie Hufe und einen Kopf wie der Räuber Hotzenplotz – mit roten Haaren und ohne Bart.

„Heut net in Grün?", fragte der Bauer. „Muss du nomal no Hambursch, Geld verdiene?"

Schreiber schüttelte den Kopf. „Ich hau' ab, Monzel. Ich hab' keine Lust, mich kaputtschießen zu lassen von dem Bekloppten, der hier oben rumschleicht. Ich hab' dem Mattes schon Tschüss gesagt. Aber der hat mich auf 'ne Idee gebracht."

„Dat kann net viel sinn."

„Ich wollte dich fragen, wat du davon hältst."

„Da sinn isch aber gespannt."

Hannes glaubte nicht, dass es etwas brächte, noch ein paar Kurven mehr zu fliegen, um den wortkargen Bauern warmzuquatschen. Er nahm den Stier bei den Hörnern.

„Ich hab' den Siggi in Verdacht, dat der die Jäger erschossen hat."

Monzel rieb sich mit dreckigen Händen die Bartstoppeln und schwieg.

„Mattes hat mir erzählt, dat der Sammler früher Förster bei Appelhoffs gewesen ist. Wusstest du dat?"

Monzel nickte.

„Ich nicht", sagte Schreiber.

„Da war's du noch net uffem Bersch."

Hannes legte nach. „Neulich nachts, als Mattes deine Kuh erschossen hat, bin ich anschließend noch 'n bisscken durch den Wald gepirscht. Da ist mir der Leyendecker übern Weg gelaufen. Bewaffnet. Weiß du, wat der gesagt hat, als ich ihn angehalten hab'?"

„Nä."

„Ich verfolge einen Wilderer."

Der Bauer sagte nichts.

„Ich hab' dat für 'ne blöde Ausrede gehalten. Aber inzwischen bin ich mir nicht mehr sicher. Ich glaub', der Giftzwerg war hinter dem Siggi her."

„Wie kimmst du uff den?"

„Als ich dat mit dem Förster-Job gehört hab', fiel et mir wie Schuppen aus den Haaren. Vielleicht nimmt der Rache für den Rausschmiss. Vielleicht will er den Wald vorm Wild retten. Vielleicht auch beides. Und dann fiel mir Siggis Rucksack ein. Warum rennt der immer mit dem blöden Rucksack rum, auch wenn gerade gar nix zu sammeln ist? In dat Ding passt zum Beispiel eine Kipplaufbüchse. Dat ist ein Gewehr, von dem du den Lauf abmachen kannst wie bei 'ner Flinte. Dann hast du zwei Stücke, den Lauf und den Schaft. Die baust du ruck-zuck auseinander und zusammen."

Monzel kratzte sein storriges Haar. „De Siggi is verrückt", sagte er. „Der unterhält sisch mit de Bäumen. Wie de Prinz Charles."

Schreiber schwieg. Er wollte Monzel kommen lassen. Mit Druck erreichte man bei dem Mann gar nichts.

„Isch hann dat selbst gesehn. Erst erzillt Siggi dem Baum wat un dann legt er dat Ohr an de Stamm un wartet uff Antwort."

„Und wat sagt ihm der Baum?"

„Danke, dat du meine Kinder beschützt. Dat hott mir de Siggi jedenfalls erzillt."

Hannes wurde hektisch. Er schnorrte Monzel um eine Zigarette an. Der Bauer kramte eine zerknautschte Schachtel Marlboro aus dem Overall und hielt sie Schreiber hin. Mit fahrigen Fingern zog er eine raus. Monzel nahm auch eine und gab ihm Feuer. Der Schwindel fuhr Hannes bis in die Zehen. Verdammte Sucht.

„Ich kann mir denken, wie der Siggi die Baumkinder beschützt", sagte er. „Der schießt dat Rotwild, dat die jungen Bäume frisst, oder?"

Der Bauer nickte. „Aber dat Siggi uff Menschen schießt, glauben isch net."

„Vielleicht haben die ihn beim Wildern erwischt."

„Alle drei?"

Schreiber zog die Schultern hoch. „Ich weiß et nich', Monzel. Aber beim Leyendecker kann ich et mir gut vorstellen."

Schreiber ließ seine Kippe fallen und trat sie aus. Er nahm seinen Hund an den Strick.

„Wat hass du vor, Hannes?"

„Ich ruf' die Polizei an."

Monzel zog an seiner Zigarette. „Von mir erfahren de Bullen nix."

Schreiber schüttelte den Kopf. „Dat würd ich mir an deiner Stelle noch mal überlegen, Friedhelm. Sonst ist der Leyendecker nicht der letzte Tote auf dem Berg gewesen. Als Nächster bin vielleicht ich dran. Oder du."

Monzel machte große Augen. „Isch sinn ken Jäger."

„Nee", sagte Hannes, „ein Jäger bist du nicht. Aber du weißt zu viel."

Schreiber ging zum Wagen und stieg ein. Er wendete und fuhr Richtung Hütte. Im Rückspiegel sah er Monzel. Der Bauer stocherte mit der Gabel im Mist.

Hannes stoppte den Subaru, als er außer Sichtweite war. Zuerst rief er Frühauf an. „Mir ist gerade eingefallen, dass ich gar nicht weiß, wie der Sammler richtig heißt, Mattes."

„Siegmund Schilling."

„Und wo wohnt der?"

„In Piesport."

„Danke."

„Wat sächt dann de Monzel?"

„Den hab' ich noch nicht erreicht", log Schreiber. Er wollte keine Zeit verlieren.

Als Nächstes rief er Lex auf Festnetz an.

„Wen wollen Sie denn heute anzeigen?", fragte der Hauptkommissar. Wahrscheinlich lächelte er dabei. Schreiber konnte das zum Glück nicht sehen.

„Siegmund Schilling aus Piesport", sagte er.

„Weswegen?"

„Wilderei und Verdacht auf Mord oder Totschlag."

Lex schwieg einen Moment. Hannes auch.

„Wie kommen Sie auf den?", fragte der Kripo-Mann.

Schreiber erzählte ihm alles, was er über den Sammler herausgefunden hatte. Lex stellte kaum Zwischenfragen.

„Wir haben den Mann überprüft", sagte er. „Nach dem Tod von Kasimir Schulte-Appelhoff. Die Kollegin, die die Spurenakten führt, hält ihn für einen armen Irren."

„Ich auch", sagte Hannes. Sonst nichts.

„Wo sind Sie gerade, Herr Schreiber?"

„Auf dem Berg. Ich fahre jetzt zu meiner Hütte."

„Halten Sie sich bitte für eine Zeugenvernehmung bereit. Wir müssen Ihre Aussage protokollieren."

„Und was ist mit Schilling?"

„Um den kümmern wir uns. Spielen Sie bloß nicht Räuber und Gendarm."

„Das habe ich nicht vor."

Kapitel 31

Der Vorsitzende von „Wald vor Wild" lebte in einem Forsthaus. Wo sonst? Es lag tief in der Eifel. Ohne Navi hätte Mirja wohl nicht hingefunden. Florian Linthorst hatte sie am Telefon abwimmeln wollen. Das war ihm nicht gelungen. Sie hatte ihn so lange bezirzt, bis er aufgab.

„Dann kommen Sie meinetwegen um elf vorbei."

Es war fünf vor elf, als Mirja den Fiat vor dem Backsteinbau abstellte. Nebendran lag ein Gehege, in dem sich ein paar Ziegen tummelten. Der Bock kam meckernd auf sie zu gerannt und legte die Vorderläufe auf den Zaun. Er stank bestialisch nach Ziegenpisse.

Mirja sah zu, dass sie ins Haus kam. Auf ihr Schellen öffnete ein mittelalter Mann. Das einzig Bemerkenswerte an ihm war die John-Lennon-Brille auf seiner schmalen Nase. Er trug die Jacke der Landesforsten mit dem dicken Wappen von Rheinland-Pfalz auf der Brust und tat so, als stände er auf dem Sprung zu dringenden Dienstgeschäften.

Mirja ignorierte das. Sie setzte sich auf den Besucherstuhl vor dem Schreibtisch und fragte Linthorst über sein Forstrevier aus. Größe, Böden, Hauptbaumarten, Tierwelt, Jagdstrecken. Was man so fragt, wenn man einen Förster ans Reden bringen will. Der Mann mit der Nickelbrille taute auf. Er erzählte vom Waldumbau, weg vom Fichtenforst, hin zu naturnahen Laubwaldgesellschaften, und in wie langen Zeiträumen man dabei denken müsse.

„Dabei kennt jeder Förster zwei Idioten", sagte er. „Seinen Vorgänger und seinen Nachfolger."

Mirja kannte den Spruch noch nicht und lachte ohne Schauspielerei. Linthorst nahm Fahrt auf. Es schien ihm zu gefallen, einer jungen, wissbegierigen Frau von seinen Heldentaten für den deutschen Wald zu berichten. Mirja kannte dieses Verhalten aus anderen Interviews mit Männern. Am Anfang hatte sie es uncool gefunden, wenn Kerle sich vor ihr aufplusterten wie Trappenhähne. Inzwischen versuchte sie, die männliche Eitelkeit für ihren Job zu nutzen. Mit ein paar Zwischenfragen hielt sie Linthorst am Reden und lenkte, als sich der Förster in Einzelheiten verlor, das Gespräch auf „Wald vor Wild".

Der Mann schaute stolz durch seine Nickelbrille. „Wir sind nur ein kleines Klübchen. Aber unser Einfluss ist nicht zu unterschätzen. Die Medien fragen uns immer öfter, wenn es um die Jagd geht."

Hier hakte Mirja ein. „Ich habe Ihnen ja schon am Telefon gesagt, dass ich für einen Bericht in der Bayerischen Zeitung ein paar Fragen zu einem Mitglied von ‚Wald vor Wild' habe. Der Mann heißt Siegmund Schilling."

Linthorsts Lächeln gefror. „Schilling ist nicht mehr Mitglied bei uns", sagte er.

„Warum nicht?"

„Wir haben ihn rausgeworfen."

„Warum?"

Der Förster nahm seine Brille ab, putzte sie umständlich und setzte sie wieder auf. „Das ist eine lange Geschichte, Frau Thelen. Um es kurz zu machen: Der Siggi war schon immer ein Außenseiter. Der Einzige, der mit ihm klarkam, war Mayer-Hirschtot."

Mirja lachte auf. „Ist das nicht dieser Förster, den sie neulich im Magazin abgefeiert haben?"

„Genau. Der Mann, der die Bäume schreien hört." Linthorst verdrehte die Augen. „Schilling ist noch schräger drauf als Mayer. Der unterhält sich mit den Bäumen. Stellt Fragen und kriegt Antworten. Sagt er jedenfalls. Mit dem Quatsch ging der bei jeder Versammlung in die Bütt. Und wenn man ihm widersprach, legte er erst richtig los. Irgendwann war der Abend rum und man hatte sich mit nicht viel anderem beschäftigt als mit Schillings spinnertem Zeug. Als ich Vorsitzender geworden bin, habe ich mir das noch einmal angehört und ihm dann den Stuhl vor die Tür gesetzt."

Mirja machte sich Notizen, so schnell sie konnte. Sie hatte in letzter Zeit eine Art eigene Kurzschrift entwickelt. Das Problem daran war, dass sie manchmal selbst nicht mehr wusste, was die Kürzel bedeuten sollten.

„Worüber hat der denn mit den Bäumen geredet, Herr Linthorst?"

Der Förster lachte grimmig. „Die Buchen haben sich bei ihm über die Hirsche beklagt, weil die immer die Verjüngung verbissen. Schilling hat die Hirsche dann erlegt."

„Nee, nä?"

„Doch."

„Der hat einen Sockenschuss."

„Sie sagen es."

Mirja fuhr zurück nach Trier. Sie stellte den Fiat im City-Parkhaus ab und nahm Kurs aufs Polizeipräsidium. In der Salvianstraße rannte Udo Kant sie fast um.

„Zu Ihnen wollte ich gerade", sagte sie und gab dem Pressesprecher die Hand.

„Sie kommen zur Unzeit, Frau Thelen. Ich hab's eilig." Er machte einen Schritt an ihr vorbei.

Mirja stellte sich ihm in den Weg. „Ich hab' einen Tipp für Sie im Fall Schulte-Appelhoff."

„Sie auch?"

„Wer noch?"

„Ihr Kollege Schreiber."

Sie verzog das Gesicht. „Was wollte der denn?"

„Ich muss weg, Frau Thelen. Sagen Sie mir, was Sie auf dem Herzen haben. Aber bitte ganz kurz."

Mirja hatte sich den Empfang bei der Polizei deutlich anders vorgestellt. Mehr in Richtung Schulterklopfen. Danke, Frau Thelen. Exzellente Recherche. Wir werden Ihrem Hinweis sofort nachgehen. Stattdessen fertigte Kant sie im Vorbeigehen auf der Straße ab.

„Ich hab' einen Tatverdächtigen", sagte sie. „Er hat bei Schulte-Appelhoffs als Förster gearbeitet, bis sie ihn rausgeworfen haben. Der Mann heißt Siegmund Schilling und spricht mit den Bäumen."

Warum Kant ihren Tipp mit einem breiten Grinsen quittierte, war Mirja rätselhaft. Sie fragte nach. Die Antwort kam wie ein Wirkungstreffer.

„Weil wir den Mann gerade festnehmen wollen, Frau Thelen. Hannes Schreiber hat einen Zeugen dafür, dass dieser Schilling nicht nur mit Bäumen redet, sondern auch bei Appelhoffs wildert."

Mirja fiel nicht ein, was sie darauf sagen sollte. Außer: „Ich komme mit."

Udo Kant sah sie an, als ob sie ihm in den Schritt gefasst hätte. „Das geht auf keinen Fall."

Sie versuchte es mit dem Rehaugen-Blick. „Bitte, Herr Kant. Das ist meine erste große Geschichte."

Der Pressesprecher musste lächeln, obwohl man ihm ansah, dass er nicht lächeln wollte. „Dann kommen Sie in Gottes Namen mit. Aber Sie bleiben immer in meiner Nähe, Frau Thelen. Der Mann ist bewaffnet. Wenn Ihnen etwas passiert, bekomme ich Riesenärger."

Kant hastete los. Mirja folgte ihm auf dem Fuß. Sie sprangen in einen wartenden Streifenwagen und schossen los. Mit Blaulicht und Martinshorn durch die Stadt und über die Autobahn nach Osten. Bei der Abfahrt Salmtal verließen sie die A 1 und rasten über Klausen zurück an den Fluss. In den Spitzkehren über Piesport kam der Wagen kurz ins Schleudern.

„Ruhig, Brauner", mahnte Kant den Fahrer. „Wir kommen noch früh genug zu spät."

Genauso war es. An der Straße nach Ferres trafen sie auf Hauptkommissar Lex, der die Ermittlungen leitete. Lex stand am Straßenrand und telefonierte. Kant ließ anhalten und stieg aus.

„Sie bleiben im Wagen, Frau Thelen."

Kant wartete, bis Lex sein Telefonat beendet hatte. Dann redeten die beiden Männer miteinander. Mirja konnte nichts verstehen. Aus ihren Mienen schloss sie, dass irgendwas schiefgelaufen sein musste. Sieger sahen anders aus.

Kant kam zurück zum Wagen.

„Und?", fragte Mirja.

„Dumm gelaufen. Sie sind davon ausgegangen, dass Schilling zu Hause ist. Sein Wagen stand vor der Tür. Das Telefon war besetzt. Da haben sie zugegriffen. Aber der Vogel war nicht da."

„Und nun?"

„Gute Frage. Sie beraten gerade das weitere Vorgehen."

Kapitel 32

Da stand er also wieder vor der Hütte. Vor verrammelten Fenstern und einer demolierten Tür. Es sah nicht gerade einladend aus, sein Hideaway auf der Moselhöhe. Hier hatte er Ruhe finden wollen. Schreiber wuffte wie ein Wildschwein. Was für ein Kinderglaube! Wenn er in den letzten Wochen eins gelernt hatte, dann dies: Man konnte sich vor der Gesellschaft nicht verstecken. Nicht mal hier auf dem Berg.

Ein Spruch seines Vaters fiel ihm wieder ein. Du kannst dich drehen und wenden, wie du willst, Junge. Der Hintern bleibt immer hinten, hatte der Alte ihm oft gesagt. Erich Schreiber war mit seinem Kleine-Leute-Leben im Ruhrpott zufrieden gewesen. Sein Sohn nicht. Hannes hatte im Leben Pirouetten gedreht, bis es ihn schwindelte. Ein Blick zurück bewies: Den Spruch seines Alten hatte er nicht widerlegt. Auch der Arsch der Welt gehörte zur Welt.

Schreiber hatte keine Lust, den ganzen Krempel, den er am Morgen ins Auto gestopft hatte, in die Hütte zurückzuschaffen. Vorsichtig schlurfte er über das Holzdeck. Die Bretter waren nass und glatt.

Abreisen ging auch nicht. Wenn Lex & Leute den Sammler festnahmen und ihn des Mordes überführten, wovon Hannes ausging, würde Bartelmus anrufen, sobald die Nachricht im Netz auftauchte. Klar, dass Hannes die Geschichte fürs Magazin schreiben müsste. Bartelmus liebte es, seine Leute zu hypen, wenn sie eine vermeintliche journalistische Großtat vollbrachten. Es war gut für das schwindende Renommee des Blattes. Magazin-Reporter findet den Serienkiller. So oder ähnlich sähe die Zeile über der Geschichte aus. Es hatte Zeiten gegeben, in denen Schreiber vor Stolz geplatzt wäre, wenn er so etwas über sich gelesen hätte. Die Zeiten waren vorbei. „You'll find out when you reach the top you're on the bottom", hatte Dylan schon vor 40 Jahren gesungen. Kluges Kerlchen.

Natürlich musste Hannes vor Ort sein, um das Ende der Geschichte zu erleben. Wenn er Stefan Bartelmus erzählte, er sei bei einem Kumpel in Wattenscheid untergekrochen, drei Autostunden weg vom Geschehen, würde der ihn erstens für faul und zweitens für feige halten und ihn drittens sofort zurück an die Mosel beordern.

Schreiber entriegelte die Hüttentür, schloss die Schlagläden auf, stellte Gas und Wasser an und begann mit dem Ausladen. Smokie wuselte zwischen seinen Beinen herum. Er stolperte über den Hund und schickte ihn ins Körbchen. Als alles eingeräumt war, fiel Hannes auf, was er beim überstürzten Aufbruch vergessen hatte: seine Jagdwaffen. Vorsichtshalber warf er einen Blick in den Tresor. Flinte und Büchse waren noch da. Gut, dass er zurückgekommen war. Wenn ihm die Waffen aus der Hütte geklaut worden wären, hätte man ihm den Jagdschein wegen Unzuverlässigkeit sofort abgenommen.

Hannes machte den Ofen an. Mit Leichenholz. Ob Siggi, der Sammler, den Förster aus dem Magazin wohl kannte? Vermutlich schon. Dieser Mayer schien eine große Nummer bei den Öko-Förstern zu sein, und allzu weit lagen die beiden auch nicht auseinander. Schilling kam Schreiber vor wie eine Art Mayer auf Speed.

Ob Siggi Drogen nahm? Hannes erinnerte sich an ein Buch von Martin Suter, das er vor langer Zeit gelesen hatte. Die dunkle Seite des Mondes. Toller Titel. In dem Roman wurde ein Wirtschaftsanwalt unter dem Einfluss von halluzinogenen Pilzen zum Serienkiller. Eine unwahrscheinliche Geschichte. Weil Suter gut schreiben konnte, nahm man sie ihm trotzdem ab. Siggi sammelte auch Pilze. Dass man nach dem Verzehr von Pfifferlingen aus der Eifel zum Massenmörder wurde, hatte Hannes im Selbstversuch allerdings schon widerlegt.

Er sah auf die Uhr. Halb eins. Normalerweise seine Zeit für einen Mittagsimbiss und ein Nickerchen. Schreiber hatte keinen Hunger und Ruhe fände er nicht mal in seinem heißgeliebten Schlafsack. Er tigerte durch die Hütte, setzte sich an den Tisch und las einen Absatz in dem Habicht-Buch von Helen Macdonald.

„Wenn Sie einen braven Habicht wollen, müssen Sie eins tun: Geben Sie ihm die Gelegenheit, zu töten. So oft wie möglich. Mord bringt ihn auf Linie."

Na toll. Er klappte das Buch zu. Irgendetwas essen musste er. Schreiber mümmelte eine Banane und warf die Schale in den Abfalleimer.

Als er sich umdrehte, stand Siggi im Flur. Den Rucksack geschultert. Seine blassblauen Augen scannten den Raum. Hannes wurde schwindelig. Er hielt sich mit einer Hand an der Arbeitsplatte fest. Er hatte den Sammler nicht kommen hören. Smokie auch nicht. Erst jetzt stand der Hund auf und beschnüffelte Schillings Bein.

„Matte, Smokie", sagte Schreiber, um überhaupt etwas zu sagen.

Der Terrier trollte sich ins Körbchen.

„Siggi", sagte Hannes dann. „Was treibt dich Schleicher denn hierher?"

Es sollte jovial klingen. Tat es aber nicht. Dazu war seine Stimme zu brüchig.

Schilling nahm seinen Rucksack ab und stellte ihn vor sich auf den Stuhl. „Hast du etwa Angst vor mir, Schreiber?"

„Wie kommst du darauf?"

„Weil deine Hände zittern."

Hannes musste etwas tun mit seinen Händen. Er nahm die Schachtel Zigaretten aus dem Regal. Sie lagen dort, seit er aufgehört hatte zu rauchen. Als Härtetest. Bis jetzt war er noch nicht drangegangen. Bis jetzt. Er steckte sich eine Zigarette an und hielt Schilling die Schachtel hin.

„Willst du auch eine?"

„Ich bin nicht nervös. Ich muss nicht rauchen."

Schreiber paffte einen tiefen Zug.

„Was willst du, Siggi?"

„Dich besuchen."

„Wenn das so ist", sagte Hannes und machte eine Pause. „Willst du 'n Kaffee?"

Der Sammler lachte. „Nein, danke", sagte er übertrieben höflich. „So viel Zeit hab' ich nicht."

„Okay", dehnte Schreiber. ‚Dann erschieß mich am besten gleich. Dann haben wir es hinter uns', dachte er.

Siggi fixierte ihn regungslos. Hannes hielt dem Blick stand. Wie hatte diese Engländerin ihren Habicht genannt? Einen fahläugigen Psychopathen, der im Dickicht tötet. Genau.

Schreibers Gehirn schaltete auf Autopilot. Das uralte Überlebensprogramm. Kämpfen oder fliehen? Hauen oder abhauen? An Flucht war nicht zu denken. Schilling stand zwischen ihm und der Hüttentür. Also Angriff.

Hannes ging auf den Tisch zu und packte Siggis Rucksack. Der Rucksack war schwer. Als er ihn hinter sich warf, traf ihn der Faustschlag ins Gesicht. Schreiber taumelte zurück und fiel. Schilling stand über ihm und trat ihm in die Rippen. Es knirschte und Hannes schrie vor Schmerz. Ihm wurde schwarz vor Augen. Sie hatten ihm die Nase gebrochen in dieser verfluchten Hütte. Im Wald hatte er sich die Schulter ausgerenkt. Jetzt brach ihm dieser Irre die Rippen. Hannes hörte ein metallisches Geräusch und öffnete die Augen. Schilling baute seine Waffe zusammen. Das ging ruckzuck. Der Mann hatte Übung.

Schreibers Hirn arbeitete fieberhaft. Was konnte er noch tun? Zeit gewinnen war das Einzige, was ihm blieb. Mühsam rappelte er sich auf. Vorsichtig setzte er sich auf den nächstbesten Stuhl. Das Messer zwischen seinen Rippen ignorierte er so gut es ging. Reden. Er musste Schilling ans Reden bringen. Dann verging Zeit. Lex war seine letzte Hoffnung.

„Wie viele Leute willst du noch umbringen, Siggi?", fragte er.

Der Sammler schnaubte. „So viele, wie nötig."

„War es nötig, Richard Schulte-Appelhoff umzubringen?"

Schilling öffnete seine Kipplaufbüchse und schob eine Patrone in den Lauf. „Den hab' ich nicht umgebracht. Ich bin doch nicht verrückt."

„Nein?"

„Ich renne nicht durch den Wald, wenn an jeder Ecke ein Jäger sitzt. Den alten Richard hast du auf dem Gewissen, Schreiber! Du oder ein anderer von euch trophäengeilen Jägern."

„Und Kasimir Schulte-Appelhoff hast du vermutlich auch nicht gekillt? War auch 'n Jagdunfall, oder was?"

Siggi spielte mit der Sicherung seiner Büchse. Klick – klick.

„Das musste ich tun", sagte er.

„Niemand muss müssen, Siggi."

„Du bist ein verdammter Klugscheißer, Schreiber."

„Wenn du es besser weißt, dann klär mich doch auf."

„Dieser Depp hat mich gesehen, als ich die Buchenjugend gehegt hab'. Hege mit der Büchse. So nennt ihr das doch, oder? Ich mach' das ein bisschen anders als ihr. Ich töte das Wild, das meine Bäumchen tötet. Ich hege den Wald, nicht das Wild."

Schreiber rückte sich auf dem Stuhl zurecht. Die Rippe stach. „Und wo du einmal dabei bist, tötest du die Jäger gleich mit."

„Nur wenn es sein muss."

„Wann muss es sein?"

„Wenn sie mich vom Dienst abhalten wollen."

Hannes lachte bitter. Das hätte er besser gelassen. Seine Rippe spielte verrückt und Schilling lief rot an.

„Was gibt's denn da zu lachen?", brüllte er.

„Hat nix mit dir zu tun, Siggi. Ich bin in einem früheren Leben mal Beamter gewesen und ein Beamter ist immer im Dienst."

„Sehr witzig. Ich könnte mich totlachen."

‚Tätest du es bloß', dachte Schreiber. Er hatte einen Fehler gemacht und versuchte, in ruhigeres Fahrwasser zu kommen. „Ich hab' gehört, dass du die Sprache der Bäume sprichst."

Schilling seufzte. „Monzel ist ein Plappermaul."

„Das ist mir noch nicht aufgefallen."

„Mir aber. Ich hab' gehört, was er dir heute Morgen erzählt hat. Ich stand nämlich hinter dem Misthaufen. Jetzt redet er nicht mehr."

Schreiber wurde blass. „Hast du den auch…?"

Schilling lachte. „Dem Monzel hab' ich nur gesagt, was mit Leuten passiert, die mich von der Arbeit abhalten. Ich denke, das reicht. Fürs Erste."

Der Mann war größenwahnsinnig. Komplett größenwahnsinnig. Bedrohte einen Menschen mit dem Tod und glaubte, damit durchzukommen. Hannes lag eine Frage auf der Zunge. „Wie lange meinst du, diesen Irrsinn noch treiben zu können, ohne erwischt zu werden?" Er kaute darauf herum und spuckte sie schließlich aus.

Schillings Augen verschatteten. „So lange wie möglich", sagte er.

Schreiber witterte eine Chance. „Lass gut sein, Siggi. Geh irgendwohin, wo dich keiner kennt. Im Osten gibt es tolle Urwälder. Da kannst du gute Arbeit leisten. Für die Bäume."

Schreiber redete um sein Leben. Er erzählte vom Wäldermeer der Karpaten, in das man eintauchen und erst nach Tagen wieder den Himmel sehen konnte. „Ich bin ein paarmal da gewesen. Für einen Mann wie dich ist das das Paradies, Siggi."

Der Sammler stand in der Küche und schwieg. Der Daumen seiner rechten Hand spielte mit der Schiebesicherung auf dem Kolbenhals der Büchse. Vor, zurück, vor, zurück. Klick – klick – klick – klick.

„Mein Platz ist hier", sagte er schließlich. „Hier ist der Rotwild-Puff der Schulte-Appelhoffs. Hier schreien meine Bäume um Hilfe. Nicht in den Karpaten, Schreiber. Hier an der Mosel."

„Drei Leute sind dafür gestorben, Siggi. Ist das die Sache wert?"

„Warum drei? Noch bist du nicht tot, Schreiber."

Noch nicht, dachte Hannes, aber gleich. Der Gedanke an den Tod kam ihm seltsam vor. Als beschäftige er sich mit einem Problem, das ihn nichts anginge. Etwas völlig Abseitiges. Noch nicht tot, aber gleich. Klang doch witzig, oder?

Das Klicken der Sicherung holte Schreiber in die Wirklichkeit zurück. Es klickte nur einmal. Schillings Büchse war entsichert.

„Wie war das mit Leyendecker?", fragte Hannes schnell. Wer fragte, war noch nicht tot. Und wer antwortete, schoss nicht. Noch nicht. Aber gleich?

Der Name des Jagdaufsehers faszinierte den Sammler. „Leyendecker", sagte er, als habe er das Wort zum ersten Mal gehört. „Wer war noch mal Leyendecker?"

Schreiber sah Schilling an. Er schien weit weg zu sein. Vielleicht in einem Urwald, wo beschirmt von uralten Baumriesen junge Buchen wuchsen. Wo es kaum Hirsche gab und keine Jäger. Wo Siggis Welt noch in Ordnung war.

Hannes schwieg. Der Alb, in den sich Schillings Träume verwandelt hatten, würde ihn einholen. Früher oder später. Im Zweifel früher. Schreiber musste dem zuvorkommen. Eine andere Chance hatte er nicht. Er stand langsam auf, holte sich noch eine Zigarette und steckte sie an. Sein Blick fiel aus dem Hüttenfenster. Auf der Streuobstwiese sah er eine Bewegung. Jemand huschte hinter einen Baumstamm. Der Mann trug einen schwarzen Helm mit Plastikvisier. Hannes wusste, was das bedeutete.

Er nahm einen Zug aus der Zigarette und sog den Qualm tief in die Lungen. Siggi stand zwei Meter von ihm entfernt, die Blauaugen noch immer auf unendlich. Schreiber machte einen Schritt auf ihn zu und sprang ihn an. Er brüllte vor Schmerz. Der Sammler riss die Waffe hoch. Hannes packte den Lauf und drückte ihn weg. Der

Schuss brach. Er war nicht getroffen. Mit aller Kraft riss Schreiber den Sammler zu Boden. Er musste Siggi am Nachladen hindern. Sie wälzten sich auf dem Boden wie zwei Jungen bei einer Schulhof-Keilerei. Schilling war stärker als Schreiber. Und er hatte keine kaputte Rippe. Mit einem Ruck warf er Hannes ab und sprang auf. Hannes packte Siggis Unterschenkel und riss daran, mit aller Kraft, die ihm geblieben war. Der Sammler schwankte und fiel nach hinten.

Im nächsten Augenblick war die Hütte voller Menschen. Sie fielen über Schilling her. Und über Schreiber. Rissen seine Arme auf den Rücken und fixierten sie dort. Mit Kabelbindern. Hannes atmete ächzend auf. Den SEK-Mann auf seinem Rücken, dessen Gewicht seine Rippen quetschte, hätte er am liebsten geküsst. Er drehte den Kopf auf die Seite. Neben ihm lag Siggi. Arme auf dem Rücken, Hände gefesselt. Der Kampf war vorbei.

Schreiber wusste nicht, wie lange er auf dem Hüttenboden lag. Die Zeit gehorchte anderen Gesetzen, seit Schilling in der Hütte aufgetaucht war. Sie raste und stand trotzdem still. Hannes blieb liegen und genoss den Schmerz an seiner Rippe. Wer Schmerzen hatte, war nicht tot. So einfach war das. Er schloss die Augen und fühlte sein Herz schlagen. Um ihn herum tobte das Leben. Die SEK-Leute redeten durcheinander. Hannes verstand nicht, was sie sagten. Es war ihm auch egal. Er genoss die menschlichen Geräusche. Dass er sie immer noch hören konnte, machte ihn glücklich.

Irgendwann eine vertraute Stimme.

„Sind Sie okay, Herr Schreiber?" Lex.

Hannes nickte. Der SEK-Mann, der auf seinem Rücken saß, stand auf. Jemand knipste seine Handfesseln auf. Vorsichtig kam er auf die Knie und zog sich an einem Stuhl hoch.

Vor ihm am Boden lag Siggi, der Sammler. Zwei Polizisten packten ihn unter den Armen, zogen ihn hoch und führten ihn ab. An der Tür blieb er stehen und drehte den Kopf. Seine Augen suchten Schreiber und fanden ihn nicht. Die SEK-Leute schoben ihn weiter. Hannes setzte sich an den Tisch.

„Sorry", sagte Lex und setzte sich zu ihm. „Das SEK wusste nicht, wer der Täter und wer das Opfer war."

„War ja auch lange unklar", sagte Schreiber und versuchte sich an dem feinen Lächeln, das der Kommissar so gut beherrschte. Es wurde ein schiefes Grinsen.

„Fühlen Sie sich in der Lage, mit uns zu kommen und eine Aussage zu machen?"

„Ich glaube, ich sollte zuerst meine Rippen röntgen lassen. Schilling hat reingetreten, als ich lag."

„Wir bringen Sie ins Mutterhaus der Borromäerinnen."

„Da wollte ich immer schon mal hin. Vorher muss ich noch eine rauchen." Schreiber stand auf und suchte die Zigarettenschachtel. Sie lag auf dem Fußboden. Eine junge Frau bückte sich, hob sie auf und hielt sie ihm hin.

Hannes sah sie an. „Danke, Mirja. Schön, Sie zu sehen."

„Meinen Sie das ernst?"

„Todernst", sagte Schreiber und lachte. Seine Rippe fand das nicht witzig. Er wandte sich an Lex. „Ich hab' eine Bitte. Würden Sie mich fünf Minuten mit der Kollegin alleinlassen?"

Der Kommissar lächelte sein Lex-Lächeln. „Kein Problem", sagte er und ging mit den SEK-Leuten raus.

Hannes setzte sich und bot Mirja den anderen Stuhl an. „Sie sind mit der Polizei gekommen, oder? Gute Kontakte. Respekt."

Mirja setzte sich zu ihm. „Ich habe denen den Tipp auf Schilling geben wollen. Aber Sie sind mir wieder zuvorgekommen."

Schreiber steckte die Zigarette an. „Möchten Sie auch eine?"

Mirja schüttelte ihr Wallehaar.

„Wie sind Sie auf Schilling verfallen?", fragte Hannes und blies den Rauch in eine andere Richtung.

„Rick Schulte-Appelhoff hat mich darauf gebracht. Der Rest war Recherche."

„Gute Arbeit."

Sie wurde tatsächlich ein bisschen rot.

„Ihr BZ-Artikel hat mir natürlich nicht geschmeckt", sagte Hannes und sog an seiner Zigarette. „Aber der Einstieg war klasse. Ein Wald, wie er in Buchen steht. Den Satz hätte ich auch gern gehabt."

Mirja strich sich die Haare aus der Stirn. „Sorry für den Magazin-Reporter, der immer in der Nähe war, wenn die Leichen gefunden wurden. Würde ich heute nicht mehr so schreiben."

Schreiber nickte. „Und? Legen Sie morgen nach?"

„Ich hab' noch nicht mit dem Redakteur gesprochen. Versuchen werde ich's natürlich."

„Das klappt bestimmt. Sagen Sie dem Mann einfach, dass Sie dem Magazin eine gute Geschichte wegschnappen können."

„Machen Sie nichts?"

„Doch", sagte Schreiber. „Aber wir sind keine Tageszeitung. Unser nächstes Heft erscheint erst Mittwoch."

„Erzählen Sie mir, was hier gerade abgegangen ist?" Sie sah ihn mit Rehaugen an und klimperte mit den Wimpern.

„Kein Wunder, dass die Jungs bei dem Blick schwach werden", sagte Hannes. „Aber so weit geht bei mir die Liebe dann doch nicht."

„Kann ich verstehen."

Schreiber drückte seine Zigarette aus und warf die Schachtel irgendwo hinter sich in die Hütte. „Wir müssen mal zusammen jagen gehen, Mirja. Hirsche kann ich Ihnen allerdings nicht bieten. Die gibt's nur bei Schulte-Appelhoff."

Mirja Thelen wurde wieder ein bisschen rot. „Ich hab' noch nie ein Wildschwein geschossen", sagte sie.

„Dann versuchen wir doch mal unser Glück."

Der Autor bedankt sich bei

Dr. Rolf D. Baldus für den Hirsch,
Dr. Philipp Bastians für das Schultergelenk,
Jutta Hettgen fürs Lesen,
Bernhard Kirsten für das Moselfränkische,
Norbert Klups für die Kipplaufbüchse,
Uwe Konz für den Polizeigewahrsam,
Matthias Kruse für den Förster,
Chris Maguire für die Bratwurst,
Klaus Quack für die Kugel,
und Petra Gippert-Törker für alles.

Umschlaggestaltung von init Kommunikationsdesign, Bad Oeynhausen, unter Verwendung einer Farbfotografie von Thinkstock!, iStock. Das Foto zeigt einen Hochsitz.

Unser gesamtes Programm finden Sie unter **kosmos.de**
Über Neuigkeiten informieren Sie regelmäßig unsere
Newsletter, einfach anmelden unter **kosmos.de/newsletter**

Gedruckt auf chlorfrei gebleichtem Papier

© 2016, Franckh-Kosmos Verlags-GmbH & Co. KG, Stuttgart
Alle Rechte vorbehalten
ISBN 978-3-440-15221-8
Redaktion: Ekkehard Ophoven
Produktion: Angela List
Satz: DOPPELPUNKT, Stuttgart
Druck und Bindung: GGP Media GmbH, Pößneck
Printed in Germany / Imprimé en Allemagne